1+X 证书制度试点药品购销证书配套教材
医药行业职业技能培训教材

药品购销综合实践与训练

药品服务

（初级）

组织编写　第四批职业教育培训评价组织——上海医药（集团）有限公司1+X药品购销办公室
中国医药教育协会职业技术教育委员会

主　　审　沈　敏

主　　编　周　容　姜晓瑞

副 主 编　刘昆雲　江慧贤

编　　者　（以姓氏笔画为序）

马　英（石河子卫生学校）　　　　　王志亮（枣庄科技职业学院）

孔祥交（山东省济宁卫生学校）　　　叶　真（北京金象大药房医药连锁有限责任公司）

刘昆雲（北海市卫生学校）　　　　　江慧贤（广东省食品药品职业技术学校）

苏永连（北海佳禾药业连锁有限责任公司）　杨瀚欧（四川海棠医药有限公司）

吴　迪（上海云豐信息技术研究中心）　何雨姝（成都铁路卫生学校）

宋　涛（广东省食品药品职业技术学校）　陈　诚（广西中医药大学附设中医学校）

林秋娟（揭阳市卫生学校）　　　　　周　容（四川省食品药品学校）

郑显杰（青岛经济职业学校）　　　　郑思嘉（广州市医药职业学校）

郑曼玲（揭阳市卫生学校）　　　　　姜晓瑞（石河子卫生学校）

秦付林（四川省食品药品学校）　　　郭　欣（齐齐哈尔市卫生学校）

廖可叮（广西科技大学附属卫生学校）　魏　骏（上海华氏易美健大药房有限公司）

魏　睿（晋中市卫生学校）

中国健康传媒集团
中国医药科技出版社

内 容 提 要

本教材为《药品购销综合实践与训练：初级》的"药品服务"分册，属于"1+X证书制度试点药品购销证书配套教材"，根据《1+X药品购销职业技能等级标准3.0》对初级技能等级的要求编写而成。本教材由非处方药推介、处方调配两个项目构成，以工作任务为编写单元，各任务包含任务情境、任务实施、相关知识、即学即练、技能训练等内容。本教材同时配有数字化教学资源，使教材内容立体化、生动化，便教易学。

本教材适用于1+X药品购销职业技能等级考核（初级）培训，也可作为职业院校医药类相关专业教学参考、医药行业职业技能培训教材以及供社会人员自学之用。

图书在版编目（CIP）数据

药品购销综合实践与训练. 初级. 药品服务 / 第四批职业教育培训评价组织——上海医药(集团)有限公司1+X药品购销办公室, 中国医药教育协会职业技术教育委员会组织编写；周容, 姜晓瑞主编. —— 北京：中国医药科技出版社, 2025.2. ——（1+X证书制度试点药品购销证书配套教材）. —— ISBN 978-7-5214-5196-2

Ⅰ. F763

中国国家版本馆CIP数据核字第2025GX9214号

美术编辑 　陈君杞
版式设计 　友全图文

出版　**中国健康传媒集团** ｜ 中国医药科技出版社
地址　北京市海淀区文慧园北路甲22号
邮编　100082
电话　发行：010-62227427　邮购：010-62236938
网址　www.cmstp.com
规格　787 × 1092mm $^1/_{16}$
印张　16$\frac{1}{2}$
字数　397
版次　2025年3月第1版
印次　2025年3月第1次印刷
印刷　北京印刷集团有限责任公司
经销　全国各地新华书店
书号　ISBN 978-7-5214-5196-2
定价　**48.00元**（全书3册）

获取新书信息、投稿、为图书纠错，请扫码联系我们。

出版说明

近年来，我国职业教育改革取得了巨大的进展与成就，尤其是《国家职业教育改革实施方案》《关于深化现代职业教育体系建设改革的意见》等指导性文件的出台，为职业教育的发展指明了道路与方向。

本丛书为"1+X证书制度试点药品购销证书配套教材"，由上海医药（集团）有限公司1+X药品购销办公室、中国医药教育协会职业技术教育委员会组织编写。上海医药（集团）有限公司被教育部授权为1+X证书制度试点第四批职业教育培训评价组织之一，承接药品购销职业技能等级证书试点项目的组织实施工作，旨在通过培训和考核，提升医药行业从业人员的专业技能和知识水平，以适应医药行业的发展需求。

本丛书的编写和出版旨在贯彻落实《关于在院校实施"学历证书＋若干职业技能等级证书"制度试点方案》等相关文件精神，更好地开展1+X药品购销职业技能等级证书制度试点工作。本丛书依据《1+X药品购销职业技能等级标准3.0》编写，分为初级、中级两个系列。初级包括药品服务（初级）、药品购销（初级）、药品储存与养护（初级）3个分册。中级包括药品服务（中级）、药品营销（中级）、药品储存与养护（中级）3个分册。各分册又依次分为若干项目、任务，并根据教学实际设置学习目标、任务情境、任务实施、相关知识、即学即练、技能训练等内容，条理清晰、内容丰富，能充分满足职业技能的学习需求。

本丛书适用于1+X药品购销职业技能等级考核（初级、中级）培训，可供职业院校医药类相关专业教学参考；也可作为医药行业职业技能培训教材，助力药品流通企业高效开展员工培训，提升员工职业素养；还可作为自学者医药职业技能系统化学习的路径参考。

　　本教材为《药品购销综合实践与训练：初级》的"药品服务"分册，属于"1+X证书制度试点药品购销证书配套教材"，根据《1+X药品购销职业技能等级标准3.0》对初级技能等级的要求编写而成。

　　本教材以药品服务工作领域的职业技能要求为主线，以非处方药推介、处方调配为主要内容，以培养学生的实操能力为重点。同时，本教材充分考虑医药行业的特点，融入法律意识、规范意识、服务意识、安全意识，将知识、能力和正确价值观的培养有机结合。

　　本教材以药品销售岗位所对应的工作任务为基本编写单元，各任务包含任务情境、任务实施、相关知识、即学即练、技能训练等内容。学生通过学习训练，能够正确、规范、熟练地完成非处方药推介、处方调配、用药服务等实操任务。本教材内容丰富、形式新颖，具有很强的实用性和针对性。教材内容编排合理、逻辑结构清晰；同时，教材配有音视频、动画等数字化教学资源，以满足不同学习场景的需求。

　　此外，本教材还邀请了行业专家和企业人员参与编写，以确保教材内容的前瞻性、实用性。教材的编写工作得到了中国医药教育协会职业技术教育委员会、1+X药品购销办公室以及各院校领导的鼎力支持，在此表示诚挚的感谢！

　　本教材在编写中，力求做到严谨、准确、实用，但由于编者能力所限，书中难免存在疏漏和不足之处，恳请广大读者批评指正。

编　者
2024年10月

目　录
CONTENTS

项目一
非处方药推介

学习目标

1. 能根据患者病情，判断患者可能患有的疾病。
2. 能区分治疗药品中的处方药和非处方药。
3. 能推介适合患者的非处方药。
4. 能对推介的非处方药进行用药指导。
5. 能对患者进行健康指导。
6. 强化药学职业道德修养，提升规范从业素质。

任务1-1 普通感冒的非处方药推介

任务情境

王某，男，32岁，公司职员。因"头痛、鼻塞、流涕1天"前来药店购药。1天前患者因受凉出现头痛、鼻塞、流涕、轻微咳嗽，伴有阵发性打喷嚏症状。鼻涕为清涕，无咳痰，无发热、全身酸痛、呼吸困难等症状。目前已用维C泡腾片，症状无缓解。现大、小便正常，精神、食欲不佳，既往身体健康，无药物过敏史。

任务要求：

1. 请与患者有效沟通，收集患者病情资料，对患者可能患有的疾病做出判断，并说出判断的依据。

2. 请从药架/柜取出至少六个可治疗该疾病的药品，要求种类不少于三类，非处方药品不少于三个。

3. 请从取出的药品中推荐两个适合患者的非处方药，并说出推荐理由。

4. 请指导患者正确使用推荐的两个非处方药，交代注意事项。

5. 请对该患者进行健康指导。

一、任务实施

（一）工作准备

1. 药品准备 本任务需准备的药品如表1-1-1所示。

1

表1-1-1　药品准备情况一览表

序号	药品名称	数量	备注
1	复方氨酚烷胺片、氨酚伪麻美芬片Ⅱ/氨麻苯美片、酚麻美敏片、复方盐酸伪麻黄碱缓释胶囊、氨酚伪麻那敏片（Ⅰ）、对乙酰氨基酚片、布洛芬缓释胶囊、连花清瘟胶囊、四季感冒胶囊、双黄连口服液	每种药品各2盒	真实药盒并含有药品说明书，说明书内容完整，药盒无破损
2	阿莫西林胶囊、利巴韦林片、磷酸奥司他韦颗粒	每种药品各2盒	

2.环境和人员准备　本任务需准备的环境条件和人员配备情况如表1-1-2所示。

表1-1-2　环境和人员准备情况一览表

序号	环境和人员	备注
1	药店环境	以真实药店环境为模拟场景，环境整洁、安静
2	营业员	穿戴整齐，仪容、仪表、仪态符合药店工作人员的要求
3	患者	表情、动作、语言等符合情境描述

（二）操作过程

本任务实施的操作过程如表1-1-3所示。

表1-1-3　普通感冒的非处方药推介操作流程

步骤	流程	技能操作与要求
1	操作前准备	热情迎接顾客，观察顾客状况，确认顾客需求
2	病情沟通	通过询问，收集患者信息 （1）基本情况：王某，男，32岁，公司职员 （2）主要症状：头痛、鼻塞、流涕 （3）持续时间：1天 （4）发病原因：受凉 （5）症状详情：1天前出现头痛、鼻塞、流清涕、轻微咳嗽和阵发性打喷嚏 （6）伴随症状：无咳痰，无发热、全身酸痛、呼吸困难等症状，大、小便正常，精神、食欲不佳 （7）诊治经过：已用维C泡腾片，症状无缓解 （8）既往病史：既往身体健康 （9）过敏史：无药物过敏史
3	疾病评估	判断为普通感冒。判断理由：①患者有受凉史；②起病急；③头痛、鼻塞、流涕、轻微咳嗽符合本病典型症状；④不伴发热、全身酸痛、呼吸困难
4	药品推介	（1）从药架/柜取出可治疗该疾病的药品 非处方药：复方氨酚烷胺片、氨酚伪麻美芬片Ⅱ/氨麻苯美片、酚麻美敏片、复方盐酸伪麻黄碱缓释胶囊、对乙酰氨基酚片、布洛芬缓释胶囊、四季感冒胶囊 （2）推介非处方药品 氨酚伪麻美芬片Ⅱ/氨麻苯美片：日用片主要成分为对乙酰氨基酚、盐酸伪麻黄碱和氢溴酸右美沙芬；夜用片主要成分为对乙酰氨基酚、盐酸伪麻黄碱、氢溴酸右美沙芬和盐酸苯海拉明。其中，盐酸苯海拉明具有抗过敏和镇静催眠的作用；对乙酰氨基酚具有解热镇痛作用；盐酸伪麻黄碱减轻鼻塞症状；氢溴酸右美沙芬具有镇咳作用 四季感冒胶囊：为中成药，主要功效为清热解表，用于风寒感冒引起的发热头痛、鼻流清涕、咳嗽口干、咽喉疼痛、恶心厌食

步骤	流程	技能操作与要求
5	用药指导	指导患者使用推荐的两个非处方药：用法用量、主要不良反应及处置、用药注意事项 （1）氨酚伪麻美芬片Ⅱ/氨麻苯美片 用法用量：白天口服日用片，每次2片（含对乙酰氨基酚325mg、盐酸伪麻黄碱30mg、氢溴酸右美沙芬15mg），每日2次或白天每6小时服用1次；睡前口服夜用片，每次2片（含对乙酰氨基酚325mg、盐酸伪麻黄碱30mg、氢溴酸右美沙芬15mg、盐酸苯海拉明25mg）。24小时内服用日用片与夜用片的总量不得超过8片，每次服用间隔不得小于6小时 主要不良反应及处置：服药时可有轻度头晕、乏力、恶心、上腹不适、口干和食欲不振等，停药后可自行恢复 用药注意事项：夜用片用药期间可能引起头晕、嗜睡，故服药期间不宜驾车或高空作业、操作机器 （2）四季感冒胶囊 用法用量：口服，每次4粒，每日3次 主要不良反应及处置：尚不明确 用药注意事项：胶囊剂必须整颗吞服，不得掰开胶囊服用；服药期间忌烟、酒及辛辣、生冷、油腻食物；服药3天后症状无改善，或症状加重，或出现新的严重症状如胸闷、心悸等应立即停药，并去医院就医
6	健康指导	提示患者患病期间应做到： （1）充分休息　避免熬夜和过度劳累，保持充足睡眠，提高免疫力 （2）多饮温水　促进身体新陈代谢，加快体内毒素和药物代谢物的排出 （3）清淡饮食　选择清淡易消化且富有营养的食物，忌辛辣刺激性食物，以免诱发或加重咳嗽症状 康复之后，日常生活应注意： （1）加强锻炼，增强体质，注意日常膳食营养，合理安排作息时间，提高机体抵抗力 （2）换季时根据气温及时增减衣物，做好保暖措施，防止受凉
7	药品复位	将取出的药品放回原位

（三）注意事项

1.操作全过程应体现"以患者为中心"的服务理念。

2.治疗感冒，以缓解症状为目的来选择药品；同时避免重复用药。

3.在操作过程中，推介的药品除表中列出的两个药品外，也可以选用已取出的非处方药中的其他药品。

4.如需使用处方药，须请驻店医生或远程医生诊治，开具处方后，再根据处方调配药品。

5.含麻黄碱类复方制剂不得开架销售；销售含麻黄碱类复方制剂时，应当查验购买者身份证件，并登记其姓名和身份证件号码。每次销售不得超过2个最小包装，并即时登记"含麻黄碱药品销售记录"。

6.就医提醒：连续服用7天症状没有得到缓解，应及时停药并就医。

（四）学习评价

非处方药推介评价表

序号	评价内容	评价标准	分值（总分100）
1	疾病评估	能根据患者病情资料，初步判断患者可能所患的疾病	10
2	药品推介	能为患者推荐合适的非处方药品，并能介绍其作用、用途	35
3	用药指导	能对推荐的非处方药品进行用药指导	30
4	健康指导	能对患者的康复进行指导	15
5	服务质量	沟通耐心、细致、全面；语速适中，表达清晰；讲解科学，通俗易懂	10

二、相关知识

微课

（一）疾病概述

感冒是主要由呼吸道病毒引起的上呼吸道感染性疾病，分为普通感冒和流行性感冒。普通感冒俗称"伤风"，主要通过含有病毒的飞沫传播；其发病率高，通常在季节交替和冬季、春季发病。流行性感冒简称流感，主要通过打喷嚏和咳嗽等飞沫传播，经口腔、鼻腔、眼睛等黏膜直接或间接接触感染；发病有季节性，北方常在冬春季，而南方全年可以流行。

（二）临床症状

普通感冒起病较急，一般潜伏期为1～3天。以鼻部症状为主，可有喷嚏、鼻塞、流清水样鼻涕，初期可有咽部不适或咽干，咽痒或烧灼感。2～3天后鼻涕变稠，可伴咽痛、咳嗽、少量咳痰、流泪、味觉迟钝、呼吸不畅、声嘶等症状。一般无发热及全身症状，或仅有低热。严重者除发热外，可出现轻度畏寒、头痛等症状。如无并发症，一般5～7天痊愈。

流感起病急，潜伏期一般为1～7天，多为2～4天。表现为全身中毒症状，而呼吸道卡他症状轻微。流感主要以发热、头痛、肌痛和全身不适起病，体温可达39～40℃，可有畏寒、寒战，多伴全身肌肉关节酸痛、乏力、食欲减退等全身症状，常有咽喉痛、干咳，可有鼻塞、流涕、胸骨后不适，颜面潮红，眼结膜充血等。

（三）治疗药品

1.对症治疗药物

（1）盐酸伪麻黄碱、赛洛唑啉　具有收缩上呼吸道毛细血管的作用，可消除鼻咽部黏膜充血。有鼻塞、打喷嚏、流涕等症状的患者可以选择含有该类成分的制剂，如美扑伪麻片、氨酚伪麻那敏片（Ⅰ）、氨酚伪麻片等。

（2）右美沙芬　能抑制咳嗽中枢，具有镇咳的作用。有咳嗽症状的患者可以选择含有该成分的复方制剂，如酚麻美敏片、美酚伪麻片等。

（3）氯苯那敏、苯海拉明　为抗组胺药，可以消除或减轻打喷嚏、流涕等症状。有此类症状的患者可以选择含有该类成分的制剂，如伪麻那敏片、酚麻美敏片、美息伪麻片等。

（4）对乙酰氨基酚、布洛芬　能抑制前列腺素的合成，具有解热镇痛的作用。有发热、咽痛和全身酸痛等症状的患者可以选择含有该类成分的制剂，如酚麻美敏片、氨酚伪麻片、美酚伪麻片等。

（5）愈创木酚甘油醚、溴己新和氨溴索　为祛痰药，可以降低痰液黏稠度，使痰液易于咳出。有咳痰症状的患者可以选择含有该类成分的制剂，如右美沙芬愈创甘油醚糖浆、氨溴特罗口服溶液等。

2. 抗病毒药物

（1）神经氨酸酶抑制剂　可阻止流感病毒颗粒从细胞释放，从而抑制流感病毒传播，如磷酸奥司他韦颗粒。

（2）RNA聚合酶抑制剂　通过抑制病毒复制，产生抗病毒作用，如玛巴洛沙韦片等。

（3）血凝素抑制剂　通过阻止流感病毒进入细胞，抑制病毒复制而发挥作用，如盐酸阿比多尔片等。

即学即练

三、技能训练

情景：李某，男，40岁，快递员，因"喷嚏、鼻塞、流涕1天"自行到药房购买药品，要求为其推荐合适的药品。1天前患者因受凉出现打喷嚏、鼻塞、流涕，并伴有轻微咽痛和咳嗽。鼻涕为清涕，无咳痰，无发热、全身酸痛、呼吸困难等症状。患病至今未曾服用药物。目前大、小便正常，精神欠佳。既往身体健康，无药物过敏史。

任务要求：

1. 对患者可能患有的疾病做出判断，并说出判断的依据。
2. 请写出一个感冒复方制剂的主要有效成分和作用以及注意事项。
3. 请写出该疾病的常见病因。

任务1-2　急性支气管炎的非处方药推介

🏛 **任务情境** ·················○

　　卢某，女，35岁，普通职员。因"感冒后咳嗽、咳痰，加重1天"前来药店购药。患者自述10天前曾患感冒，经药物治疗（药名不详），感冒症状消失。4天前无明显诱因出现阵发性咳嗽、咳少量白色黏痰症状，以夜间为甚，遂继续服用剩余感冒药物（不详）未见好转。1天前，咳嗽、咳痰症状加重。经询问，患者目前咳嗽、咳痰发作频繁，咳黄色黏痰，且不易咳出，发热（体温38.3℃），自觉全身乏力，无鼻塞、流涕、打喷嚏症状，也无咯血、胸痛、呼吸困难等其他症状。既往无特殊病史，否认吸烟饮酒史及药物过敏史。

任务要求：

1.请与患者有效沟通，收集患者病情资料，对患者可能患有的疾病做出判断，并说出判断的依据。

2.请从药架/柜取出至少六个可治疗该疾病的药品，要求种类不少于三类，非处方药品不少于三个。

3.请从取出的药品中推荐三个适合患者的非处方药，并说出推荐理由。

4.请指导患者正确使用推荐的三个非处方药，交代注意事项。

5.请对该患者进行健康指导。

一、任务实施

（一）工作准备

1.药品准备
本任务需准备的药品如表1-2-1所示。

表1-2-1 药品准备情况一览表

序号	药品名称	数量	备注
1	对乙酰氨基酚片、枸橼酸喷托维林片、磷酸苯丙哌林片、右美沙芬愈创甘油醚糖浆、氯雷他定片、马来酸氯苯那敏片、盐酸氨溴索口服溶液、强力枇杷露、咳特灵胶囊、咳喘宁片	每种药品各2盒（瓶）	真实药盒并含有药品说明书，说明书内容完整，药盒无破损
2	氧氟沙星胶囊、阿奇霉素干混悬剂、阿莫西林胶囊、孟鲁司特钠咀嚼片、乙酰半胱氨酸泡腾片、清肺止咳丸	每种药品各2盒	

2.环境和人员准备
本任务需准备的环境条件和人员配备情况如表1-2-2所示。

表1-2-2 环境和人员准备情况一览表

序号	环境和人员	备注
1	药店环境	以真实药店环境为模拟场景，环境整洁、安静
2	营业员	穿戴整齐，仪容、仪表、仪态符合药店工作人员的要求
3	患者	表情、动作、语言等符合情境描述

（二）操作过程

本任务实施的操作过程如表1-2-3所示。

表1-2-3 急性支气管炎的非处方药推介操作流程

步骤	流程	技能操作与要求
1	操作前准备	热情迎接顾客，观察顾客状况，确认顾客需求
2	病情沟通	通过询问，收集患者信息 （1）基本情况　卢某，女，35岁，普通职员 （2）主要症状　剧烈咳嗽、咳黄色黏痰 （3）持续时间　4天 （4）发病原因　"感冒"后引起 （5）症状详情　因"感冒"后出现阵发性咳嗽、咳少量白色黏痰，夜间为甚；1天前，咳嗽、咳痰症状加重，咳嗽、咳痰发作频繁，咳黄色黏痰，且不易咳出

续表

步骤	流程	技能操作与要求
2	病情沟通	（6）伴随症状 伴发热（体温38.3℃）、全身乏力症状；无鼻塞、流涕、打喷嚏症状，也无咯血、胸痛、呼吸困难等其他症状 （7）诊治经过 "感冒"后曾服用药物（药品不详）；本次症状出现后也曾服相同感冒药（药品不详），症状无缓解 （8）既往病史 无特殊病史 （9）过敏史 无用药过敏史
3	疾病评估	判断为急性支气管炎。判断理由：①患者平素体弱，加之本次"感冒"后导致机体气管-支气管防御功能受损；②起病急（本次"感冒"后即开始出现咳嗽）；③咳嗽、咳痰（初为阵发性咳嗽、咳少量痰，随后咳嗽、咳痰加剧），符合本病典型症状
4	药品推介	（1）从药架/柜取出可治疗该疾病的药品 非处方药：右美沙芬愈创甘油醚糖浆、枸橼酸喷托维林片、盐酸氨溴索口服溶液、磷酸苯丙哌林片、对乙酰氨基酚片、强力枇杷露、咳特灵胶囊、咳喘宁片 处方药：阿奇霉素干混悬剂、乙酰半胱氨酸泡腾片 （2）推介非处方药品 右美沙芬愈创甘油醚糖浆：复方制剂，其中氢溴酸右美沙芬为中枢性镇咳药，可抑制延髓咳嗽中枢而产生镇咳作用，愈创甘油醚为祛痰剂，能使呼吸道腺体分泌增加，使痰液稀释，易于咳出。可以用来治疗支气管炎等引起的咳嗽、咳痰 盐酸氨溴索口服溶液：黏液溶解剂，能增加呼吸道黏膜浆液腺的分泌，从而降低痰液黏稠度；促进肺表面活性物质的分泌，增加支气管纤毛运动，使痰液易于咳出。适用于急、慢性呼吸道疾病（如急、慢性支气管炎）引起白色黏痰又不易咳出的患者 对乙酰氨基酚片：解热镇痛药，具有解热作用，用于患者的对症解热治疗
5	用药指导	指导患者使用推荐的三个非处方药：用法用量、主要不良反应及处置、用药注意事项 （1）右美沙芬愈创甘油醚糖浆 用法用量：口服，每次10～20ml，每日3次，24小时内不超过4次 主要不良反应及处置：可见头晕、头痛、嗜睡、易激动、嗳气、食欲缺乏、便秘、恶心、皮肤过敏等，停药后上述反应可自行消失 用药注意事项：如服用过量或出现严重不良反应，应停药并立即就医。如果用药后感觉不适，请及时告知医生，医生会根据不良反应的轻重判断是否应停药或采取必要的措施 （2）盐酸氨溴索口服溶液 用法用量：口服，最好在进餐时间服用，每次1支（30mg/10ml），每日3次 主要不良反应：极少数患者有轻度的胃肠道不适（如胃部灼热、恶心、呕吐、消化不良、腹泻等）及过敏反应（如皮疹，罕见血管神经性水肿），罕见头痛及眩晕等不良反应 用药注意事项：应避免与中枢性镇咳药同时使用，以免稀化的痰液堵塞气道 （3）对乙酰氨基酚片 用法用量：口服，每次1片（0.5g），若持续发热，可间隔4～6小时重复用药一次，24小时内不得超过4次 主要不良反应：长期大量用药会导致肝肾功能异常，过量使用对乙酰氨基酚可引起严重肝损伤 用药注意事项：用于解热连续使用不超过3天，症状未缓解请咨询医师或药师；不能同时服用其他含有解热镇痛药的药品（如某些复方抗感冒药）
6	健康指导	提示患者患病期间应做到： （1）改善生活卫生环境，避免油漆或油烟等刺激性气味；鼓励吸烟患者戒烟；避免过度吸入环境中的过敏原和污染物 （2）清除鼻、咽、喉等部位的多余分泌物；可在房间中使用冷雾加湿器，以保持呼吸道湿润，易于痰液排出

7

续表

步骤	流程	技能操作与要求
6	健康指导	康复之后，日常生活应注意： （1）避免受凉、劳累，防止上呼吸道感染 （2）适当参加体育锻炼，增强体质 （3）降低二手烟危害
7	药品复位	将取出的药品放回原位

（三）注意事项

1.操作全过程应体现"以患者为中心"的服务理念。

2.根据治疗目的，即去除病因、缓解症状来选择药品。

3.在操作过程中，推介的药品除表中列出的三个药品外，也可以选用已取出的非处方药品中的其他药品。

4.急性支气管炎药品推荐过程中，如需使用抗菌药等处方药，须请驻店医生或远程医生诊治，开具处方后，再根据处方调配药品。

5.就医提醒：患者症状加重，如出现咳嗽加重、痰量增多、气促加重等，建议及时就医治疗。

（四）学习评价

见项目一任务1-1。

微课

二、相关知识

（一）疾病概述

急性支气管炎是由感染、物理、化学或过敏因素刺激引起的气管-支气管黏膜的急性炎症，主要临床症状为咳嗽和咳痰。急性支气管炎通常以病毒感染为主，少数由细菌、肺炎衣原体和肺炎支原体感染引起。此外，冷空气、空气污染、过敏反应等也可导致该病的发生。急性支气管炎是最常见的疾病之一。人群发病率高，多散发，无流行倾向，年老体弱者易感。常发生于寒冷季节或气温突然变冷时，也可由急性上呼吸道感染迁延不愈所致。

（二）临床症状

通常起病较急，患者常有鼻塞、流清涕、咽痛和声音嘶哑等上呼吸道感染症状。咳嗽、咳痰，偶有喘息、胸骨后疼痛、胸部不适等临床表现。全身表现比较轻微，但可出现低热、畏寒、周身乏力。症状的总持续时间通常在3周左右，有时可长达6周，甚至迁延不愈。

（三）治疗药品

1.**镇咳祛痰药** 频繁剧烈咳嗽，可以选用右美沙芬复方制剂、枸橼酸喷托维林片等镇咳药。痰多、不易咳出的患者，可选用氨溴索、溴己新、N-乙酰半胱氨酸和标准桃金娘油等药品。

2.**解痉平喘药** 支气管痉挛（喘鸣）的患者，可应用解痉平喘和抗过敏药治疗，如氨茶碱片、沙丁胺醇片等药品。临床上也使用马来酸氯苯那敏等抗组胺药缓解刺激性咳嗽及气管痉挛症状。

3.抗菌药 一般咳嗽10天以上，细菌、支原体、衣原体等感染的概率较大。可首选新大环内酯类或青霉素类药品，亦可选用头孢菌素类或喹诺酮类等药品。多数患者口服抗菌药即可，症状较重者可经肌内注射或静脉滴注给药，少数患者需根据病原体培养结果指导用药。

4.抗病毒治疗 在流行性感冒流行期间，患者如有急性气管–支气管炎的表现，应该应用抗流感的治疗措施（奥司他韦或扎那米韦）。

即学即练

三、技能训练

情景：张某，男，16岁，学生，因病自行到药房购买药品，要求为其推荐合适的药品。自述咳嗽、咳痰3天。经询问，患者3天前受凉后出现咳嗽、咳痰，阵发性发作，伴咽痒、气急，咳嗽引起胸痛，胸闷，咳痰黏白夹黄，肢体酸楚等症状。

任务要求：

1.对患者可能患有的疾病做出判断，并说出判断的依据。

2.请推荐三个适合患者的非处方药，并说出推荐理由和用药注意事项。

3.请写出推荐药品的主要不良反应。

任务1-3 消化不良的非处方药推介

🏛 **任务情境**

李某，男，50岁，教师。因"上腹部胀痛伴恶心2天"前来药店购药。患者自述2天前开始不思饮食，对油腻食品尤为反感，症状至今无缓解。经询问，患者3天前因聚餐进食过饱，次日开始食欲丧失，恶心、嗳气、反酸，进食后常感上腹部疼痛和胀痛，排气增多，排气或排便后症状无缓解。无呕吐，无发热，二便正常。患病至今未曾服用药物。精神尚可，睡眠质量欠佳，体重无明显减轻，既往身体健康，无用药过敏史。

任务要求：

1.请与患者有效沟通，收集患者病情资料，对患者可能患有的疾病做出判断，并说出判断的依据。

2.请从药架/柜取出至少六个可治疗该疾病的药品，要求种类不少于三类，非处方药不少于三个。

3.请从取出的药品中推荐三个适合患者的非处方药，并说出推荐理由。

4.请指导患者正确使用推荐的三个非处方药，交代注意事项。

5.请对该患者进行健康指导。

一、任务实施

（一）工作准备

1.药品准备 本任务需准备的药品如表1-3-1所示。

表1-3-1 药品准备情况一览表

序号	药品名称	数量	备注
1	多潘立酮片、乳酶生片、胃蛋白酶口服溶液、乳酸菌素颗粒、胰酶肠溶胶囊、复方消化酶胶囊、复方氢氧化铝片、健胃消食片、大山楂丸	每种药品各2盒（瓶）	真实药盒并含有药品说明书，说明书内容完整，药盒无破损
2	枸橼酸莫沙必利片、双歧杆菌三联活菌散、西沙必利片、奥美拉唑肠溶胶囊	每种药品各2盒	

2.环境和人员准备 本任务需准备的环境条件和人员配备情况如表1-3-2所示。

表1-3-2 环境和人员准备情况一览表

序号	环境和人员	备注
1	药店环境	以真实药店环境为模拟场景，环境整洁、安静
2	营业员	穿戴整齐，仪容、仪表、仪态符合药店工作人员的要求
3	患者	表情、动作、语言等符合情境描述

（二）操作过程

本任务实施的操作过程如表1-3-3所示。

表1-3-3 消化不良的非处方药推介操作流程

步骤	流程	技能操作与要求
1	操作前准备	热情迎接顾客，观察顾客状况，确认顾客需求
2	病情沟通	通过询问，收集患者信息 （1）基本情况：李某，男，50岁，教师 （2）主要症状：上腹部胀痛伴恶心 （3）持续时间：2天 （4）发病原因：因聚餐进食过饱 （5）症状详情：食欲丧失，恶心、嗳气、反酸，进食后常感上腹部烧灼样疼痛和胀痛，排气增多，排气或排便后症状无缓解 （6）伴随症状：无呕吐，无发热，二便正常，精神尚可，睡眠质量欠佳，体重无明显减轻 （7）诊治经过：患病至今未曾服药 （8）既往病史：既往身体健康 （9）过敏史：无用药过敏史
3	疾病评估	判断为消化不良。判断理由：①患者既往身体健康；②因进食过饱导致；③进食后常感上腹部疼痛和胀痛，恶心、嗳气、反酸符合本病典型症状；④无呕吐，无发热，二便正常
4	药品推介	（1）从药架/柜取出可治疗该疾病的药品 非处方药：乳酶生片、胃蛋白酶口服溶液、胰酶肠溶胶囊、复方消化酶胶囊、双歧杆菌三联活菌散、乳酸菌素颗粒、多潘立酮片、健胃消食片 处方药：枸橼酸莫沙必利片

步骤	流程	技能操作与要求
4	药品推介	（2）推介非处方药品 多潘立酮片：属于促胃动力药，增强胃肠道蠕动，帮助消化，进而缓解消化不良导致的上腹部胀痛、嗳气、恶心、呕吐等症状 复方消化酶胶囊：为活性消化酶补充药，主要成分为胃蛋白酶、淀粉酶、胰蛋白酶等，可促进食物中营养成分的分解消化 双歧杆菌三联活菌散：为肠道有益活菌制剂，含双歧杆菌、嗜酸乳杆菌和粪肠球菌，补充肠道有益菌，促进食物的消化吸收，促进肠道正常蠕动
5	用药指导	指导患者使用推荐的三个非处方药：用法用量、主要不良反应及处置、用药注意事项 （1）多潘立酮片 用法用量：每次1片（10mg），每日3次，饭前15～30分钟口服 主要不良反应及处置：口服不良反应较少，偶有口干、头痛、嗜睡、疲乏、腹泻、皮疹、瘙痒等症状，此时应立即停药 用药注意事项：应在饭前服用，若饭后服用，药物吸收会有所延迟；本品用于消化不良的对症治疗时，用药疗程通常不超过1周；如服用过量或出现严重不良反应，应立即停药并就医 （2）复方消化酶胶囊 用法用量：每次1～2粒，每日3次，饭后服用。口服用药 主要不良反应及处置：用药后可能有呕吐、泄泻、软便，也可能发生口内不快感 用药注意事项：本品服用时可将胶囊打开，但不可嚼碎 （3）双歧杆菌三联活菌散 用法用量：每次2包（1g/包），每日3次。口服，用温水冲服 主要不良反应及处置：无明显不良反应 用药注意事项：本品为活菌制剂，切勿将本品置于高温处；溶解时水温不宜超过40℃；避免与抗菌药同服
6	健康指导	提示患者患病期间应做到： （1）少食多餐：每日可吃6餐，以易消化的软质流食为主，注意补充维生素，避免食用油炸、腌制、生冷刺激、高蛋白高脂肪等不易消化食物或过冷、过烫食物 （2）适宜饮水：避免餐后立即饮水稀释胃液而降低消化功能 （3）胃部保暖防寒 （4）精神调节：避免精神紧张、过度疲劳等 康复之后，日常生活应注意： （1）养成健康饮食习惯，细嚼慢咽，不暴饮暴食 （2）戒烟酒，避免烟酒刺激
7	药品复位	将取出的药品放回原位

（三）注意事项

1.操作全过程应体现"以患者为中心"的服务理念。

2.消化不良的治疗原则为对因治疗，根据病因个体化选择药品。

3.在操作过程中，推介的药品除表中列出的三个药品外，也可以选用已取出的非处方药中的其他药品。

4.助消化药不宜与抗菌药物、吸附剂同时服用，若必须联用，应间隔2～3小时。

5.就医提醒：用药最长不超过1周，若症状未缓解或出现不良反应，应及时就医治疗。

（四）学习评价

见项目一任务1-1。

二、相关知识

微课

（一）疾病概述

消化不良是由胃动力障碍或胃肠蠕动减弱，导致食物在胃内停留时间过长而产生的一种或一组症状，分为器质性消化不良和功能性消化不良。器质性消化不良主要由胃炎、消化性溃疡、慢性胆囊炎等引起，具有慢性持续性特点。偶然的消化不良可能与进食过饱、进食油腻食物、饮酒过量有关。其他因素也可引起消化不良，如药物、精神、老年胃动力不足等。

（二）临床症状

1.进食或食后有腹部不适、腹胀、嗳气、上腹部或胸部钝痛或烧灼样痛、恶心，并常常伴有舌苔厚腻及上腹部压痛。

2.进食、运动或平卧后上腹正中有烧灼感或反酸，并可延伸直至咽喉部。

3.食欲不振，对油腻食品尤为反感。

4.经常感觉饱胀或有胃肠胀气感，呃逆（打嗝）、排气增多，有时可出现轻度腹泻。

（三）治疗药品

1.助消化药

（1）乳酶生（表飞鸣） 为活肠球菌的干燥制剂。能在肠内分解糖类，生成乳酸，使肠内酸度增加，从而抑制腐败菌的生长繁殖，并防止肠内发酵，减少嗳气，促进消化和止泻。用于消化不良、腹胀及小儿饮食失调所引起的腹泻、绿便等。

（2）胰酶（又称胰液素，胰酶素） 在中性或弱酸性环境中可促进蛋白质、淀粉及脂肪的消化。可用于消化不良、食欲不振，以及肝、胰腺疾病引起的消化障碍。

（3）干酵母 富含B族维生素，用于食欲减退明显的消化不良。

（4）肠道益生菌 在肠内生成多种消化酶，促进肠道对营养的合成及吸收，促进肠道正常蠕动，消除腹胀、反酸、嗳气、肠鸣等多种消化不良症状。

（5）胃蛋白酶 在胃酸参与下使凝固的蛋白质分解，用于消化机能减退引起的消化不良。

（6）多酶片 由胰酶与胃蛋白酶组成，用于消化不良、食欲缺乏。

（7）复方消化酶胶囊 能促进各种植物纤维素分解，促进蛋白质、脂肪及碳水化合物的消化吸收，促进肠内气体排出，消除腹部胀满感。同时，其所含三种不同颜色的药丸可定位释放，保证各种酶的活性在合理部位发挥作用。

2.促动力药

（1）多潘立酮片（吗丁啉、胃得灵） 能增加胃肠平滑肌张力及蠕动，使胃排空速度加快，胃部得以畅通、消化和推进食物，促进食物及肠道气体排泄，从而消除消化不良的各种症状。用于消化不良、腹胀、嗳气、恶心、呕吐。

（2）枸橼酸莫沙必利片 能刺激胃肠道而发挥促动力作用，从而改善功能性消化不良患者的胃肠道症状，但不影响胃酸的分泌。

3.中成药

（1）健胃消食片　主治脾胃虚弱所致的食积，症见不思饮食、反酸、嗳气、腹胀等消化不良表现。

（2）大山楂丸　消积化滞。用于食积、肉积，停滞不化，痞满腹胀，饮食减少。

三、技能训练

情景： 吴某，女，17岁，学生，因病自行到药房购买药品，要求为其推荐合适的药品。自述周末回家吃大餐，出现恶心、呕吐、腹胀、腹痛等症状。经询问，患者食欲不振，嗳气、反酸，排气增加，气味恶臭，大便不成形。无发热，无腹泻，精神欠佳。

任务要求：

1.对患者可能患有的疾病做出判断，并说出判断的依据。

2.请推荐三个适合患者的非处方药，并说出推荐理由和用药注意事项。

3.请说出该病的诱发因素。

任务1-4　急性胃肠炎的非处方药推介

🏛 任务情境

张某，男，22岁，大学生。因"腹痛、腹泻伴恶心、呕吐半天"前来药店购药。患者自述在路边摊位进午餐1小时后出现脐周部疼痛，腹泻，伴恶心、呕吐。经询问，患者自症状出现到现在，非喷射状呕吐1次，呕吐物为非咖啡色胃内容物；腹泻3次，粪便内有未消化食物，无里急后重感，也无肛门灼热感，便后腹部疼痛有所缓解。患病至今未曾服用药物。现小便正常，无发热，精神食欲较差，睡眠质量欠佳，既往身体健康，也无用药过敏史。

任务要求：

1.请与患者有效沟通，收集患者病情资料，对患者可能患有的疾病做出判断，并说出判断的依据。

2.请从药架/柜取出至少六个可治疗该疾病的药品，要求种类不少于三类，非处方药品不少于三个。

3.请从取出的药品中推荐三个适合患者的非处方药，并说出推荐理由。

4.请指导患者正确使用推荐的三个非处方药，交代注意事项。

5.请对该患者进行健康指导。

一、任务实施

（一）工作准备

1.药品准备　本任务需准备的药品如表1-4-1所示。

表1-4-1 药品准备情况一览表

序号	药品名称	数量	备注
1	蒙脱石散、盐酸小檗碱片、多潘立酮片、口服补液盐散（Ⅱ）、双歧杆菌三联活菌散	每种药品各2盒（袋）	真实药盒并含有药品说明书，说明书内容完整，药盒无破损
2	诺氟沙星胶囊、硫酸庆大霉素片、消旋山莨菪碱片、马来酸曲美布汀片、甲氧氯普胺片、牛黄解毒丸	每种药品各2盒（瓶）	

2.环境和人员准备 本任务需准备的环境条件和人员配备情况如表1-4-2所示。

表1-4-2 环境和人员准备情况一览表

序号	环境和人员	备注
1	药店环境	以真实药店环境为模拟场景，环境整洁、安静
2	营业员	穿戴整齐，仪容、仪表、仪态符合药店工作人员的要求
3	患者	表情、动作、语言等符合情境描述

（二）操作过程

本任务实施的操作过程如表1-4-3所示。

动画

表1-4-3 急性胃肠炎的非处方药推介操作流程

步骤	流程	技能操作与要求
1	操作前准备	热情迎接顾客，观察顾客状况，确认顾客需求
2	病情沟通	通过询问，收集患者信息 （1）基本情况：张某，男，22岁，大学生 （2）主要症状：腹痛、腹泻伴恶心、呕吐 （3）持续时间：半天 （4）发病原因：午餐进食不洁食物 （5）症状详情：患病至今，出现脐周部疼痛，非喷射状呕吐1次，呕吐物为非咖啡色胃内容物；腹泻3次，粪便内有未消化食物，便后疼痛有所缓解 （6）伴随症状：腹泻无里急后重感，也无肛门灼热感，小便正常，无发热，精神食欲较差，睡眠质量欠佳 （7）诊治经过：患病至今未曾服药 （8）既往病史：既往身体健康 （9）过敏史：无用药过敏史
3	疾病评估	判断为急性胃肠炎。判断理由：①患者有不洁饮食史；②起病急（半天）；③腹痛、腹泻、恶心、呕吐符合本病典型症状；④腹泻无里急后重感，也无肛门灼热感，不伴发热
4	药品推介	（1）从药架/柜取出可治疗该疾病的药品 非处方药：蒙脱石散、多潘立酮片、盐酸小檗碱片、双歧杆菌三联活菌散、口服补液盐散（Ⅱ） 处方药：诺氟沙星胶囊、硫酸庆大霉素片、消旋山莨菪碱片 （2）推介非处方药品 蒙脱石散：为吸附性止泻药，具有吸附和保护肠黏膜的作用，能有效吸附肠道中水、气体、细菌、病毒、毒素等，可显著改善腹泻症状 盐酸小檗碱片：对肠道致病菌具有较强抑菌作用，主要用于肠道感染 口服补液盐散（Ⅱ）：能有效调节肠道水、电解质代谢平衡，可防止过度腹泻引起的机体脱水、电解质紊乱，主要用于治疗和预防急、慢性腹泻造成的轻度脱水

续表

步骤	流程	技能操作与要求
5	用药指导	指导患者使用推荐的三个非处方药：用法用量、主要不良反应及处置、用药注意事项 （1）蒙脱石散 用法用量：首次2袋（6g），以后每次1袋（3g），每日3次。服用时，将蒙脱石散倒入半杯温水中（约50ml），摇匀后口服 主要不良反应及处置：用药后可能会产生轻度便秘，此时可减量（服用半袋）或停服药物 用药注意事项：本品因具有吸附作用，可影响其他药物的药效，如需服用其他药物，建议与本品间隔一段时间（2～3小时）；如服用该药过量或出现严重不良反应，应立即停药并就医 （2）盐酸小檗碱片 用法用量：每次2片（0.2g），一日3次，口服 主要不良反应及处置：口服不良反应较少，偶有恶心、呕吐、皮疹和药热，此时应立即停药 用药注意事项：如服用过量或出现严重不良反应，应立即停药并就医 （3）口服补液盐散（Ⅱ） 用法用量：临用时，将一袋量溶解于500ml温开水中，待充分溶解后，随时口服，4～6小时内服完。直至腹泻停止 主要不良反应及处置：服用时，可有轻度恶心、刺激感，多因浓度过高而引起，此时应增加温水量至规定剂量，可有效减轻不良反应 用药注意事项：腹泻停止后应立即停用本药；如服用过量或出现严重不良反应，应立即就医
6	健康指导	提示患者患病期间应做到： （1）充分休息　必要时卧床休息以减少体力消耗和肠蠕动次数 （2）多饮水　少量多次喝水，或喝含有一定量的糖、维生素、电解质的运动饮料，预防脱水；不要一次性大量饮水，以免呕吐 （3）合理饮食　以易消化的软质流食为主，注意补充维生素，可增加进餐次数，每日可吃6餐；忌食易产气食物（如土豆等），以免胃肠道发酵、胀气；忌辛辣刺激，忌高脂肪饮食，忌食用过烫或过冷食物 康复之后，日常生活应注意： （1）积极预防，加强锻炼，增强体质，提高机体抵抗力；注意个人卫生，饭前便后勤洗手；注意饮食卫生，不吃生冷、过期、变质食物，不饮生水 （2）戒烟酒，避免烟酒刺激
7	药品复位	将取出的药品放回原位

（三）注意事项

1.操作全过程应体现"以患者为中心"的服务理念。

2.根据治疗目的，即去除病因、缓解症状来选择药品。

3.在操作过程中，推介的药品除表中列出的三个药品外，也可以选用已取出的非处方药中的其他药品。

4.急性胃肠炎药品推荐过程中，如需使用抗菌药等处方药，须请驻店医生或远程医生诊治，开具处方后，再根据处方调配药品。

5.就医提醒：用药3天后症状未缓解，或是出现高热、脱水症状（口唇干燥、眼窝凹陷、尿量减少等），应及时就医。

（四）学习评价

见项目一任务1–1。

二、相关知识

（一）疾病概述

急性胃肠炎是各种原因引起的胃肠黏膜的急性炎症，临床以恶心、呕吐、腹痛、腹泻等症状为主要表现，严重者可伴有发热、脱水、电解质紊乱、酸碱平衡失调，甚至发生休克。多发生于夏秋季节，常由粪–口途径传播，多与饮食不当、暴饮暴食，或食入生冷腐馊、受污染的不洁食品有关。急性胃肠炎根据病因的不同，可分为感染性和非感染性两类。

（二）临床症状

1.非感染性急性胃肠炎　过敏性急性胃肠炎常在进食数小时内突发脐周剧烈疼痛，水样泻2~3次后腹痛可消失，有时可以出现荨麻疹；急性应激或药物引起的急性胃肠炎还可以出现呕血、黑便等。

2.感染性急性胃肠炎

（1）轮状病毒胃肠炎　起病较急，多数先吐后泻，大便为水样或黄绿色稀便，常伴有发热。

（2）诺如病毒胃肠炎　大便为稀水样，一天可多达10余次，可伴有低热、头痛、食欲减退、乏力等症状。

（3）细菌性急性胃肠炎　有饮食不洁史，常集体发病，病情轻重与进食量有关，起病急（进食后几小时内发病），上吐下泻，上中腹疼痛为主，呕吐物为进食的不洁饮食，腹泻轻者一天数次，严重者一天数十次。侵袭性细菌感染可出现黏液脓血便。

（三）治疗药品

1.止泻药

（1）阿片类衍生物　能抑制肠蠕动，提高胃肠张力，减缓食物推进速度，使水分有充分时间吸收而止泻，如盐酸洛哌丁胺胶囊、复方地芬诺酯片等。

（2）吸附性止泻药　有吸附和保护肠黏膜的作用，能吸附肠道中水、气体、细菌、病毒、毒素等，阻止它们被肠黏膜吸收或损害肠黏膜而止泻，实现缩短腹泻病程、降低腹泻频率功效，如蒙脱石散、药用炭片等。

（3）收敛保护药　能在肠黏膜上形成保护膜，从而减轻有害因子对肠道的刺激，如鞣酸蛋白片。

2.微生态制剂　可调整肠道菌群的生长和组成，通过补充肠道正常菌群、竞争性对抗致病菌来发挥治疗作用，如地衣芽孢杆菌活菌胶囊、双歧杆菌三联活菌散等。

3.解痉药　能有效抑制肠道蠕动，缓解腹痛、呕吐等症状，如消旋山莨菪碱片、颠茄浸膏等。

4.口服补液盐　可防止过度腹泻引起的机体脱水、电解质紊乱，如口服补液盐散（Ⅱ）。

5.止吐药　能有效止吐，如甲氧氯普胺片等。

6.抗菌药　通过抑制或杀灭病原菌而止泻，如盐酸小檗碱片、氟喹诺酮类（诺氟沙星胶囊）、氨基糖苷类（硫酸庆大霉素片）等。

三、技能训练

情景： 李某，女，17岁，学生，因病自行到药房购买药品，要求为其推荐合适的药品。自述周末回家吃大餐，出现恶心、呕吐、腹痛、腹泻等症状。经询问，患者腹泻次数为一天7次，稀便，气味恶臭。有轻度脱水症状，无发热，精神欠佳。

任务要求：

1. 对患者可能患有的疾病做出判断，并说出判断的依据。
2. 请推荐三个适合患者的非处方药，并说出推荐理由和用药注意事项。
3. 请对该患者进行健康指导。

任务1-5　便秘的非处方药推介

🏛 任务情境

张某，女，58岁，企业退休员工，因病自行到药店购买药品。患者自述已持续5天没有排便，自感腹胀不适。经询问，患者近3年2～3天排便一次，且大便干结、量少，排便困难，有排不尽感，伴有食欲减退、腹胀、口臭等症状。今年年初还被诊断出缺铁性贫血，目前正服用富马酸亚铁片来治疗，最近感觉便秘更严重了。平时除了买菜做饭，很少运动，因胃口不好，吃得也少。患者排便困难，至今未曾到医院就诊，也无用药过敏史。

任务要求：

1. 请与患者有效沟通，收集患者病情资料，对患者可能患有的疾病做出判断，并说出判断的依据。

2. 请从药架/柜取出至少六个可治疗该疾病的药品，要求种类不少于三类，非处方药品不少于三个。

3. 请从取出的药品中推荐三个适合患者的非处方药，并说出推荐理由。

4. 请指导患者正确使用推荐的三个非处方药，交代注意事项。

5. 请对该患者进行健康指导。

一、任务实施

（一）工作准备

1. 药品准备　本任务需准备的药品如表1-5-1所示。

表1-5-1　药品准备情况一览表

序号	药品名称	数量	备注
1	乳果糖口服溶液、开塞露、甘油栓、比沙可啶肠溶片、多潘立酮片、麻仁丸、润肠胶囊、便通胶囊	每种药品各2盒（瓶）	真实药盒并含有药品说明书，说明书内容完整，药盒无破损
2	双歧杆菌三联活菌胶囊、聚乙二醇4000散、枸橼酸莫沙必利片、西沙必利片、马来酸曲美布汀片	每种药品各2盒	

2.环境和人员准备　本任务需准备的环境条件和人员配备情况如表1-5-2所示。

表1-5-2　环境和人员准备情况一览表

序号	环境和人员	备注
1	药店环境	以真实药店环境为模拟场景，环境整洁、安静
2	营业员	穿戴整齐，仪容、仪表、仪态符合药店工作人员的要求
3	患者	表情、动作、语言等符合情境描述

（二）操作过程

本任务实施的操作过程如表1-5-3所示。

表1-5-3　便秘的非处方药推介操作流程

步骤	流程	技能操作与要求
1	操作前准备	热情迎接顾客，观察顾客状况，确认顾客需求
2	病情沟通	通过询问，收集患者信息 （1）基本情况：张某，女，58岁，企业退休员工 （2）主要症状：持续5天没有排便，腹胀不适 （3）持续时间：5天 （4）发病原因：缺乏运动，引起慢性便秘。同时因缺铁性贫血服用富马酸亚铁片来治疗，该药可减少肠蠕动，引起便秘加重 （5）症状详情：大便干结、量少，排便困难，有排不尽感 （6）伴随症状：食欲减退、腹胀、口臭等 （7）诊治经过：未曾到医院就诊 （8）既往病史：缺铁性贫血 （9）过敏史：无用药过敏史
3	疾病评估	判断为便秘。判断理由：①"持续5天没有排便，自感腹胀不适"以及"3年来2~3天排便一次，且大便干结、量少，排便困难，有排不尽感"符合本病的典型症状；②患者正在服用富马酸亚铁片，该药可引起便秘
4	药品推介	（1）从药架/柜取出可治疗该疾病的药品 非处方药：乳果糖口服溶液、多潘立酮片、比沙可啶肠溶片、开塞露、麻仁丸、润肠胶囊、便通胶囊 处方药：枸橼酸莫沙必利片、聚乙二醇4000散、双歧杆菌三联活菌胶囊 （2）推介非处方药品 乳果糖口服溶液：属于渗透性泻药，能改变肠腔渗透性，将水分保持在肠腔中，以增加粪便的含水量和体积，主要用于慢性或习惯性便秘 开塞露：润滑性泻药，不被肠道吸收，可产生润滑肠壁和软化粪便的作用，安全、温和，用于儿童和年老体弱便秘者的治疗 麻仁丸：中成药，润肠通便。用于肠热津亏所致的便秘
5	用药指导	指导患者使用推荐的三个非处方药：用法用量、主要不良反应及处置、用药注意事项 （1）乳果糖口服溶液 用法用量：起始量每日30~45ml，维持量每日15~25ml 主要不良反应及处置：本品偶有腹部不适、胀气或腹痛等不良反应；剂量大时可见恶心、呕吐，长期大剂量使用还可能因腹泻导致水、电解质失衡。以上不良反应在减量或停药后通常自行消失 用药注意事项：治疗的起始几天可能会出现腹胀，通常继续治疗可消失

步骤	流程	技能操作与要求
5	用药指导	（2）开塞露 用法用量：将容器顶端刺破或剪开，涂以油脂少许，缓慢插入肛门，然后将药液挤入直肠内，每次1支 主要不良反应及处置：使用本品会出现肛门不适、直肠刺激等，若难以忍受，应立即停药并及时就医 用药注意事项：刺破或剪开后的注药导管开口应光滑，以免擦伤肛门或直肠 （3）麻仁丸 用法用量：口服，水蜜丸，每次6g，每日1～2次 主要不良反应及处置：尚不明确 用药注意事项：注意饮食宜清淡，忌酒及辛辣食物；不宜在服药期间同时服用滋补性中药；本品不宜长期服用；服药3天症状无缓解，应去医院就诊
6	健康指导	提示患者患病期间应注意： （1）在医生指导下，停用可能引起便秘的富马酸亚铁片，改换其他治疗贫血的药物 （2）多饮水：每天大量饮用白开水，6～8杯250ml的水 （3）合理饮食：多吃富含膳食纤维的食物，如南瓜、洋葱、白菜等蔬菜类，香蕉、苹果、橙子等水果类、燕麦、玉米等五谷杂粮和红薯等薯类；适当摄入植物油；忌酒、浓茶、辣椒、咖啡等食物 （4）适当运动：每天坚持适当的体育运动如慢跑、太极等，促进肠蠕动，维持肠道动力 （5）按摩腹部：仰卧，背下垫一块软垫，将小腿反屈，双脚尽可能贴靠臀部，用左手在腹部做顺时针揉按，约20次 （6）不滥用泻药，便秘缓解则应立即停药 康复之后，日常生活应注意： （1）养成每天定时排便的习惯：有便意时，应随时排便，避免抑制便意。排便时应减少外界的干扰，不建议在排便时看书或者玩手机 （2）多吃富含膳食纤维的食物，比如香蕉、红薯等，同时应多喝温开水。减少高脂肪、高胆固醇食物的摄入，比如肥肉、奶油等 （3）可以在医生指导下服用调节肠道菌群的药物，比如双歧杆菌三联活菌胶囊、乳酸菌素片等，调节胃肠道功能，预防便秘的发生 （4）每天适当运动，有助于加快肠道蠕动，预防便秘
7	药品复位	将取出的药品放回原位

（三）注意事项

1.操作全过程应体现"以患者为中心"的服务理念。

2.便秘的治疗目的是缓解症状，恢复肠道的正常动力和排便功能。

3.在操作过程中，推介的药品除表中列出的三个药品外，也可以选用已取出的非处方药中的其他药品。

4.便秘药品推荐过程中，如需使用容积性泻药和胃肠动力药等处方药，须请驻店医生或远程医生诊治，开具处方后，再根据处方调配药品。

5.就医提醒　用药3天后症状未缓解，或是出现便血、明显腹痛、腹部包块等，应及时就医治疗。

（四）学习评价

见项目一任务1-1。

二、相关知识

（一）疾病概述

便秘系指肠蠕动减少，每周少于3次，大便过于干燥、量少、排便困难、费力等症状。便秘在人群中的患病率比较高，女性多于男性，老年多于青壮年。便秘可分为急性和慢性。发生便秘的常见原因有：①不良的饮食习惯，进食量不足或食物过于精细；②饮水不足及肠蠕动过缓，导致机体从粪便中持续再吸收水分；③缺乏锻炼使肠蠕动不够；④排入直肠的粪便量少，对直肠壁的压力过小，达不到刺激神经末梢感受器兴奋的正常值，不能形成排便反射；⑤结肠低张力，肠运行不正常；⑥长期滥用泻药、抗酸药及胶体果胶；⑦生活不规律和不规律的排便习惯；⑧以便秘为主要症状的肠易激综合征。

（二）临床症状

便秘是临床常见的复杂症状，而不是一种疾病。临床表现如为：①大便干结，排便费力、排出困难和排不干净；②可同时出现下腹部膨胀感、腹痛、恶心、食欲减退、口臭、口苦、全身无力、头晕、头痛等感觉；③有时在小腹左侧可摸到包块及发生痉挛的肠管。

（三）治疗药品

1.缓泻药

（1）容积性泻药　在肠腔内吸水膨胀，增加肠内容物水分和容积，可促进肠蠕动、软化大便。如聚乙二醇4000散、羧甲基纤维素钠颗粒。痉挛性便秘可选用聚乙二醇4000散。

（2）渗透性泻药　能改变肠腔渗透性，将水分保持在肠腔中，以增加粪便的含水量和体积。如乳果糖口服液、硫酸镁口服散剂等。功能性便秘可选用乳果糖口服液；而糖尿病、高乳酸血症患者禁用该药。急性便秘可选用硫酸镁口服散剂。

（3）刺激性泻药　可促进肠道分泌水和电解质，并可刺激肠道蠕动和前列腺素的释放，增强结肠的运输功能。如比沙可啶肠溶片、番泻叶颗粒等。急慢性或习惯性便秘可选用比沙可啶肠溶片。

（4）润滑性泻药　不被肠道吸收，可产生润滑肠壁和软化粪便的作用。其安全、温和，适用于年老体弱、妊娠期及儿童便秘患者。如开塞露、甘油栓等。

2.促胃肠动力药　可以促进胃肠道蠕动，缓解患者因胃肠动力不足导致的便秘。如枸橼酸莫沙必利片、西沙必利片、马来酸曲美布汀片等。

3.微生态制剂　通过改善肠道内微生态，促进肠蠕动，有助于缓解便秘症状。可作为老年人便秘的辅助治疗。如双歧杆菌三联活菌胶囊、乳酸菌素片等。

三、技能训练

情景：王某，女，27岁，公司职员。因病自行到药店购药，要求为其推荐合适的药品。自述近一个月排便无规律，3～4天排便一次，大便干结、量少，总感觉排不干净、腹胀难受。经询问，患者最近刚换了工作，压力比较大，饮食规律被打破，一忙起来还习惯性拖延排便时间。无既往病史，也无用药过敏史。

任务要求：

1.对患者可能患有的疾病做出判断，并说出判断的依据。

2.请推荐三个适合患者的非处方药，并说出推荐理由和用药注意事项。

3.请说出该病例的病因和预防措施。

任务1-6　消化性溃疡的非处方药推介

🏛 任务情境

王某，男，38岁，某公司销售部经理。因"上腹部烧灼痛加重3天伴嗳气、反酸"前来药店购药。患者自述出现反复发作的上腹烧灼痛已有半年多，最近销售部冲业绩，工作压力大，自觉疼痛加重。经询问，其上腹疼痛常发生在餐后半小时，下一餐饭前缓解，伴腹胀、反酸等症状，每次都是工作压力大或喝酒应酬后发作，持续3～5天。平时因工作原因睡眠、饮食不规律，有多年的烟酒史，运动较少。患者曾到医院检查确诊，且否认有用药过敏史和其他既往病史。

任务要求：

1.请与患者有效沟通，收集患者病情资料，对患者可能患有的疾病做出判断，并说出判断的依据。

2.请从药架/柜取出至少六个可治疗该疾病的药品，要求种类不少于三类，非处方药品不少于三个。

3.请从取出的药品中推荐三个适合患者的非处方药，并说出推荐理由。

4.请指导患者正确使用推荐的三个非处方药，交代注意事项。

5.请对该患者进行健康指导。

一、任务实施

（一）工作准备

1.药品准备　本任务需准备的药品如表1-6-1所示。

表1-6-1　药品准备情况一览表

序号	药品名称	数量	备注
1	铝碳酸镁咀嚼片、硫糖铝片、枸橼酸铋钾胶囊、复方氢氧化铝片、盐酸雷尼替丁胶囊	每种药品各2盒	真实药盒并含有药品说明书，说明书内容完整，药盒无破损
2	阿莫西林胶囊、甲硝唑片、克拉霉素分散片、奥美拉唑钠肠溶片、泮托拉唑钠肠溶片、法莫替丁片	每种药品各2盒	

2.环境和人员准备　本任务需准备的环境条件和人员配备情况如表1-6-2所示。

表1-6-2　环境和人员准备情况一览表

序号	环境和人员	备注
1	药店环境	以真实药店环境为模拟场景，环境整洁、安静
2	营业员	穿戴整齐，仪容、仪表、仪态符合药店工作人员的要求
3	患者	表情、动作、语言等符合情境描述

（二）操作过程

本任务实施的操作过程如表1-6-3所示。

表1-6-3　消化性溃疡的非处方药推介操作流程

步骤	流程	技能操作与要求
1	操作前准备	热情迎接顾客，观察顾客状况，确认顾客需求
2	病情沟通	通过询问，收集患者信息 （1）基本情况：王某，男，38岁，某公司销售部经理 （2）主要症状：上腹部烧灼痛加重3天伴嗳气、反酸 （3）持续时间：3天 （4）发病原因：工作压力大 （5）症状详情：出现反复发作的上腹烧灼痛已有半年多，疼痛常发生在餐后半小时，下一餐饭前缓解，伴腹胀、反酸等症状，每次都是工作压力大或喝酒应酬后发作，持续3~5天 （6）伴随症状：嗳气、反酸 （7）诊治经过：此次发病，未经诊治 （8）既往病史：无其他既往病史 （9）过敏史：无用药过敏史
3	疾病评估	判断为消化性溃疡。判断理由：①工作压力大及喝酒符合本病的诱发因素；②"反复发作的上腹烧灼痛已有半年多""每次都是工作压力大或喝酒应酬后发作"以及"发生在餐后半小时，下一餐饭前缓解"分别符合本病慢性、周期性及节律性的特点
4	药品推介	（1）从药架/柜取出可治疗该疾病的药品 非处方药：铝碳酸镁咀嚼片、复方氢氧化铝片、硫糖铝片、枸橼酸铋钾胶囊、盐酸雷尼替丁胶囊 处方药：阿莫西林胶囊、克拉霉素分散片、奥美拉唑钠肠溶片 （2）推介非处方药品 铝碳酸镁咀嚼片：为抗酸药，能中和过多的胃酸，消除胃酸对胃黏膜的刺激性损害，同时能抑制胃蛋白酶活性利于溃疡愈合 盐酸雷尼替丁胶囊：能抑制空腹和进食后的胃酸分泌，对消化性溃疡起到缓解疼痛、促进溃疡愈合的作用 枸橼酸铋钾胶囊：为胃黏膜保护药，能在溃疡面上形成保护层，抵御胃酸和胃蛋白酶的侵蚀，还能抗幽门螺杆菌
5	用药指导	指导患者使用推荐的三个非处方药：用法用量、主要不良反应及处置、用药注意事项 （1）铝碳酸镁咀嚼片 用法用量：每次2片（每片0.5g），每日4次，餐后1~2小时或睡前服用，症状缓解后应再维持治疗至少4周 主要不良反应及处置：用药后可能会出现过敏、腹泻和呕吐，如无法自行缓解，应立即停用并就医 用药注意事项：如服用过量或出现严重不良反应，应立即停药并就医

续表

步骤	流程	技能操作与要求
5	用药指导	（2）盐酸雷尼替丁胶囊 用法用量：口服，每次150mg（每次1粒），每日2次，清晨和睡前各1次 主要不良反应及处置：用药后可能会出现恶心、皮疹、便秘、乏力、头痛、头晕等，若能耐受则坚持服药，若症状严重立即停药并就医 用药注意事项：服用本品对肝有一定毒性，但停药后即可恢复。可降低维生素B_{12}的吸收，长期使用可致B_{12}缺乏。如服用过量或出现严重不良反应，应立即停药并就医 （3）枸橼酸铋钾胶囊 用法用量：用于胃黏膜保护时每次1粒，每日4次，前3次于三餐前半小时，第4次于晚餐后2小时服用，疗程4~8周；用于杀灭幽门螺杆菌时，每日2次，早晚各服2粒，疗程7~14天 主要不良反应及处置：服药期间口内可能带有氨味，并可使舌苔和大便呈灰黑色，上述表现停药后可自行消失 用药注意事项：服用本品期间不得服用其他铋制剂，同时避免高蛋白饮食，且不宜长期大剂量服用
6	健康指导	提示患者患病期间应做到： （1）充分休息　避免过度劳累，减轻精神压力 （2）合理饮食　饮食应规律，少食多餐，细嚼慢咽，吃清淡、易消化食物，避免生、冷、硬、辛辣刺激性食物，忌烟酒 （3）定期监测　用药期间，应注意药物的不良反应，出现不良反应应及时到医院就诊，同时应定期做胃镜复查。一般应在根除幽门螺杆菌治疗后至少4周复查幽门螺杆菌 康复之后，日常生活应注意： （1）注意卫生，使用公筷，避免幽门螺杆菌感染 （2）饮食应规律，忌暴饮暴食 （3）生活要有规律，工作宜劳逸结合 （4）加强锻炼，增强体质，提高机体抵抗力 （5）戒烟酒，避免烟酒刺激
7	药品复位	将取出的药品放回原位

（三）注意事项

1.操作全过程应体现"以患者为中心"的服务理念。

2.根据治疗目的，即去除病因、缓解症状来选择药品。

3.在操作过程中，推介的药品除表中列出的三个药品外，也可以选用已取出的非处方药中的其他药品。

4.消化性溃疡药品推荐过程中，如需使用抗菌药和抑酸药等处方药，须请驻店医生或远程医生诊治，开具处方后，再根据处方调配药品。

5.就医提醒：用药7天后症状未缓解，或是出现呕血、黑便症状，应及时就医。

（四）学习评价

见项目一任务1-1。

二、相关知识

（一）疾病概述

微课

消化性溃疡作为常见的消化系统疾病之一，是指胃肠道黏膜被胃酸或胃蛋白酶消化造

成的溃疡，主要包括胃溃疡和十二指肠溃疡。

消化性溃疡的常见病因如下。

1.主要病因 幽门螺杆菌（Hp）感染。

2.自我消化因素 胃酸、胃蛋白酶侵蚀。

3.药物 长期服用非甾体抗炎药（NSAIDs）如阿司匹林、糖皮质激素等。

4.其他 遗传因素、环境因素和精神因素等。

（二）临床症状

1.疼痛 慢性、周期性、节律性上腹痛是消化性溃疡的典型症状。

（1）慢性 溃疡症状可以在几年、十几年甚至几十年的时间内反复发作。

（2）周期性 溃疡症状的发作常有季节性，如秋冬或冬春之交，过度疲劳、饮食失调也可引起发作。

（3）节律性 溃疡症状的发作在一天内有其规律。如十二指肠溃疡疼痛多在饥饿或夜间出现，进餐后或服用抗酸药物后缓解，呈现"腹痛—进食—缓解"的规律。而胃溃疡疼痛多在餐后半小时出现，持续1~2小时，下次进餐后重复出现，呈现"进食—腹痛—缓解"的规律。

2.其他症状 如嗳气、反酸、胸骨后烧灼感；上腹饱胀、恶心、呕吐、便秘等可单独或伴随疼痛症状出现。

（三）治疗药品

消化性溃疡发病的直接原因是胃黏膜自身的防御因子（黏液、前列腺素等）和黏膜攻击因子（胃酸、胃蛋白酶）之间的平衡被打破，而幽门螺杆菌在其中起关键作用。因此，消化性溃疡治疗的基本原则是抑制攻击因子以及增强防御因子，以促进溃疡的愈合，同时根除幽门螺杆菌，降低消化性溃疡的复发率。

1.抑制攻击因子的药品

（1）抗酸药 能中和过多的胃酸，消除胃酸对胃黏膜的刺激性损害，同时能抑制胃蛋白酶活性利于溃疡愈合。如铝碳酸镁咀嚼片、复方氢氧化铝片等。

（2）抑制胃酸分泌药物

1）H_2受体拮抗药 能选择性地抑制组胺，降低空腹和进食后的胃酸分泌，对消化性溃疡起到缓解疼痛、促进溃疡愈合的作用。如雷尼替丁胶囊、法莫替丁片等。

2）质子泵抑制剂（PPI） 通过干扰胃壁细胞内的质子泵即H^+, K^+-ATP酶，抑制各种刺激引起的胃酸分泌，抑制作用强而持久。如奥美拉唑钠肠溶片、泮托拉唑钠肠溶片和雷贝拉唑钠肠溶片等。

2.增强防御因子的药品——胃黏膜保护药

（1）硫糖铝片 在胃内酸性条件下能黏附于上皮细胞和溃疡面，增加黏膜保护层的厚度，减轻胃酸和胃蛋白酶的侵蚀，还能促进黏膜和血管增生，促进溃疡愈合。

（2）枸橼酸铋钾胶囊 在胃内酸性条件下可在溃疡基底膜上形成蛋白质–铋复合物的保护层，并促进胃黏膜局部保护因子前列腺素E（PGE）释放，还能抗幽门螺杆菌。

3.根除幽门螺杆菌（Hp）的药品

（1）质子泵抑制剂（PPI） 奥美拉唑钠肠溶片、泮托拉唑钠肠溶片等。

（2）铋剂　枸橼酸铋钾。

（3）抗菌药　阿莫西林片、克拉霉素片、甲硝唑片、呋喃唑酮片等。

目前根除幽门螺杆菌（Hp）多采用三联或四联治疗方案。三联治疗方案为PPI+两种抗菌药物；四联治疗方案为PPI+铋剂+两种抗菌药物。由于阿莫西林的耐药率相对较低，所以两种抗菌药物中通常须含有阿莫西林，但对青霉素过敏的患者禁用阿莫西林。

即学即练

三、技能训练

情景：李某，男，65岁，退休工人，因病自行到药店购买药品，要求为其推荐合适的药品。自述餐后出现反复发作的上腹部疼痛伴嗳气、反酸已有半年时间，偶见黑便。经询问，患者的上腹疼痛多出现在餐后半小时，持续约2小时才缓解，下一次进餐后又重复出现。其有长期服用阿司匹林用于抗血小板治疗史，否认有药物过敏史。

任务要求：

1.对患者可能患有的疾病做出判断，并说出判断的依据。

2.请推荐三个适合患者的非处方药，并说出推荐理由和用药注意事项。

3.请对该患者进行健康指导。

任务1-7　缺铁性贫血的非处方药推介

🏛 任务情境

李某，女，33岁，孕20周。因"乏力困倦伴有头晕耳鸣、心悸气短、脸色苍白2个月"前来药店购药。经询问，患者2个月前曾到医院检查血常规，显示：Hb 85g/L、MCV 70fl，诊断为中度贫血。但未遵医嘱服用药物。近期症状明显加重，每日活动后需长时间休息才能缓解疲劳。食欲减退，夜间睡眠质量差，多梦易醒。既往身体健康，也无用药过敏史。

任务要求：

1.请与患者有效沟通，收集患者病情资料，对患者可能患有的疾病做出判断，并说出判断的依据。

2.请从药架/柜取出至少六个可治疗该疾病的药品，要求种类不少于三类，非处方药品不少于三个。

3.请从取出的药品中推荐三个适合患者的非处方药，并说出推荐理由。

4.请指导患者正确使用推荐的三个非处方药，交代注意事项。

5.请对该患者进行健康指导。

一、任务实施

（一）工作准备

1.药品准备　本任务需准备的药品如表1-7-1所示。

表1-7-1 药品准备情况一览表

序号	药品名称	数量	备注
1	硫酸亚铁片、琥珀酸亚铁片、右旋糖酐铁分散片、多糖铁复合物胶囊、富马酸亚铁颗粒、葡萄糖酸亚铁糖浆、维生素C片、益气养血口服液、健脾补血颗粒	每种药品各2盒	真实药盒并含有药品说明书，说明书内容完整，药盒无破损
2	蛋白琥珀酸铁口服溶液、复方硫酸亚铁叶酸片	每种药品各2盒	

2.环境和人员准备 本任务需准备的环境条件和人员配备情况如表1-7-2所示。

表1-7-2 环境和人员准备情况一览表

序号	环境和人员	备注
1	药店环境	以真实药店环境为模拟场景，环境整洁、安静
2	营业员	穿戴整齐，仪容、仪表、仪态符合药店工作人员的要求
3	患者	表情、动作、语言等符合情境描述

（二）操作过程

本任务实施的操作过程如表1-7-3所示。

表1-7-3 缺铁性贫血的非处方药推介操作流程

步骤	流程	技能操作与要求
1	操作前准备	热情迎接顾客，观察顾客状况，确认顾客需求
2	病情沟通	通过询问，收集患者信息 （1）基本情况：李某，女，33岁，孕20周 （2）主要症状：乏力困倦 （3）持续时间：2个月 （4）发病原因：妊娠期导致铁需求量增加 （5）症状详情：乏力困倦，Hb 85g/L，MCV 70fl （6）伴随症状：头晕耳鸣、心悸气短、脸色苍白 （7）诊治经过：患病至今未曾服药 （8）既往病史：既往身体健康 （9）过敏史：无用药过敏史
3	疾病评估	判断为缺铁性贫血。判断理由：①Hb 85g/L，MCV 70fl；②乏力困倦伴有头晕耳鸣、心悸气短、脸色苍白符合本病典型症状
4	药品推介	（1）从药架/柜取出可治疗该疾病的药品 非处方药：硫酸亚铁片、琥珀酸亚铁片、多糖铁复合物胶囊、葡萄糖酸亚铁糖浆、富马酸亚铁颗粒、右旋糖酐铁分散片、维生素C片、益气养血口服液、健脾补血颗粒 处方药：蛋白琥珀酸铁口服溶液、复方硫酸亚铁叶酸片 （2）推介非处方药品 维生素C片：补充维生素C。具有增强抗氧化、提升免疫力的作用；还原型的亚铁离子易被肠道吸收，口服铁剂应同时应用维生素C片 多糖铁复合物胶囊：含多铁复合物，用于治疗单纯性缺铁性贫血。安全性好，尤其适用于孕产妇和儿童缺铁性贫血 益气养血口服液：益气养血，用于气血不足所致的气短心悸、面色不华、体虚乏力

步骤	流程	技能操作与要求
5	用药指导	指导患者使用推荐的三个非处方药：用法用量、主要不良反应及处置、用药注意事项 （1）多糖铁复合物胶囊 用法用量：口服，成人每次1～2粒（0.15g/粒），每日1次 主要不良反应及处置：极少出现胃肠刺激或便秘 用药注意事项：本品不应与茶、咖啡同服，否则影响铁的吸收。服用本品可能会出现黑便，是由于铁吸收不完全所致，不影响用药 （2）维生素C片 用法用量：口服，每次1片（100mg），每日3次，饭后服 主要不良反应及处置：长期应用大量维生素C可引起尿酸盐、半胱氨酸盐或草酸盐结石 用药注意事项：不宜长期大量服用 （3）益气养血口服液 用法用量：口服，每次15～20ml，每日3次 主要不良反应：尚不明确 用药注意事项：忌食生冷食物，宜清淡
6	健康指导	提示患者患病期间应做到： （1）服用铁剂时，注意与药物、食物的配伍禁忌。增加肉类、氨基酸可促进铁剂吸收；茶、咖啡、牛奶、钙剂、草酸盐等可抑制铁剂吸收 （2）口服铁剂对胃肠道有刺激，表现为恶心、腹痛和上腹部不适等，饭后服用可减轻 （3）服用铁剂治疗期间应定期查血常规和血清铁水平 康复之后，日常生活应注意： （1）合理膳食：宜多食含铁丰富的食物，如动物肝肾、乌贼、海蜇、虾、瘦肉、蛋、奶等动物性食品，以及海带、黑木耳、苋菜、黄豆、大枣、黑芝麻等植物性食品 （2）注意休息，劳逸结合
7	药品复位	将取出的药品放回原位

（三）注意事项

1.操作全过程应体现"以患者为中心"的服务理念。

2.根据治疗目的，即去除病因来选择药品。

3.在操作过程中，推介的药品除表中列出的三个药品外，也可以选用已取出的非处方药中的其他药品。

4.缺铁性贫血药品推荐过程中，如需使用蛋白琥珀酸铁口服溶液等处方药，须请驻店医生或远程医生诊治，开具处方后，再根据处方调配药品。

5.就医提醒：硫酸亚铁的胃肠道不良反应最明显，如服用过量或出现严重不良反应，应立即就医。

（四）学习评价

见项目一任务1-1。

二、相关知识

（一）疾病概述

微课

缺铁性贫血是指各种原因的缺铁导致红细胞生成减少所引起的小细胞低色素性贫血，是临床上最常见的贫血。妊娠期和育龄期女性、婴幼儿和儿童是缺铁性贫血的高危人群。

（二）临床症状

缺铁性贫血的临床症状包括皮肤黏膜苍白、乏力、困倦、头晕、头痛、耳鸣、眼花、心悸、气短、口角炎、舌炎、瘙痒、脱发、异食癖、食欲减退、毛发干枯、口唇角化、指甲扁平失去光泽、指甲易碎裂等。缺铁性贫血的诊断标准是血红蛋白（Hb）降低，男性患者Hb < 120g/L，女性患者Hb < 110g/L，孕妇Hb < 100g/L，红细胞呈小细胞、低色素性。

（三）治疗药品

1.铁剂 口服铁剂是治疗缺铁性贫血的首选方法。治疗的目的不仅在于纠正缺铁性贫血，还应补足机体内已经耗竭的储存铁。口服铁剂剂型较多，宜选用二价铁剂，三价铁只有转化为二价铁剂后才能被吸收。如硫酸亚铁片、葡萄糖酸亚铁糖浆、琥珀酸亚铁片、富马酸亚铁颗粒、复方硫酸亚铁叶酸片、右旋糖酐铁分散片等。

2.中成药 中成药不仅具有与铁剂相等的临床疗效，而且不良反应少。如益气养血口服液、健脾补血颗粒、生血宁片、生血宝合剂等。

3.维生素 口服铁剂应同时应用维生素C片。

即学即练

三、技能训练

情景：小明，女，6岁，家长带她药房购买药品，要求为患儿推荐合适的药品。家长代述，近三个月来小明出现明显的食欲减退，对以往喜爱的食物也失去兴趣，进食量显著减少。同时，家长注意到小明的身高和体重增长明显滞后于同龄儿童，生长发育迟缓。此外，小明还表现出异常的饮食习惯，经常偷偷食用泥土、墙皮等非食物性异物，家长对此深感忧虑。患儿精神稍差，面色苍白，皮肤黏膜略显苍白，指甲扁平，失去正常光泽，易碎。

任务要求：

1.对患者可能患有的疾病做出判断，并说出判断的依据。

2.请推荐三个适合患者的非处方药，并说出其主要不良反应及处理。

3.请写出该疾病的病因。

任务1-8 维生素缺乏症的非处方药推介

🏛 任务情境

林某，男，33岁，程序员。因"口角糜烂，严重影响进食和说话"前来药店购药。患者自述近半年时常出现口角糜烂、皮肤瘙痒等症状，外用阿昔洛韦乳膏仍无缓解。2天前出现口角潮红、起疱、皲裂，伴有张口疼痛及轻微出血。半年来因换工作岗位，饮食不规律，常以快餐、方便面及高热量零食为主，蔬菜水果摄入极少。患病至今未曾服用药物。既往身体健康，也无用药过敏史。

任务要求：

1.请与患者有效沟通，收集患者病情资料，对患者可能患有的疾病做出判断，并说出判断的依据。

2.请从药架/柜取出至少六个维生素类的药品，非处方药品不少于三个。

3.请从取出的药品中推荐两个适合患者的非处方药，并说出推荐理由。

4.请指导患者正确使用推荐的两个非处方药，交代注意事项。

5.请对该患者进行健康指导。

一、任务实施

（一）工作准备

1.药品准备　本任务需准备的药品如表1-8-1所示。

表1-8-1　药品准备情况一览表

序号	药品名称	数量	备注
1	维生素B_2片、复合维生素B片、维生素C泡腾片	每种药品各2盒	真实药盒并含有药品说明书，说明书内容完整，药盒无破损
2	复方维生素B_2片、维生素AD软胶囊、维生素D滴剂、维生素E软胶囊、核黄素四丁酸酯胶囊	每种药品各2盒	

2.环境和人员准备　本任务需准备的环境条件和人员配备情况如表1-8-2所示。

表1-8-2　环境和人员准备情况一览表

序号	环境和人员	备注
1	药店环境	以真实药店环境为模拟场景，环境整洁、安静
2	营业员	穿戴整齐，仪容、仪表、仪态符合药店工作人员的要求
3	患者	表情、动作、语言等符合情境描述

（二）操作过程

本任务实施的操作过程如表1-8-3所示。

表1-8-3　维生素缺乏症的非处方药推介操作流程

步骤	流程	技能操作与要求
1	操作前准备	热情迎接顾客，观察顾客状况，确认顾客需求
2	病情沟通	通过询问，收集患者信息 （1）基本情况：林某，男，33岁，程序员 （2）主要症状：口角糜烂，严重影响进食和说话 （3）持续时间：2天 （4）发病原因：饮食不规律，常以快餐、方便面及高热量零食为主，蔬菜水果摄入极少 （5）症状详情：口角潮红、起疱、皲裂 （6）伴随症状：张口疼痛及轻微出血，皮肤瘙痒 （7）诊治经过：本次患病未曾服药 （8）既往病史：既往身体健康 （9）过敏史：无用药过敏史
3	疾病评估	判断为维生素B_2缺乏症。判断理由：①患者饮食单一；②口角糜烂、皮肤瘙痒符合本病典型症状

步骤	流程	技能操作与要求
4	药品推介	（1）从药架/柜取出维生素类药品 非处方药：维生素 B_2 片、复合维生素 B 片、维生素 C 泡腾片 处方药：复方维生素 B_2 片、维生素 AD 软胶囊、维生素 D 滴剂、维生素 E 软胶囊 （2）推介非处方药品 维生素 B_2 片：用于预防和治疗维生素 B_2 缺乏症，如口角炎、唇干裂、舌炎、阴囊炎、结膜炎、脂溢性皮炎等 复合维生素 B 片：为复方制剂，含有维生素 B_1、维生素 B_2、维生素 B_6、烟酰胺、右旋泛酸钙等成分。用于预防和治疗 B 族维生素缺乏所致的营养不良、厌食、脚气病、糙皮病等
5	用药指导	指导患者使用推荐的两个非处方药：用法用量、主要不良反应及处置、用药注意事项 （1）维生素 B_2 片 用法用量：口服，成人每次 1～2 片，每日 3 次 主要不良反应及处置：不良反应较少 用药注意事项：宜饭后服用；必须按推荐剂量服用，不可超量服用；如服用该药过量或出现严重不良反应，应立即停药并就医 （2）复合维生素 B 片 用法用量：口服，成人每次 1～3 片，每日 3 次 主要不良反应及处置：不良反应较少 用药注意事项：用于日常补充和预防时，宜用最低量。如服用过量或出现严重不良反应，应立即停药并就医
6	健康指导	患者患病期间应注意： （1）如服用药物后症状不见好转，应及时就医 （2）若条件允许，可定期监测维生素 B_2 水平 康复之后，日常生活应注意： （1）饮食调整：不偏食、不厌食。增加富含维生素 B_2 的食物摄入，如动物肝脏、牛奶、鸡蛋、绿叶蔬菜、豆类及坚果等 （2）生活规律，避免情绪紧张焦虑
7	药品复位	将取出的药品放回原位

（三）注意事项

1. 操作全过程应体现"以患者为中心"的服务理念。

2. 根据治疗目的，即去除病因、缓解症状来选择药品。

3. 在操作过程中，推介的药品除表中列出的两个药品外，也可以选用已取出的非处方药中的其他药品。

4. 维生素缺乏症药品推荐过程中，如需使用处方药，须请驻店医生或远程医生诊治，开具处方后，再根据处方调配药品。

5. 就医提醒：用药后症状未缓解，或是出现疼痛加剧，应及时就医。

（四）学习评价

见项目一任务 1-1。

二、相关知识

（一）疾病概述

维生素是参与人和动物生长、发育、代谢等生理过程，维持正常的生理功能所必需的一类微量有机物。机体自身不能合成，基本需要从食物中获得。机体缺乏维生素的主要原因：维生素摄入不足，维生素吸收率低，生理需求增大。体内维生素缺乏，会引起各种症状。缺乏维生素 A，引起夜盲症；缺乏维生素 B_2，引起口角炎、脂溢性皮炎、口腔溃疡等；缺乏维生素 C，引起牙龈肿胀或出血；缺乏维生素 D，引起骨质疏松、儿童软骨病。

其中，维生素 B_2 缺乏症是由于人体内维生素 B_2（核黄素）缺乏所引起的一系列病症，也称为核黄素缺乏症。维生素 B_2 的缺乏，容易引起皮肤、黏膜产生炎症损害，病变部位集中在口、眼、外生殖器、皮肤等。

（二）临床症状

维生素 B_2 缺乏症的临床症状主要表现为口角炎、唇炎、舌炎、角膜炎、结膜炎、阴囊炎、脂溢性皮炎等炎症的症状。首先出现的是口角炎，稍后为舌炎、唇炎、结膜炎、面部脂溢性皮炎、躯干和四肢皮炎，最后有贫血和神经系统症状；眼部可有刺痒、烧灼感、视力模糊和视疲劳；有些患者有明显的角膜血管增生和白内障形成，少数伴发阴囊炎或阴道炎等。但舌炎、皮炎并不是维生素 B_2 缺乏时所独有的症状，其他维生素 B 族缺乏也有类似的体征。维生素 B_2 缺乏极少单独出现，总是伴随着其他维生素的缺乏。

（三）治疗药品

该病以补充维生素 B_2 为主要治疗方法，可服用维生素 B_2 片，或维生素 B_2 的复方制剂。

即学即练

三、技能训练

情景：刘某，男，42岁，外卖员，因"口角糜烂，疼痛3天"到药房购买药品，要求为其推荐合适的药品。自述口角糜烂、疼痛伴有眼部刺痒、烧灼感、视疲劳等症状3天。经询问，患者长期送外卖，作息不规律，食欲差，挑食，尤不喜食蔬菜和面食。发病后未曾用药，既往身体健康，也无用药过敏史。

任务要求：

1. 对患者可能患有的疾病做出判断，并说出判断的依据。
2. 请推荐两个适合患者的非处方药，并说出推荐理由和用药注意事项。
3. 请分析该病的病因，并说出其预防措施。

任务1-9　荨麻疹的非处方药推介

🏛 任务情境

张某，女，33岁，职员。因"全身反复风团伴痒3天"前来药店购药。患者自述3天前进食烧烤后于腹部出现大小不等的红色风团，自觉瘙痒，未重视。后皮疹增多，累及背部，经询问，患者自症状出现到现在，不断有新发，累及四肢、面部，呈大小不等、形状不规则的风团。双手、双足肿胀，不伴心慌、胸憋、气紧、恶心、呕吐等不适症状，体温36.5℃，现大、小便正常，无发热，精神食欲尚可，睡眠质量欠佳，既往身体健康，也无用药过敏史。

任务要求：

1.请与患者有效沟通，收集患者病情资料，对患者可能患有的疾病做出判断，并说出判断的依据。

2.请从药架/柜取出至少六个可治疗该疾病的药品，要求种类不少于三类，非处方药品不少于三个。

3.请从取出的药品中推荐三个适合患者的非处方药，并说出推荐理由。

4.请指导患者正确使用推荐的三个非处方药，交代注意事项。

5.请对该患者进行健康指导。

一、任务实施

（一）工作准备

1.药品准备 本任务需准备的药品如表1-9-1所示。

表1-9-1 药品准备情况一览表

序号	药品名称	数量	备注
1	马来酸氯苯那敏片、氯雷他定片、盐酸西替利嗪片、富马酸酮替芬片、复方醋酸地塞米松乳膏、氧化锌软膏、炉甘石洗剂	每种药品各2盒（瓶、支）	真实药盒并含有药品说明书，说明书内容完整，药盒无破损
2	盐酸非索非那定片、盐酸左西替利嗪片、枸地氯雷他定胶囊、阿伐斯汀胶囊、醋酸地塞米松片	每种药品各2盒（瓶）	

2.环境和人员准备 本任务需准备的环境条件和人员配备情况如表1-9-2所示。

表1-9-2 环境和人员准备情况一览表

序号	环境和人员	备注
1	药店环境	以真实药店环境为模拟场景，环境整洁、安静
2	营业员	穿戴整齐，仪容、仪表、仪态符合药店工作人员的要求
3	患者	表情、动作、语言等符合情境描述

（二）操作过程

本任务实施的操作过程如表1-9-3所示。

表1-9-3 荨麻疹的非处方药推介操作流程

步骤	流程	技能操作与要求
1	操作前准备	热情迎接顾客，观察顾客状况，确认顾客需求

续表

步骤	流程	技能操作与要求
2	病情沟通	通过询问，收集患者信息 （1）基本情况：张某，女，33岁，职员 （2）主要症状：全身反复风团伴痒 （3）持续时间：3天 （4）发病原因：进食烧烤 （5）症状详情：患者腹部出现大小不等的红色风团，自觉瘙痒，未重视。后皮疹增多，累及背部，不断有新发，累及四肢、面部，呈大小不等、形状不规则的风团 （6）伴随症状：双手、双足肿胀，不伴心慌、胸憋、气紧、恶心、呕吐等不适症状，体温36.5℃，现大、小便正常，无发热，精神食欲尚可，睡眠质量欠佳 （7）诊治经过：患病至今未曾服药 （8）既往病史：既往身体健康 （9）过敏史：无用药过敏史
3	疾病评估	判断为荨麻疹。判断理由：①患者曾进食易过敏的食物，即有过敏原接触史；②腹部出现大小不等的红色风团，自觉瘙痒，符合本病典型症状；③风团大小不等、形状不规则，并不断发展，累及四肢、面部；④双手、双足肿胀，不伴心慌、胸憋、气紧、恶心、呕吐等不适症状，体温正常
4	药品推介	（1）从药架/柜取出可治疗该疾病的药品 非处方药：复方醋酸地塞米松乳膏、马来酸氯苯那敏片、氯雷他定片、氧化锌软膏、炉甘石洗剂、盐酸西替利嗪片、富马酸酮替芬片 处方药：盐酸非索非那定片、盐酸左西替利嗪片、枸地氯雷他定胶囊、阿伐斯汀胶囊、醋酸地塞米松片 （2）推介非处方药品 马来酸氯苯那敏片：抗组胺药，抑制毛细血管渗出，减少组织水肿，主要用于皮肤黏膜的变态反应，尤其对荨麻疹效果较好 盐酸西替利嗪片：第二代抗组胺药，不但能产生很好的拮抗组胺作用，还可以抑制变态反应性炎症中的嗜酸性粒细胞。主要用于过敏引起的瘙痒和荨麻疹的对症治疗 炉甘石洗剂：含有炉甘石和氧化锌，具有收敛、保护作用，也有较弱的防腐作用。主要用于治疗急性瘙痒性皮肤病
5	用药指导	指导患者使用推荐的三个非处方药：用法用量、主要不良反应及处置、用药注意事项 （1）马来酸氯苯那敏片 用法用量：成人，每次1片（4mg），每日3次，口服 主要不良反应及处置：用药后可能会产生嗜睡、口渴、多尿、便秘等不良反应，上述症状随药物使用时间延长而减轻或消失，可在进食时服药以减轻消化道症状 用药注意事项：因具有中枢抑制作用，患者服药期间应避免开车、高空作业等精神警觉性的活动，或者服用药物间隔6小时以上；同时避免用于青光眼和前列腺增生的老年患者 （2）盐酸西替利嗪片 用法用量：成人每次1片（10mg），每日1次，可于晚餐时用少量液体送服；若对不良反应敏感，可每日早晚各一次，每次5mg 主要不良反应及处置：口服后无明显不良反应，偶有嗜睡、头晕、恶心、腹部不适，个别患者会有肝肾损害现象，对本类药物过敏要立即停药 用药注意事项：用药时避免与乙醇或其他中枢抑制药同时使用，服药期间应避免开车、高空作业等精神警觉性的活动。本药物可以通过乳汁分泌，故妊娠期和哺乳期妇女禁用 （3）炉甘石洗剂 用法用量：洗剂局部外用，用药前摇匀，取适量涂于患处，每日2~3次 主要不良反应及处置：不良反应尚不明确。用药后多观察 用药注意事项：用药时避免接触眼睛和其他黏膜（口、鼻），避免用于有渗出液的皮肤。药品静置可沉淀，用药前要将药液摇匀。本药为淡粉红色的混悬液，性状发生改变应禁用

续表

步骤	流程	技能操作与要求
6	健康指导	提示患者患病期间应注意： （1）充分休息，避免精神刺激和过度劳累，养成良好的作息习惯 （2）避免接触过敏原：如花粉、灰尘、动物皮屑、汽油、杀虫喷雾剂等。加强个人防护措施，如戴口罩、在花粉或灰尘较多的季节关闭房间窗户等 （3）合理饮食：用药期间饮食宜清淡，忌食某些易引起过敏的食物，如鱼、虾、蟹、贝类、牛肉、牛奶、蘑菇、竹笋等，忌食辛辣刺激的食物 （4）治疗时注意皮肤防护，避免搔抓皮肤或热水洗烫，并暂停使用肥皂 康复之后，日常生活应注意： （1）积极预防，加强锻炼，增强体质，提高机体抵抗力 （2）戒烟酒，避免烟酒刺激 （3）注意个人防护，避免再接触过敏原
7	药品复位	将取出的药品放回原位

（三）注意事项

1.操作全过程应体现"以患者为中心"的服务理念。

2.根据治疗目的，即避免诱因，对症治疗，以缓解症状为主来选择药品。

3.在操作过程中，推介的药品除表中列出的三个药品外，也可以选用已取出的非处方药中的其他药品。

4.荨麻疹药品推荐过程中，如需使用盐酸左西替利嗪片、枸地氯雷他定胶囊等处方药，应请驻店医生或远程医生诊治，开具处方后，再根据处方调配药品。

5.就医提醒：用药3天后症状未缓解，或是伴有心慌、胸憋、气紧、恶心、呕吐等不适症状，或是有进行性呼吸困难，应立即就医。

（四）学习评价

见项目一任务1–1。

二、相关知识

（一）疾病概述

微课

荨麻疹俗称"风疹块""风团"等，是一种过敏性皮肤病。临床表现主要为大小不等的风团伴瘙痒，少部分患者有血管性水肿。发病原因通常为外源性和内源性，外源性原因多为一过性的，包括物理刺激（压力、冷、热、日光照射等）、食物（动物蛋白、食品添加剂和植物或水果等）、药物以及运动等。内源性原因多为持续性的，包括慢性隐匿性感染、劳累或精神紧张及某些疾病等。

（二）临床症状及分类

荨麻疹临床表现主要为风团，可以分为急性荨麻疹和慢性荨麻疹。

1.**急性荨麻疹** 多突然发生，典型皮损为大小不等的风团，红斑和丘疹，成批出现，有时可融合成大片，无规律性。还可伴有发热、头痛、头胀、恶心、呕吐、腹泻、喉头黏膜水肿，严重者出现胸闷、呼吸困难或窒息等全身症状。

2.**慢性荨麻疹** 是指风团每日发作或间歇发作，持续时间>6周，反复发作长达数年。

治疗不易，多伴有失眠。

（三）治疗药品

1.抗组胺药

（1）第一代抗组胺药　经典的H_1受体拮抗药，与组胺竞争靶细胞上的H_1受体而发挥抗组胺作用，此外还有抗胆碱、止痛、麻醉作用。如苯海拉明片、氯苯那敏片等。

（2）第二代抗组胺药　新的H_1受体拮抗药，因亲水性大，不易透过血－脑脊液屏障，故无镇静作用，但部分药物可引起心律失常的不良反应。如特非那定片、阿司咪唑片、西替利嗪片、氯雷他定片等。

（3）第三代抗组胺药　抗过敏作用起效快，作用强而持久，同时无心脏毒性作用、无镇静作用。如非索非那定片、左西替利嗪片、去甲阿司咪唑片等。

2.糖皮质激素
具有强大的抗炎作用和免疫抑制作用，是临床上常用的抗变态反应药。如泼尼松片、地塞米松片等。

3.钙剂
能增加毛细血管的致密度，降低通透性，从而减少渗出，减轻或缓解过敏症状。本类药物通常采用静脉注射，起效快，常作为过敏性疾病的辅助治疗。如葡萄糖酸钙、氯化钙等。

4.中成药
荨麻疹丸、防风通圣丸、玉屏风颗粒等。

5.局部用药
为外用药品。主要缓解局部瘙痒、红肿等症状。如炉甘石洗剂、复方醋酸地塞米松乳膏、赛庚啶软膏等。

即学即练

三、技能训练

情景：李某，女，10岁，学生。因病到药房购买药品，要求为其推荐合适的药品。家人叙述一年前曾因粉尘而过敏，之后皮肤问题一直不断，经常出现成片的红色肿块，伴有瘙痒，有时甚至会抓破出血。自发病来没有出现眼睛、口唇黏膜部位的水肿，无呼吸困难。

任务要求：

1.对患者可能患有的疾病做出判断，并说出判断的依据。

2.请推荐三个适合患者的非处方药，并说出推荐理由和用药注意事项。

3.请说出该病的常见病因。

任务1-10　足癣的非处方药推介

🏛 **任务情境**

王某，男，32岁，个体水产摊贩。因"双足外侧缘及双足趾间水疱伴瘙痒3天"前来药店寻求帮助。患者自述2年前患过"脚气"，反复发作，冬轻夏重，曾用软膏治疗，具体药名不详。因工作原因，长期穿雨鞋。2天前，双足再次出现水疱及明显瘙痒症状，经查看，患者双足外侧缘及足趾间皮下深处出现米粒大小散在小水疱，疱液清晰，疱壁发亮，局部皮肤无红肿、无疼痛。经询问，患者无其他伴随症状，自出现症状至今未使用药物，否认有其他疾病史，否认有药物或者食物过敏史。

任务要求：

1.请与患者有效沟通，收集患者病情资料，对患者可能患有的疾病做出判断，并说出判断的依据。

2.请从药架/柜取出至少六个可治疗该疾病的药品，要求种类不少于三类，非处方药品不少于三个。

3.请从取出的药品中推荐三个适合患者的非处方药，并说出推荐理由。

4.请指导患者正确使用推荐的三个非处方药，交代注意事项。

5.请对该患者进行健康指导。

一、任务实施

（一）工作准备

1.药品准备　本任务需准备的药品如表1-10-1所示。

表1-10-1　药品准备情况一览表

序号	药品名称	数量	备注
1	足光散、复方水杨酸苯甲酸搽剂、硝酸咪康唑乳膏、盐酸特比萘芬乳膏、克霉唑软膏、联苯苄唑乳膏、复方土槿皮酊、环吡酮胺乳膏	每种药品各2盒（支、瓶）	真实药盒并含有药品说明书，说明书内容完整，药盒无破损
2	盐酸特比萘芬片、伊曲康唑胶囊、制霉菌素片、复方十一烯酸锌曲安奈德软膏	每种药品各2盒（支）	

2.环境和人员准备　本任务需准备的环境条件和人员配备情况如表1-10-2所示。

表1-10-2　环境和人员准备情况一览表

序号	环境和人员	备注
1	药店环境	以真实药店环境为模拟场景，环境整洁、安静
2	营业员	穿戴整齐，仪容、仪表、仪态符合药店工作人员的要求
3	患者	表情、动作、语言等符合情境描述

（二）操作过程

本任务实施的操作过程如表1-10-3所示。

表1-10-3　足癣的非处方药推介操作流程

步骤	流程	技能操作与要求
1	操作前准备	热情迎接顾客，观察顾客状况，确认顾客需求
2	病情沟通	通过询问，收集患者信息 （1）基本情况　王某，男，32岁，个体水产摊贩 （2）主要症状　双足外侧缘及双足趾间水疱伴瘙痒 （3）持续时间　3天

步骤	流程	技能操作与要求
2	病情沟通	（4）发病原因　2年前曾患足癣，本次因长期穿不透气鞋子（雨鞋）诱发 （5）症状详情　双足外侧缘及足趾间皮下深处出现米粒大小散在小水疱，疱液清晰，疱壁发亮，局部皮肤无红肿、无疼痛，双足水疱处瘙痒明显 （6）伴随症状　无其他伴随症状 （7）诊治经过　出现症状至今未使用药物 （8）既往病史　否认有其他疾病史 （9）过敏史　否认有药物或者食物过敏史
3	疾病评估	判断为足癣（水疱型）。判断理由：①患者2年前曾患足癣；②本次因长期穿不透气鞋子（雨鞋）为足部癣菌生长、繁殖提供有利条件；③足外侧缘及足趾间皮下深处出现水疱并出现明显瘙痒症状，符合"水疱型足癣"特征
4	药品推介	（1）从药架/柜取出可治疗该疾病的药品 非处方药：足光散、复方水杨酸苯甲酸搽剂、硝酸咪康唑乳膏、盐酸特比萘芬乳膏、克霉唑软膏、联苯苄唑乳膏 处方药：盐酸特比萘芬片、伊曲康唑胶囊 （2）推介非处方药品 足光散：为外用浸洗剂，含有苦参、水杨酸、苯甲酸、硼酸等成分，具有清热燥湿、杀虫敛汗作用，主要用于湿热下注所致的足癣 硝酸咪康唑乳膏：为外用唑类抗真菌药，对多种癣菌均具有良好的抗菌活性，主要用于浅部真菌引起的皮肤、指（趾）甲感染，对足癣起到对因治疗作用 复方水杨酸苯甲酸搽剂：为复方制剂，含有水杨酸、苯甲酸，可溶解软化角质，同时兼有抑菌、止痒、收敛作用，主要用于足癣
5	用药指导	指导患者使用推荐的3个非处方药：用法用量、主要不良反应及处置、用药注意事项 （1）足光散 用法用量：每次1袋，使用时，加沸水1000～1500ml，搅拌，溶解，待放温后浸泡患处20～30分钟，每日1次，连续3日为1个疗程 主要不良反应及处置：用药后偶可出现皮肤刺激如烧灼感，或过敏反应如皮疹、瘙痒等，停药后可消失 用药注意事项：本品不得与含铁金属器皿接触，也不得用于皮肤破损处，用药后如有烧灼感、瘙痒、红肿等情况应停药，并将局部药物洗净，必要时及时就医 （2）硝酸咪康唑乳膏 用法用量：每次适量，涂搽于洗净的患处，每日2次（早晚各1次），症状消失后（通常需2～5周）应继续用药10天，以防复发 主要不良反应及处置：用药过程中，偶可出现过敏、水疱、烧灼感、充血、瘙痒或其他皮肤刺激症状，停药后可消失 用药注意事项：用药后应清洁双手，以免接触眼睛和其他黏膜（如口、鼻等）；用药后若出现烧灼感、红肿等情况应立即停药，并将局部药物洗净，必要时及时就医 （3）复方水杨酸苯甲酸搽剂 用法用量：用药前宜在40～45℃温水中浸泡15～20分钟，擦干患处，将本品涂搽于洗净的患处，每日2次 主要不良反应及处置：用药后偶可引起用药局部皮肤刺激如烧灼感，皮疹等，停药后可消失 用药注意事项：本品不得用于皮肤破溃处；使用本品后应立即洗手，以免接触眼睛及其他黏膜处；用药部位如有烧灼感、红肿等情况应停药，并将局部药物洗净，必要时及时就医

步骤	流程	技能操作与要求
6	健康指导	患病期间应做到： （1）避免抓挠　足癣是一种传染性皮肤病，应避免抓挠患处，防止自身传染及继发感染 （2）减少洗烫　使用外用药后，患部忌用热水烫，尽量避免接触水、肥皂、洗衣液等碱性物质，以使抗真菌药在体表停留的时间延长，巩固和提高疗效 （3）坚持用药　使用外用药物待症状消失后，仍需坚持用够疗程，以防复发 日常防范： （1）养成良好卫生习惯：不与他人混穿鞋袜、共用洗漱用品；勤洗脚，勤换洗鞋袜，穿透气性好的鞋子，保持足部清洁、干燥；不在公共区域裸足行走 （2）加强锻炼，补充营养，增强机体抵抗力，防止真菌感染 （3）合理饮食：少食易发汗食品，如辣椒、生葱、生蒜等 （4）保持情绪平静：控制情绪，避免激动引起出汗或多汗，诱发真菌感染 （5）糖尿病患者应积极控制血糖，因高血糖会为真菌生长繁殖提供营养支持
7	药品复位	将取出的药品放回原位

（三）注意事项

1.操作全过程应体现"以患者为中心"的服务理念。

2.应根据足癣的类型选择适合的药物及剂型进行治疗。

3.在操作过程中，推介的药品除表中列出的三个药品外，也可以选用已取出的非处方药中的其他药品。

4.足癣药品推荐过程中，如需使用系统治疗药品（即口服抗真菌药），须请驻店医生或远程医生诊治，开具处方后，再根据处方调配药品。

5.足癣容易复发或再感染，应提醒患者正确、足疗程用药，并做好日常生活管理。

6.就医提醒：用药过程中出现不能耐受的不良反应（如用药部位出现严重的烧灼感、红肿等），或继发细菌感染引起全身中毒症状（如寒战、发热、头疼等表现）时，应及时就医。

（四）学习评价

见项目一任务1-1。

二、相关知识

（一）疾病概述

微课

足癣是由皮肤癣菌侵犯足趾间、足跖、足跟、足侧缘平滑皮肤引起的浅表性真菌感染。主要传播途径为接触传染，如用手搔抓患癣部位或与患者混穿鞋袜、共用浴巾、脚盆等，均易导致足部接触病原菌而引起感染。穿不透气鞋子、足部多汗或免疫功能受损是重要的易感因素。气候湿热是皮肤癣菌感染高发的促发因素。同时，本病复发率高，约84%的患者每年发作2次以上。

（二）临床症状

足癣多累及双侧，往往由一侧传播至对侧。足癣可分为以下3种类型，但临床上往往几种类型同时并存。

1.水疱型 主要表现为成群或散在的针尖至绿豆大小的皮下深处水疱，疱壁厚而发亮，不易破溃，瘙痒明显。好发于足趾间、足跖及足侧缘。夏季多见。

2.鳞屑角化型 主要表现为弥漫性皮肤粗糙、增厚、脱屑、干燥，冬季易发生皲裂甚至出血，一般无明显瘙痒。可伴有疼痛（皮肤开裂所致）。好发于掌跖部及足跟。

3.浸渍糜烂型（也称间擦型） 主要表现为皮肤浸渍发白（因汗液浸泡），表面松软易剥脱，露出潮红糜烂面及渗液，常伴有裂隙。有明显瘙痒，继发细菌感染时有臭味。多见于手足多汗、浸水、长期穿胶鞋者，夏季多发。好发于趾缝，尤以第3~4和4~5趾间多见。

（三）治疗药品

本病以外用药物治疗为主，疗程一般为1~2个月；鳞屑角化型足癣或外用药疗效不佳者，可考虑系统药物治疗。

1.局部治疗药品

（1）外用抗真菌药 对各种癣菌具有较强的杀菌作用。①咪唑类：包括克霉唑乳膏、硝酸咪康唑乳膏（散、搽剂）、联苯苄唑乳膏等。②丙烯胺类：包括盐酸特比萘芬乳膏（凝胶、喷雾剂）、盐酸布替萘芬乳膏（喷雾剂）。③吡啶酮类：如环吡酮胺乳膏。

（2）角质软化剂 使角质蛋白溶解变性，增进角质层水合作用，从而使皮肤柔软，防止干裂，主要用于鳞屑角化型足癣患者。如尿素软膏、维A酸乳膏、水杨酸软膏等。部分药物还兼有抑制真菌作用，如复方土槿皮酊、复方水杨酸苯甲酸搽剂、复方十一烯酸锌曲安奈德软膏等。

（3）外用浸洗剂 如足光散。

2.系统治疗药品
对足癣发病面积大、发作频繁、足部皮肤角质化、局部外用药物难以控制的感染，可配合口服抗真菌药物以控制感染，如口服伊曲康唑胶囊或盐酸特比萘芬片；若继发细菌感染，应联合抗菌药，如青霉素类、头孢菌素类、大环内酯类、喹诺酮类等；若引发癣菌疹，应给予抗过敏药物治疗，如氯雷他定片、西替利嗪片等。

即学即练

三、技能训练

情景：李某，男，43岁，长途货运司机。双足掌跖及足跟部皮肤干裂、脱屑伴疼痛4天前来药店购药。患者自述2年前患"脚气"，曾间断使用"硝酸咪康唑乳膏"治疗，反复发作，迁延至今。本次完成货运任务后，因感觉原来"脚气"部位疼痛明显而寻求店员帮助。现患者双足掌跖及足跟部皮肤粗糙、增厚、脱屑、干燥、皲裂，无出血。患者无其他病史，无过敏史。

任务要求：

1.对患者可能患有的疾病做出判断，并说出判断的依据。

2.请推荐三个适合患者的非处方药，并说出推荐理由和用药注意事项。

3.请写出该病常见类型、传播方式及日常防范措施。

任务1-11 痛经的非处方药推介

🏛 **任务情境** ···○

　　张某，22岁，公司文员。因"下腹痛伴腰酸、恶心、头晕、乏力半天"前来药店购药。患者自述，平时月经规律，偶有痛经。当日为行经第1日，月经来潮后下腹坠胀，经量少，颜色暗红，有少许血块。2小时前下腹部疼痛加剧，伴腰酸、恶心、头晕、乏力。经询问，患者疼痛呈阵发性绞痛，位于下腹部正中，放射至腰骶部，难以忍受，影响工作和生活，心情焦虑。发病后未曾服用药物，用热水袋局部热敷能稍缓解疼痛。现精神食欲较差，大小便正常，睡眠质量欠佳，既往身体健康，也无用药过敏史。

　　任务要求：

　　1.请与患者有效沟通，收集患者病情资料，对患者可能患有的疾病做出判断，并说出判断的依据。

　　2.请从药架/柜取出至少六个可治疗该疾病的药品，要求种类不少于三类，非处方药品不少于三个。

　　3.请从取出的药品中推荐三个适合患者的非处方药，并说出推荐理由。

　　4.请指导患者正确使用推荐的三个非处方药，交代注意事项。

　　5.请对该患者进行健康指导。

一、任务实施

（一）工作准备

1.药品准备　本任务需准备的药品如表1-11-1所示。

表1-11-1　药品准备情况一览表

序号	药品名称	数量	备注
1	布洛芬缓释胶囊、对乙酰氨基酚片、谷维素片、痛经宝颗粒、益母草膏	每种药品各2盒（瓶）	真实药盒并含有药品说明书，说明书内容完整，药盒无破损
2	氢溴酸山莨菪碱片、屈螺酮炔雌醇片（Ⅱ）、炔雌醇环丙孕酮片、地诺孕素片、氨酚双氢可待因片	每种药品各2盒	

2.环境和人员准备　本任务需准备的环境条件和人员配备情况如表1-11-2所示。

表1-11-2　环境和人员准备情况一览表

序号	环境和人员	备注
1	药店环境	以真实药店环境为模拟场景，环境整洁、安静
2	营业员	穿戴整齐，仪容、仪表、仪态符合药店工作人员的要求
3	患者	表情、动作、语言等符合情境描述

（二）操作过程

　　本任务实施的操作过程如表1-11-3所示。

表1-11-3 痛经的非处方药推介操作流程

步骤	流程	技能操作与要求
1	操作前准备	热情迎接顾客，观察顾客状况，确认顾客需求
2	病情沟通	通过询问，收集患者信息 （1）基本情况 张女士，22岁，公司文员 （2）主要症状 下腹痛伴腰酸、恶心、头晕、乏力 （3）持续时间 半天 （4）发病原因 月经来潮第1日 （5）症状详情 2小时前下腹部疼痛加剧，呈阵发性绞痛，位于下腹部正中，放射至腰骶部 （6）伴随症状 腰酸、恶心、头晕、乏力。精神食欲较差，睡眠质量欠佳 （7）诊治经过 患病至今未曾服药，局部热敷 （8）既往病史 既往身体健康 （9）过敏史 无用药过敏史
3	疾病评估	判断为痛经（原发性）。判断理由：①患者月经来潮第1日；②月经来潮后下腹坠胀，经量少，颜色暗红，有少许血块；③下腹痛伴腰酸、恶心、头晕、乏力符合本病典型症状。④局部热敷能稍缓解疼痛
4	药品推介	（1）从药架/柜取出可治疗该疾病的药品 非处方药：布洛芬缓释胶囊、对乙酰氨基酚片、谷维素片、痛经宝颗粒、益母草膏 处方药：氢溴酸山莨菪碱片、屈螺酮炔雌醇片（Ⅱ）、炔雌醇环丙孕酮片、地诺孕素片、氨酚双氢可待因片 （2）推介非处方药品 布洛芬缓释胶囊：为解热镇痛抗炎药，通过抑制体内前列腺素的生物合成，起到解热、镇痛、消炎的作用。常用来治疗头疼、关节疼、肌肉痛、痛经等轻中度疼痛；药物在体内缓慢释放，起效慢，但作用时间长且镇痛效果好，止痛可维持12小时 谷维素片：能调整自主神经和内分泌功能障碍，改善经期精神紧张 痛经宝颗粒：是治疗痛经的一种中成药，主要功效是温经化瘀、理气止痛，主要适用于寒凝气滞、血瘀、妇女痛经、小腹冷痛、月经不调、经色暗淡等情况
5	用药指导	指导患者使用推荐的三个非处方药：用法用量、主要不良反应及处置、用药注意事项 （1）布洛芬缓释胶囊 用法用量：口服，每次0.3～0.6g（1～2粒），每日2次（早、晚各1次） 主要不良反应及处置：本品耐受性良好，副作用低，一般为肠、胃部不适或皮疹、头痛、嗜睡、眩晕、耳鸣，如服用该药过量或出现严重不良反应，应立即停药并就医 用药注意事项：支气管哮喘、心肾功能不全、高血压、血友病和消化道溃疡病史者慎用。有活动期消化道溃疡或使用其他非类固醇类抗炎药会诱发哮喘、鼻炎或荨麻疹的患者禁用 （2）谷维素片 用法用量：口服，每次1～3片（10mg/片），每日3次 主要不良反应及处置：服后偶有胃部不适、恶心、呕吐、口干、疲乏、皮疹、乳房肿胀、油脂分泌过多、脱发、体重增加等不良反应。停药后均可消失 用药注意事项：①如使用7天症状未缓解，或者正在使用其他药品，请向医师或药师咨询；②胃及十二指肠溃疡患者慎用 （3）痛经宝颗粒 用法用量：温开水冲服，每次1袋，每日2次，于月经前1周开始，持续至月经来3天后停服，连续服用3个月经周期 不良反应：尚不明确 用药注意事项：①忌生冷食物，不宜洗凉水澡；②服药期间不宜同时服用人参或其制剂；③感冒发热不宜服用

步骤	流程	技能操作与要求
6	健康指导	提示患者患病期间应做到： （1）饮食调养　改善营养，保证饮食的多样性，补充足够的蛋白质、维生素和矿物质。减少含咖啡因食物的摄入，忌食辛辣、生冷等刺激性食物 （2）生活调养　保证充足的睡眠时间，避免熬夜。适当劳动和运动，但避免剧烈运动和过度劳累。注意腹部的保暖，避免受凉 （3）经期卫生　保持外阴清洁，每天清洗外阴，勤换卫生垫和内裤。避免盆浴、游泳、性生活 （4）放松心情　通过阅读、轻音乐、冥想等方式调节 康复之后应注意： （1）生活规律，劳逸结合；合理膳食，营养均衡 （2）适度锻炼，保持心情舒畅
7	药品复位	将取出的药品放回原位

（三）注意事项

1.操作全过程应体现"以患者为中心"的服务理念。

2.根据治疗目的，即去除病因、缓解症状来选择药品。

3.在操作过程中，推介的药品除表中列出的三个药品外，也可以选用已取出的非处方药中的其他药品。

4.治疗痛经的药品推荐过程中，如需使用处方药，须请驻店医生或远程医生诊治，开具处方后，再根据处方调配药品。

5.就医提醒：用药3天后症状未缓解，或是出现疼痛加剧、月经过多等症状，应及时就医。

（四）学习评价

见项目一任务1-1。

二、相关知识

（一）疾病概述

微课

痛经是指妇女在经期前后或行经期间出现小腹疼痛、坠胀，伴有腰酸、头晕、头痛、恶心、呕吐、乏力，严重者出现冷汗淋漓、手足厥冷甚至晕厥，给工作及生活带来严重影响。痛经可分为原发性和继发性两种。原发性痛经指生殖器官无明显病变者，故又称功能性痛经，占痛经的90%以上，多见于青春期少女、未婚及已婚未育者，此种痛经在正常分娩后疼痛多可缓解或消失。继发性痛经是由于生殖器官有器质性病变所致。

（二）临床症状

1.疼痛表现为阵发性、痉挛性下腹疼痛，多位于下腹正中，可放射至大腿内侧或腰骶部。一般自月经来潮后开始，最早出现在月经来潮前12小时，月经第1日疼痛最剧烈，持续2~3日后逐渐缓解。

2.全身症状伴有腰酸、头晕、头痛、乳胀、尿频、腹泻、失眠、乏力，严重者可出现面色苍白、出冷汗、恶心、呕吐甚至晕厥等。

3.盆腔检查：生殖器官无器质性病变。

4.精神症状：常伴有紧张、焦虑、恐惧和抑郁等。

5.常见于青少年，多于月经初潮后1～2年发病。

（三）治疗药品

1.非处方药

（1）镇痛药　能抑制前列腺素合成酶，减少前列腺素的产生，防止出现过强或痉挛性的子宫收缩，从而减轻或者消除痛经，治疗有效率可达80%。如布洛芬缓释胶囊、对乙酰氨基酚、萘普生、阿司匹林等。

（2）解痉药　具有松弛平滑肌的作用，可明显缓解子宫平滑肌痉挛而止痛。如氢溴酸山莨菪碱、颠茄浸膏等。

（3）谷维素　能调整自主神经和内分泌功能，改善经期精神紧张。

（4）中成药　能温经化瘀，理气止痛。如痛经宝颗粒、益母草膏、艾附暖宫丸等。

2.处方药　口服避孕药：能通过抑制子宫内膜生长，减少月经量及抑制排卵，从而减少月经血中的前列腺素，减轻或者消除痛经。如屈螺酮炔雌醇片（Ⅱ）、炔雌醇环丙孕酮片、地诺孕素片等。适合痛经且有避孕需求的患者。

即学即练

三、技能训练

情景：陈某，女，20岁，大学生，近期因连续数月痛经问题加重并伴有经血减少，前来药店咨询。患者自述青春期起偶有痛经史，但近3个月来，痛经症状明显，不仅影响了她的学习状态，还让她感到身心疲惫。此次月经来潮首日，下腹坠痛，疼痛会放射至大腿内侧，需要卧床休息并通过热敷来稍微缓解痛苦。患者还注意到自己的月经量明显减少，颜色暗红，乳房轻微胀痛以及烦躁易怒，食欲和睡眠欠佳。

任务要求：

1.对患者可能患有的疾病做出判断，并说出判断的依据。

2.请推荐三个适合患者的非处方药，并说出推荐理由和用药注意事项。

3.请对该患者进行健康指导。

项目二

处方调配

学习目标

1. 能对处方的规范性进行判别。
2. 能说明处方的功能。
3. 能依据审核后的规范处方，完成药品调配工作。
4. 能正确书写和粘贴用药标签。
5. 能正确完成对患者的用药交代。
6. 强化规范操作，确保患者用药合理、安全、有效。

任务2-1 急性肠炎的处方调配

任务情境

黄某，女，53岁，在食用街边快餐、饮用冰水等不洁饮食后，出现恶心、呕吐、腹痛等症状，腹泻1天，去医院就诊，诊断为急性肠炎。医生为其开具了处方，患者现拿着该处方到零售药店，要求药店营业员为其调配药品。

任务要求：

1. 根据现场提供的两张处方，判断处方功能，找出不规范处方，指出问题并提出正确修改意见。

2. 对规范处方（默认已经过药师审核和核价付款）进行处方调配，按处方调配规程完成调配操作。

3. 能按照规范处方上药品信息，正确填写药品标签。

4. 能正确进行用药交代。

一、任务实施

（一）工作准备

1. **处方准备** 本任务需准备的处方如图2-1-1、2-1-2所示。
2. **药品准备** 本任务需准备的药品如表2-1-1所示。
3. **环境和人员准备** 本任务需准备的环境和人员如表2-1-2所示。

×××医院　　　处方笺

费别：　□公费　　□自费
　　　　☑医保　　□其他　　　　　　　　　　处方编号：0001221

姓名：黄某　　性别：□男　☑女　　　年龄：　53 岁
门诊/住院病历号：020001　　　　　　科别：消化科
临床诊断：急性肠炎　　　　　　　　　开具日期：××××年××月××日
住址/电话：××市××区××路××小区××栋××房/135×××7800

Rp

1. 诺氟沙星胶囊　　　0.1 g×24粒/盒×1盒
Sig.　0.4 g　b.i.d.　p.o.
2. 双歧杆菌三联活菌胶囊　　0.21 g×36粒/盒×1盒
Sig.　0.63 g　b.i.d.　p.o.

（处方结束，以下为空白）

医师：王××　　　　　药品金额：×××
审核药师：马××　　　调配药师/士：　　　核对、发药药师：

图2-1-1　处方一

×××医院　　　处方笺　　　　　　　　精二

费别：　□公费　　□自费
　　　　☑医保　　□其他　　　　　　　　　　处方编号：0001222

姓名：黄某　　性别：□男　☑女　　　年龄：_____
门诊/住院病历号：020002　　　　　　科别：消化科
临床诊断：　　　　　　　　　　　　　开具日期：××××年××月××日
住址/电话：××市××区××路××小区××栋××房/135×××7800

Rp

1. 诺氟沙星胶囊　　　0.1 g×24粒/盒×1盒
Sig. 0.4 g　b.i.d.　p.o.
2. 双歧杆菌三联活菌胶囊　0.21 g×36粒/盒×1盒
Sig. 0.63 g　b.i.d.　p.o.

（处方结束，以下为空白）

医师：王××　　　　　药品金额：×××
审核药师：马××　　　调配药师/士：　　　核对、发药药师：

图2-1-2　处方二

表2-1-1　药品准备情况一览表

序号	药品名称	药品规格	单位	数量	备注
1	诺氟沙星胶囊	0.1g×24粒	盒	2	真实药盒并含有药品说明书，说明书内容完整，药盒无破损
2	诺氟沙星胶囊	0.1g×20粒	盒	2	
3	双歧杆菌三联活菌胶囊	0.21g×36粒	盒	2	
4	枯草杆菌二联活菌肠溶胶囊	250mg×30粒	盒	2	

表2-1-2　环境和人员准备情况一览表

序号	环境和人员	备注
1	药店环境	以真实药店环境为模拟场景，环境整洁、安静
2	营业员	穿戴整齐，仪容、仪表、仪态符合药店工作人员的要求
3	患者	表情、动作、语言等符合情境描述

（二）操作过程

本任务实施的操作过程如表2-1-3所示。

表2-1-3　急性肠炎的处方调配操作流程

步骤	流程	技能操作与要求
1	操作前准备	接待顾客，明确处方调配的关键步骤： 持方取药—检查药盒—核对品种数量—报姓名发药
2	判断处方规范性	（1）判断处方功能 处方一功能：消化科急性肠炎普通处方 处方二功能：消化科急性肠炎精二处方 （2）仔细查看两张处方，找出不规范处方，其编号为：0001222 （3）按照处方书写规范性的原则，结合判断要点，列出不规范处方中不规范之处： ①无年龄填写；②无临床诊断；③错误使用精二处方 （4）提出规范建议： ①应使用普通处方；②请开方医师补齐年龄、临床诊断信息
3	处方调配	（1）持方取药　手持编号为0001221的处方，按处方上药品顺序自上而下调配，取诺氟沙星胶囊、双歧杆菌三联活菌胶囊；取药完毕要及时将储放药品的容器或包装放回原位 （2）检查药盒　检查药盒的六个面是否完整，有无破损 （3）核对品种数量　左手逐一指向处方正文，同时右手持药品比照核对。药品调配后要自上而下逐一检查核对药品名称、剂型、规格、数量是否与处方相符
4	药品标签书写	（1）在标签上正确填写患者信息、药品名称、用法用量 药品1标签　　　　　　　　　药品2标签 处方号：0001221　　　　　　处方号：0001221 姓名：黄某　性别：女　　　　姓名：黄某　性别：女 年龄：53岁　　　　　　　　　年龄：53岁 药品名称：　　　　　　　　　药品名称： 诺氟沙星胶囊　　　　　　　　双歧杆菌三联活菌胶囊 规格、数量：　　　　　　　　规格、数量： 0.1g×24粒/盒×1盒　　　　　0.21g×36粒/盒×1盒 用法：口服　　　　　　　　　用法：口服 用量：每日2次，每次4粒　　用量：每日2次，每次3粒 （2）处方调配完毕，在处方上签名"AA"
5	发药前核对	发药前，对药品调配做到四查十对 （1）核查处方，核对科别、姓名、年龄：消化科，黄某，53岁 （2）核查药品，核对药名、剂型、规格、数量： 诺氟沙星胶囊，0.1g×24粒/盒，1盒 双歧杆菌三联活菌胶囊，0.21g×36粒/盒，1盒 （3）核查配伍禁忌，核对药品性状、用法用量： 经核查，处方一（编号：0001221）中的两药无配伍禁忌。诺氟沙星胶囊，其用法用量为：空腹服用，每日2次，每次4粒；双歧杆菌三联活菌胶囊，其用法用量为：口服给药，每日2次，每次3粒，饭后半小时温水服用

步骤	流程	技能操作与要求
5	发药前核对	（4）核查用药合理性，核对临床诊断： 处方一用药合理，临床诊断为急性肠炎
6	发药及用药交代	（1）呼唤患者黄某，确认患者身份后，给患者发药 （2）对患者进行用药交代： 诺氟沙星胶囊，每日2次，每次4粒。建议空腹服用，禁止未成年人服用 双歧杆菌三联活菌胶囊，口服给药，每日2次，每次3粒。饭后半小时温水服用。需贮藏于2~8℃，避光保存 告知患者，两个药品不能同时服用，需要分开服用 （3）核对、发药完毕，在处方上签名"BB"
7	药品复位	将取出的药品放回原位

（三）注意事项

1.操作过程中应体现"保障安全用药"的服务理念。

2.认真审核处方：处方前记、正文、后记是否存在缺陷；药品名书写是否规范；药品规格书写是否规范等。

3.急性肠炎患者服用诺氟沙星胶囊时，应注意药品的不良反应。少数患者会发生中、重度光敏反应，使用本品时应避免过度暴露于阳光，如发生光敏反应需停药；该药可能会导致关节病变，影响儿童骨骼的发育，禁用于18岁以下儿童及青少年。

4.制酸药、抗菌药与双歧杆菌三联活菌胶囊合用可减弱其疗效，应错时分开服用；铋剂、鞣酸、活性炭、酊剂等能抑制、吸附或杀灭活菌，故应错时分开服用。

（四）学习评价

处方调配评价表

序号	评价内容	评分标准	分值 （总分100）
1	明确操作要领	能够正确写出处方调配的关键步骤	10
2	判断处方规范性	能根据处方的规则，判断处方的规范性	25
3	处方调配	能正确熟练调配处方	30
4	药品标签书写	能够按照要求正确填写药品标签	25
5	过程评价	处方调配过程流畅，无遗漏操作步骤；书写清晰、表述准确	10

二、相关知识

处方基本知识

微课

1.**处方的概念**　处方是指由注册的执业医师和执业助理医师（以下简称医师）在诊疗活动中为患者开具的，由执业药师或取得药学专业技术职务任职资格的药学专业技术人员（以下简称药师）审核、调配、核对，并作为患者用药凭证的医疗文书。

2.**处方的性质**　具有法律性、技术性、经济性。

3.**处方的结构**

（1）前记　包括机构名称，费别（支付与报销类别），患者情况，门诊或住院病历号、科别或病区和床位号，临床诊断，开具日期等，并可添列特殊要求的项目。麻醉药品和第一类精神药品处方还应当包括患者身份证明编号，代办人姓名、身份证明编号。

（2）正文　正文以Rp或R［拉丁文recipe（请取）的缩写］标示，分列药品名称、剂型、规格、数量、用法用量。

（3）后记　有医师签名或加盖专用签章，药品金额以及审核、调配、核对、发药的药学专业技术人员签名或加盖专用签章。

4.处方的种类

（1）法定处方　主要是指《中华人民共和国药典》收载的处方，具有法律的约束力。

（2）医师处方　是医师为患者诊断、治疗和预防用药所开具的处方。

5.处方的颜色

（1）普通处方的印刷用纸为白色。

（2）急诊处方印刷用纸为淡黄色，右上角标注"急诊"。

（3）儿科处方印刷用纸为淡绿色，右上角标注"儿科"。

（4）麻醉药品和第一类精神药品处方印刷用纸为淡红色，右上角标注"麻、精一"。

（5）第二类精神药品处方印刷用纸为白色，右上角标注"精二"。

即学即练

三、技能训练

情景：李某，男，36岁，2天前进食不洁食物后出现恶心、呕吐，腹痛，脐周痛，阵发性绞痛，腹痛引起腹泻，腹泻后腹痛减轻，为黄色不成形稀水样便。自觉全身乏力，头昏。在某卫生室给予输液1天（具体用药不详），呕吐较前减轻，腹泻未见好转，去医院就诊，医生开具了处方，见右侧二维码。

技能训练处方

任务要求：

1.审核处方规范性，如有不规范处，请指出问题并提出修改意见。

2.对规范处方（默认已经过药师审核和核价付款）进行处方调配，按处方调剂规程完成调配操作。

任务2-2　胆囊炎的处方调配

🏛 **任务情境** ⚬⚬⚬⚬⚬⚬⚬⚬⚬⚬⚬⚬⚬⚬⚬⚬⚬⚬⚬⚬⚬⚬⚬⚬⚬⚬⚬⚬⚬⚬⚬⚬⚬⚬

徐某，女，60岁，近一周感觉右上腹部胀痛不适，饱餐或油腻饮食后疼痛加剧，还伴有恶心、呕吐等症状。近日发作，疼痛加剧后去医院就诊，诊断为胆囊炎。医生给该患者开具了处方，患者现拿该处方到零售药店，要求药店营业员为其调配药品。

任务要求：

1.根据现场提供的两张处方，判断处方功能，找出不规范处方，指出问题并提出正确修改意见。

2.对规范处方（默认已经过药师审核和核价付款）进行处方调配，按处方调剂规程完成调配操作。

3.能按照规范处方上药品信息，正确填写药品标签。

4.能正确进行用药交代。

一、任务实施

（一）工作准备

1.处方准备　本任务需准备的处方如图2-2-1、2-2-2所示。

<u>×××医院</u>　　处方笺

费别：　□公费　　□自费

　　　　☑医保　　□其他　　　　　　处方编号：0001241

姓名：徐某　　性别：□男 ☑女　　年龄：<u>60岁</u>

门诊/住院病历号：01×××　　　　科别：消化内科

临床诊断：胆囊炎　　　　　　　　开具日期：×××年××月××日

住址/电话：××市××区××路××小区××栋××房/137×××4322

Rp

1.胆舒胶囊　　0.45g×30粒/盒×1盒

　Sig. 0.9g　t.i.d.　p.o.

2.头孢克肟胶囊　100mg×6粒/盒×2盒

　Sig. 0.2g　b.i.d.　p.o.

（处方结束，以下为空白）

医师：吴××　　　　　药品金额：×××

审核药师：陈××　　　调配药师/士：　　　核对、发药药师：

图2-2-1　处方一

<u>×××医院</u>　　处方笺　　　　　儿科

费别：　□公费　　□自费

　　　　☑医保　　□其他　　　　　　处方编号：0001242

姓名：徐某　　性别：□男 ☑女　　年龄：<u>60岁</u>

门诊/住院病历号：01×××　　　　科别：消化内科

临床诊断：胆囊炎　　　　　　　　开具日期：×××年××月××日

住址/电话：××市××区××路××小区××栋××房/137×××4322

Rp

1.654-2片　　5mg×100片/瓶×24片

　Sig. 10mg　t.i.d.　p.o.

2.头孢克肟胶囊　100mg×6粒/盒×3盒

　Sig. 0.2g　b.i.d.　p.o.

（处方结束，以下为空白）

医师：吴××　　　　　药品金额：×××

审核药师：陈××　　　调配药师/士：　　　核对、发药药师：

图2-2-2　处方二

2.药品准备　本任务需准备的药品如表2-2-1所示。

表2-2-1　药品准备情况一览表

序号	药品名称	药品规格	单位	数量	备注
1	头孢克肟胶囊	100mg×6粒	盒	3	真实药盒并含有药品说明书，说明书内容完整，药盒无破损
2	诺氟沙星胶囊	0.1g×24粒	盒	2	
3	胆舒胶囊	0.45g×30粒	盒	2	
4	消旋山莨菪碱片	5mg×100片	瓶	2	

3.环境和人员准备　本任务需准备的环境条件和人员配备情况如表2-2-2所示。

表2-2-2　环境和人员准备情况一览表

序号	环境和人员	备注
1	药店环境	以真实药店环境为模拟场景，环境整洁、安静
2	营业员	穿戴整齐，仪容、仪表、仪态符合药店工作人员的要求
3	患者	表情、动作、语言等符合情景描述

（二）操作过程

本任务实施的操作过程如表2-2-3所示。

表2-2-3　胆囊炎的处方调配操作流程

步骤	流程	技能操作与要求
1	操作前准备	接待顾客，明确处方调配的关键步骤： 持方取药—检查药盒—核对品种数量—报姓名发药
2	判断处方规范性	（1）判断处方功能 处方一功能：消化内科胆囊炎普通处方 处方二功能：消化内科胆囊炎儿科处方 （2）仔细查看两张处方，找出不规范处方，其编号为：0001242 （3）按照处方书写规范性的原则，结合判断要点，列出不规范处方中不规范之处： ①不应使用儿科处方；②药品名称不应使用俗称 （4）提出规范建议： ①使用普通处方；②请开方医师使用药品规范的中文名称
3	处方调配	（1）持方取药　手持编号为0001241的处方，按处方上药品顺序自上而下调配，取胆舒胶囊和头孢克肟胶囊；取药完毕及时将储放药品的容器或包装放回原位 （2）检查药盒　检查药盒的六个面是否完整，有无破损 （3）核对品种数量　左手逐一指向处方正文，同时右手持药品比照核对。药品调配后要自上而下逐一检查核对药品名称、剂型、规格、数量是否与处方相符

续表

步骤	流程	技能操作与要求
4	药品标签书写	（1）在标签上正确填写患者信息、药品名称、用法用量 **药品1标签** 处方号：0001241 姓名：徐某　性别：女 年龄：60岁 药品名称：胆舒胶囊 规格、数量： 0.45g×30粒/盒×1盒 用法：口服 用量：每日3次，每次2粒 **药品2标签** 处方号：0001241 姓名：徐某　性别：女 年龄：60岁 药品名称：头孢克肟胶囊 规格、数量： 100mg×6粒/盒×2盒 用法：口服 用量：每日2次，每次2粒 （2）处方调配完毕，在处方上签名"AA"
5	发药前核对	发药前，对药品调配做到四查十对 （1）核查处方，核对科别、姓名、年龄：消化内科，徐某，60岁 （2）核查药品，核对药名、剂型、规格、数量 胆舒胶囊，0.45g×30粒，1盒 头孢克肟胶囊，100mg×6粒，2盒 （3）核查配伍禁忌，核对药品性状、用法用量： 经核查，处方一（编号：0001241）中的两药无配伍禁忌。胆舒胶囊，其用法用量为：口服，每日3次，每次2粒；头孢克肟胶囊，其用法用量为：口服，每日2次，每次2粒 （4）核查用药合理性，核对临床诊断： 处方一用药合理，临床诊断为胆囊炎
6	发药及用药交代	（1）呼唤患者徐某，确认患者身份后，给患者发药 （2）对患者进行用药交代： 胆舒胶囊，口服，每日3次，每次2粒 头孢克肟胶囊，口服，每日2次，每次2粒。避光，干燥处保存 （3）核对、发药完毕，在处方上签名"BB"
7	药品复位	将取出的药品放回原位

（三）注意事项

1.操作过程中应体现"保障安全用药"的服务理念。

2.在药品调剂前，需认真审核处方，做到"四查十对"。

3.提醒胆囊炎患者注意病情变化，及时就医。

（四）学习评价

见项目二任务2-1。

二、相关知识

处方规则

微课

1.**处方有效期**　处方开具当日有效。特殊情况下需延长有效期的，由开具处方的医师注明有效期限，但有效期最长不得超过3天。

2.**处方限量**

（1）普通药品　处方一般不得超过7日用量；急诊处方一般不得超过3日用量；对于

某些慢性病、老年病或特殊情况，处方用量可适当延长，但医师应当注明理由。

（2）特殊管理药品　麻醉药品、精神药品、医疗用毒性药品、放射性药品的处方用量应当严格按照国家有关规定执行。开具麻醉药品处方，应有病历记录。

3.处方保管

处方由调剂、出售处方药品的医疗机构或药品零售企业妥善保存。

（1）医院处方　普通处方、急诊处方、儿科处方保存期限为1年，医疗用毒性药品、第二类精神药品处方保存期限为2年，麻醉药品和第一类精神药品处方保存期限为3年。

（2）零售药店处方　按《药品经营和使用质量监督管理办法》的规定，药店零售企业处方保留不少于五年。

即学即练

三、技能训练

情景：李某，男，57岁，有胆结石疾病史。近几周，饱餐后常出现上腹部胀痛不适，这两天疼痛感明显，并放射到右肩部，遂到医院就诊，诊断为急性结石性胆囊炎合并感染。医生开具了处方，见右侧二维码。

技能训练处方

任务要求：

1.对处方规范性进行审核，如有不规范处，请指出问题并提出修改意见。

2.对规范处方（默认已经过药师审核和核价付款）进行处方调配，按处方调剂规程完成调配操作。

任务2-3　支气管哮喘的处方调配

🏛 任务情境

张某，男，12岁，因反复咳嗽，喘促2年，加重3天去医院就诊，诊断为支气管哮喘。医生给他开具了处方，患者家长现拿着该处方到零售药店，要求药店营业员为其调配药品。

任务要求：

1.根据现场提供的两张处方，判断处方功能，找出不规范处方，指出问题并提出正确修改意见。

2.对规范处方（默认已经过药师审核和核价付款）进行处方调配，按处方调剂规程完成调配操作。

3.能按照规范处方上药品信息，正确填写药品标签。

4.能正确进行用药交代。

一、任务实施

（一）工作准备

1.处方准备　本任务需准备的处方如图2-3-1、2-3-2所示。

×××医院　　处方笺

费别：　□公费　　☑自费
　　　　□医保　　□其他　　　　　　　　　　处方编号：0001211

姓名：张某　　性别：☑男　□女　　　　年龄：12 岁
门诊/住院病历号：01××××　　　　　科别：呼吸科
临床诊断：　　　　　　　　　　　　　开具日期：××××年××月××日
住址/电话：××市××区××路××小区××栋××房/135×××7800

Rp

1. 孟鲁司特钠咀嚼片　　5mg × 5片/盒 × 1盒
　　Sig. 1片/次　　q.d.　　h.s.
2. 布地奈德福莫特罗吸入粉雾剂（Ⅱ）　160μg：4.5μg/支 × 1支
　　Sig. 1吸/次　　b.i.d.　　inspire.

（处方结束，以下为空白）

医师：吴××　　　　药品金额：×××
审核药师：陈××　　调配药师/士：　　　　核对、发药药师：

图2-3-1　处方一

×××医院　　处方笺　　　　　　　　　　│儿科│

费别：　□公费　　☑自费
　　　　□医保　　□其他　　　　　　　　　　处方编号：0001212

姓名：张某　　性别：☑男　□女　　　　年龄：12 岁
门诊/住院病历号：01××××　　　　　科别：呼吸科
临床诊断：支气管哮喘　　　　　　　　开具日期：××××年××月××日
住址/电话：××市××区××路××小区××栋××房/135×××7800

Rp

1. 孟鲁司特钠咀嚼片　　4mg×5片/盒 × 1盒
　　Sig. 4mg　　q.d.　　h.s.　　p.o.
2. 布地奈德福莫特罗吸入粉雾剂（Ⅰ）　　80μg：4.5μg × 60吸/支 × 1支
　　Sig. 80μg：4.5μg　　b.i.d.　　inspire.

（处方结束，以下为空白）

医师：李××　　　　药品金额：×××
审核药师：陈××　　调配药师/士：　　　　核对、发药药师：

图2-3-2　处方二

2.药品准备　本任务需准备的药品如表2-3-1所示。

表2-3-1　药品准备情况一览表

序号	药品名称	药品规格	单位	数量	备注
1	孟鲁司特钠咀嚼片	4mg×5片	盒	2	真实药盒并含有药品说明书，说明书内容完整，药盒无破损
2	孟鲁司特钠咀嚼片	5mg×5片	盒	2	
3	孟鲁司特钠咀嚼片	5mg×30片	盒	2	
4	布地奈德福莫特罗吸入粉雾剂（Ⅰ）	80μg∶4.5μg×60吸	支	2	
5	布地奈德福莫特罗吸入粉雾剂（Ⅱ）	160μg∶4.5μg×60吸	支	2	
6	硫酸沙丁胺醇片	2mg×100片	瓶	2	

3.环境和人员准备　本任务需准备的环境条件和人员配备情况如表2-3-2所示。

表2-3-2　环境和人员准备情况一览表

序号	环境和人员	备注
1	药店环境	以真实药店环境为模拟场景，环境整洁、安静
2	营业员	穿戴整齐，仪容、仪表、仪态符合药店工作人员的要求
3	患者	表情、动作、语言等符合情境描述

（二）操作过程

本任务实施的操作过程如表2-3-3所示。

动画

表2-3-3　支气管哮喘的处方调配操作流程

步骤	流程	技能操作与要求
1	操作前准备	接待顾客，明确处方调配的关键步骤： 持方取药—检查药盒—核对品种数量—报姓名发药
2	判断处方规范性	（1）判断处方功能 处方一功能：呼吸科支气管哮喘普通处方 处方二功能：呼吸科支气管哮喘儿科处方 （2）查看两张处方，找出不规范处方，其编号为：0001211 （3）按照处方书写规范性的原则，结合判断要点，列出不规范处方中不规范之处： ①患者12岁不应使用普通处方；②无临床诊断 （4）提出规范建议： ①应使用儿科处方；②请开方医师补齐临床诊断信息
3	处方调配	（1）持方取药　手持编号为0001212的处方，按处方上药品顺序自上而下调配，取孟鲁司特钠咀嚼片、布地奈德福莫特罗吸入粉雾剂（Ⅰ）；取药完毕要及时将储放药品的容器或包装放回原位 （2）检查药盒　检查药盒的六个面是否完整，有无破损 （3）核对品种数量　左手逐一指向处方正文，同时右手手持药品比照核对。药品调配后要自上而下逐一检查核对药品名称、剂型、规格、数量是否与处方相符

步骤	流程	技能操作与要求
4	药品标签书写	（1）在标签上正确填写患者信息、药品名称、用法用量 **药品1标签** 处方号：0001212 姓名：张某　性别：男 年龄：12岁 药品名称： 孟鲁司特钠咀嚼片 规格、数量： 4mg×5片/盒×1盒 用法：睡前口服 用量：每日1次，每次1片 **药品2标签** 处方号：0001212 姓名：张某　性别：男 年龄：12岁 药品名称： 布地奈德福莫特罗吸入粉雾剂（Ⅰ） 规格、数量： 80μg：4.5μg×60吸/支×1支 用法：吸入给药 用量：每日2次，每次1吸 （2）处方调配完毕，在处方上签名"AA"
5	发药前核对	发药前，对药品调配做到四查十对 （1）核查处方，核对科别、姓名、年龄：呼吸科，张某，12岁 （2）核查药品，核对药名、剂型、规格、数量： 孟鲁司特钠咀嚼片，4mg×5片/盒，1盒 布地奈德福莫特罗吸入粉雾剂（Ⅰ），80μg：4.5μg×60吸/支，1支 （3）核查配伍禁忌，核对药品性状、用法用量： 经核查，处方二（编号：0001212）中的两药无配伍禁忌。孟鲁司特钠咀嚼片，其用法用量为：睡前咀嚼服用，每日1次，每次1片；布地奈德福莫特罗吸入粉雾剂（Ⅰ），其用法用量为：吸入给药，每日2次，每次1吸 （4）核查用药合理性，核对临床诊断： 处方二用药合理，临床诊断为支气管哮喘
6	发药及用药交代	（1）呼唤患者张某，确认患者身份后，给患者发药 （2）对患者家长进行用药交代： 孟鲁司特钠咀嚼片，睡前咀嚼服用，每日1次，每次1片。服用时，需要充分咀嚼再用温开水送服，不建议直接吞服 布地奈德福莫特罗吸入粉雾剂（Ⅰ），吸入给药，每日2次，每次1吸。介绍使用方法：①启动装置：旋松并拔出瓶盖，确保红色旋柄在下方；垂直握住装置，旋转红色旋柄到底，再旋转返回原位，听到一声"咔哒"声，再重复一次；听到两声"咔哒"声后，初始化即完成，可以正常使用。②使用三步法：装药、吸入、漱口。吸完药之后旋紧盖子，切记充分漱口把口腔清洗干净 （3）核对、发药完毕，在处方上签名"BB"
7	药品复位	将取出的药品放回原位

（三）注意事项

1.操作全过程应体现"保障安全用药"的服务理念。

2.支气管哮喘患者服用平喘药物时，注意不同药物剂型的使用方法不同。

（1）服用咀嚼片时，需要充分咀嚼再用温开水送服，不建议直接吞服咀嚼片。

（2）吸入粉雾剂使用注意事项：①不要随意停药，一定要遵照医生的交代用药；②每次用完后都应该旋紧盖子；③由于药粉剂量少，每次吸入时可能感觉不到，但只要按步骤操作，肯定会吸进所需的剂量；④请定期（每周1次）用干纸巾擦拭吸嘴，不要用水或者其他液体擦洗吸嘴外部。药瓶上有一个剂量指示窗，用于指示吸入器中剩余剂量。每20吸有一个数字标识，当红色的记号"0"到达指示窗中部时，指示药物已经用完。此时摇动吸入器所听到的声音是干燥剂发出的声音而不是药物。

（四）学习评价

见项目二任务2-1。

二、相关知识

处方审核要点

1.审核处方前记、正文和后记书写是否清晰、完整，并确认处方的合法性。包括：处方类型（麻醉药品处方、急诊处方、儿科处方、普通处方）、处方开具时间、处方的报销方式（公费医疗专用、医疗保险专用、自费等）、有效性、医师签字的规范性等。

2.审核用药适宜性，审核内容包括：①规定必须做皮试的药品，处方医师是否注明过敏试验及结果的判定；②处方用药与临床诊断的相符性；③剂量、用法和疗程的正确性；④选用剂型与给药途径的合理性；⑤是否有重复给药现象；⑥是否有潜在临床意义的药物相互作用和配伍禁忌；⑦其他用药不适宜情况。

微课

即学即练

三、技能训练

情景：王某，女，54岁，反复咳嗽5年，自述每年春季及天气骤变时咳嗽加重，伴气短，自行服用甘草片、复方甲氧那明胶囊、孟鲁司特钠片后咳嗽缓解，未就医诊治。一周前晚上于公园散步后出现气短、咳嗽症状加重，伴少量白痰，自服左氧氟沙星治疗，症状未见好转，睡眠质量不佳，常于夜间出现剧烈咳嗽，无法入睡。去医院就诊，医生开具了处方，见右侧二维码。

技能训练处方

任务要求：

1.对处方规范性进行审核，如有不规范处，请指出问题并提出修改意见。

2.对规范处方（默认已经过药师审核和核价付款）进行处方调配，按处方调剂规程完成调配操作。

任务2-4　失眠症的处方调配

🏛 **任务情境** ....

吴某，女，45岁，因工作压力大，近1个月以来入睡困难，夜间觉醒次数增多，起床后没有轻松感，自觉疲劳得不到缓解，去医院就诊，诊断为失眠症。医生给她开具了处方，患者现拿着该处方到零售药店，要求药店营业员为其调配药品。

任务要求：

1.根据现场提供的两张处方，判断处方功能，找出不规范处方，指出问题并提出正确修改意见。

2.对规范处方（默认已经过药师审核和核价付款）进行处方调配，按处方调剂规程完成调配操作。

3.能按照规范处方上药品信息，正确填写药品标签。

4.能正确进行用药交代。

一、任务实施

（一）工作准备

1.处方准备　本任务需准备的处方如图2-4-1、2-4-2所示。

<u>×××医院</u>　　　处方笺

费别：　□公费　　□自费
　　　　☑医保　　□其他　　　　　　　处方编号：00012111

姓名：吴某　　　性别：□男　☑女　　　年龄：45岁
门诊/住院病历号：01××××　　　　科别：神经内科
临床诊断：失眠症　　　　　　　　　开具日期：××××年××月××日
住址/电话：××市××区××路××小区××栋××房/135×××7800

Rp

1.乌灵胶囊　　　0.33g×36粒/盒×2盒
　Sig.　0.99g　　t.i.d.　　p.o.
2.脑心舒口服液　10ml×10支/盒×1盒
　Sig.　10ml　　b.i.d.　　p.o.

（处方结束，以下为空白）

医师：吴××　　　　　药品金额：×××
审核药师：陈××　　　调配药师/士：　　　核对、发药药师：

图2-4-1　处方一

<u>×××医院</u>　　　处方笺

费别：　□公费　　□自费
　　　　☑医保　　□其他　　　　　　　处方编号：00012112

姓名：吴某　　　性别：□男　☑女　　　年龄：＿＿＿岁
门诊/住院病历号：01××××　　　　科别：神经内科
临床诊断：　　　　　　　　　　　　开具日期：××××年××月××日
住址/电话：××市××区××路××小区××栋××房/135×××7800

Rp

1.枣仁安神颗粒　5g×6袋/盒×3盒
　Sig.　5g　　h.s.　　p.o.
2.安乐胶囊　　　0.6g×24粒/盒×1盒
　Sig.　1.2g　　t.i.d.　　p.o.

（处方结束，以下为空白）

医师：××　　　　　　药品金额：×××
审核药师：××　　　　调配药师/士：　　　核对、发药药师：

图2-4-2　处方二

2.药品准备　本任务需准备的药品如表2-4-1所示。

表2-4-1　药品准备情况一览表

序号	药品名称	药品规格	单位	数量	备注
1	乌灵胶囊	0.33g×36粒	盒	2	真实药盒并含有药品说明书，说明书内容完整，药盒无破损
2	脑心舒口服液	10ml×10支	盒	2	
3	枣仁安神颗粒	5g×6袋	盒	3	
4	安乐胶囊	0.6g×24粒	盒	2	

3.环境和人员准备　本任务需准备的环境条件和人员配备情况如表2-4-2所示。

表2-4-2　环境和人员准备情况一览表

序号	环境和人员	备注
1	药店环境	以真实药店环境为模拟场景，环境整洁、安静
2	营业员	穿戴整齐，仪容、仪表、仪态符合药店工作人员的要求
3	患者	表情、动作、语言等符合情境描述

（二）操作过程

本任务实施的操作过程如表2-4-3所示。

表2-4-3　失眠症的处方调配操作流程

步骤	流程	技能操作与要求
1	操作前准备	接待顾客，明确处方调配的关键步骤： 持方取药—检查药盒—核对品种数量—报姓名发药
2	判断处方规范性	（1）判断处方功能 处方一功能：神经内科失眠症普通处方 处方二功能：神经内科失眠症普通处方 （2）仔细查看两张处方，找出不规范处方，其编号为：00012112 （3）按照处方书写规范性的原则，结合判断要点，列出不规范处方中不规范之处： ①患者年龄未写；②无临床诊断 （4）提出规范建议： ①请开方医师补齐年龄信息；②请开方医师补齐临床诊断信息
3	处方调配	（1）持方取药　手持编号为00012111的处方，按处方上药品顺序自上而下调配，取乌灵胶囊、脑心舒口服液；取药完毕及时将储放药品的容器或包装放回原位 （2）检查药盒　检查药盒的六个面是否完整，有无破损 （3）核对品种数量　左手逐一指向处方正文，同时右手持药品比照核对。药品调配后要自上而下逐一检查核对药品名称、剂型、规格、数量是否与处方相符

步骤	流程	技能操作与要求
4	药品标签书写	（1）在标签上正确填写患者信息、药品名称、用法用量 **药品1标签** 处方号：00012111 姓名：吴某　性别：女 年龄：45岁 药品名称：乌灵胶囊 规格、数量： 0.33g×36粒/盒×2盒 用法：口服 用量：每日3次，每次3粒 **药品2标签** 处方号：00012111 姓名：吴某　性别：女 年龄：45岁 药品名称：脑心舒口服液 规格、数量： 10 ml×10支/盒×1盒 用法：口服 用量：每日2次，每次1支 （2）处方调配完毕，在处方上签名"AA"
5	发药前核对	发药前，对药品调配做到四查十对 （1）核查处方，核对科别、姓名、年龄：神经内科，吴某，45岁 （2）核查药品，核对药名、剂型、规格、数量： 乌灵胶囊，0.33g×36粒/盒，2盒 脑心舒口服液，10ml×10支/盒，1盒 （3）核查配伍禁忌，核对药品性状、用法用量： 经核查，处方一（编号：00012111）中的两药无配伍禁忌。乌灵胶囊，其用法用量为：口服，每日3次，每次3粒；脑心舒口服液，其用法用量为：口服，每日2次，每次1支 （4）核查用药合理性，核对临床诊断： 处方一用药合理，临床诊断为失眠症
6	发药及用药交代	（1）呼唤患者吴某，确认患者身份后，给患者发药 （2）对患者进行用药交代： 乌灵胶囊，每日3次，每次3粒，口服。用药期间要保持情绪乐观，切忌生气恼怒，忌烟、酒及辛辣、油腻食物。在饭前用温开水送服，也可以遵医嘱在睡前半小时到1小时服用 脑心舒口服液，每日2次，每次1支，餐后服用。高血糖患者谨慎服用，在服药期间禁止驾驶及高空作业 （3）核对、发药完毕，在处方上签名"BB"
7	药品复位	将取出的药品放回原位

（三）注意事项

1.操作全过程应体现"保障安全用药"的服务理念。

2.失眠症患者服用中成药时，要看药物的组成及辅料是否有配伍禁忌及注意事项。脑心舒口服液的辅料中含有蜂蜜和乙醇，因此高血糖患者谨慎服用，在服药期间禁止驾驶及高空作业。

3.提醒患者：除了药物治疗外，生活方式的调整也非常重要。建议保持规律的作息时间，保证充足的睡眠；饮食上可适当增加富含维生素和矿物质的食品，如鱼类、坚果等；适当进行体育锻炼，如慢跑、散步等，以增强体质和免疫力。

（四）学习评价

见项目二任务2-1。

二、相关知识

处方常用外文缩写及含义

医师在处方正文中书写药品的使用方法等内容时，常采用外文缩写来表示。因此，药师应掌握处方中常用的外文缩写，并理解其相应的中文含义。常用用药方法的缩写见表2-2-4。

微课

即学即练

表2-4-4　处方中用药方法的外文缩写及含义

外文缩写	中文含义	外文缩写	中文含义	外文缩写	中文含义
im.	肌内注射	iv	静脉注射	iv.gtt.	静脉滴注
ih.	皮下注射	p.o.	口服	inspire.	吸入
instill.	滴入	a.c.	饭前	p.c.	饭后
q.d.	每日1次	b.i.d.	每日2次	t.i.d.	每日3次
q.i.d.	每日4次	q.m.	每日早晨	q.n.	每晚
q.o.d.	隔日1次	q.h.	每1小时	q.4.h.	每4小时
h.s.	睡前	p.r.n.	必要时	q.s.	适量
aa.	各个	St.	立即	C.T.	皮试
ad.	加至	us.Int.	内服	us.Ext.	外用

三、技能训练

情景：王某，女，42岁，睡眠浅，容易醒，心悸，心律不齐，体弱贫血。去医院就诊，医生开具了处方，见右侧二维码。

技能训练处方

任务要求：

1.对处方规范性进行审核，如有不规范处，请指出问题并提出修改意见。

2.对规范处方（默认已经过药师审核和核价付款）进行处方调配，按处方调剂规程完成调配操作。

任务2-5　高血压的处方调配

🏛 任务情境

陈某，男，54岁，有3年中度高血压疾病史，是医保门诊慢性病参保人员。在药物治疗下，患者病情比较稳定，每隔一段时间到医院复查并开具长期处方补充降压药。患者拿着医生开具的长期处方到零售药店，要求药店营业员为其调配药品。

任务要求：

1.根据现场提供的两张处方，判断处方功能，找出不规范处方，指出问题并提出正确修改意见。

2.对规范处方（默认已经过药师审核和核价付款）进行处方调配，按处方调剂规程完成调配操作。

3.能按照规范处方上药品信息，正确填写药品标签。

4.能正确进行用药交代。

一、任务实施

（一）工作准备

1.处方准备　本任务需准备的处方如图2-5-1、2-5-2所示。

<u>×××医院</u>　　处方笺

费别：　□公费　　□自费
　　　　☑医保　　□其他　　　　　　　处方编号：0001251

姓名：陈某　　　性别：☑男　□女　　　年龄：54岁
门诊/住院病历号：01××××　　　　科别：心血管科
临床诊断：中度高血压　　　　　　　开具日期：××××年××月××日
住址/电话：××市××区××路××小区××栋××房/166×××1255

Rp
1.硝苯地平控释片　　30mg×28片/盒×1盒
　Sig. 30 mg　q.d.　p.o.
2.氢氯噻嗪片　　25mg×100片/瓶×1瓶
　Sig. 50 mg　q.d.　p.o.

　　　　　　　　　　　　　　　　（处方结束，以下为空白）

医师：吴××　　　　药品金额：×××
审核药师：陈××　　调配药师/士：　　　核对、发药药师：

图2-5-1　处方一

<u>×××医院</u>　　处方笺

费别：　□公费　　□自费
　　　　☑医保　　□其他　　　　　　　处方编号：0001252

姓名：陈某　　　性别：☑男　□女　　　年龄：54岁
门诊/住院病历号：01××××　　　　科别：心血管科
临床诊断：中度高血压　　　　　　　开具日期：××××年××月××日
住址/电话：××市××区××路××小区××栋××房/166×××1255

Rp
1.科素亚片　　50mg×7片/盒×4盒
　Sig. 50mg　　p.o.

　　　　　　　　　　　　　　　　（处方结束，以下为空白）

医师：李××　　　　药品金额：×××
审核药师：陈××　　调配药师/士：　　　核对、发药药师：

图2-5-2　处方二

2. 药品准备　本任务需准备的药品如表2-5-1所示。

表2-5-1　药品准备情况一览表

序号	药品名称	药品规格	单位	数量	备注
1	硝苯地平控释片	30mg×7片	盒	2	真实药盒并含有药品说明书，说明书内容完整，药盒无破损
2	硝苯地平控释片	30mg×28片	盒	2	
3	氢氯噻嗪片	10mg×5片	瓶	2	
4	氢氯噻嗪片	25mg×100片	瓶	2	
5	氯沙坦钾片	50mg×7片	盒	2	
6	氯沙坦钾片	100mg×7片	盒	2	

3. 环境和人员准备　本任务需准备的环境条件和人员配备情况如表2-5-2所示。

表2-5-2　环境和人员准备情况一览表

序号	环境和人员	备注
1	药店环境	以真实药店环境为模拟场景，环境整洁、安静
2	营业员	穿戴整齐，仪容、仪表、仪态符合药店工作人员的要求
3	患者	表情、动作、语言等符合情境描述

（二）操作过程

本任务实施的操作过程如表2-5-3所示。

表2-5-3　高血压的处方调配操作流程

步骤	流程	技能操作与要求
1	操作前准备	接待顾客，明确处方调配的关键步骤： 持方取药—检查药盒—核对品种数量—报姓名发药
2	判断处方规范性	（1）判断处方功能 处方一功能：心血管科高血压普通处方 处方二功能：心血管科高血压普通处方 （2）查看两张处方，找出不规范处方，其编号为：0001252 （3）按照处方书写规范性的原则，结合判断要点，列出不规范处方中不规范之处： ①处方正文中的药品名称为商品名；②处方正文中的药品缺少用药频次 （4）提出规范建议： ①请开方医师修改药品名称，应使用药品通用名；②请开方医师补充药品用药频次
3	处方调配	（1）持方取药　手持编号为0001251的处方，按处方上药品顺序自上而下调配，取硝苯地平控释片、氢氯噻嗪片；取药完毕要及时将储放药品的容器或包装放回原位 （2）检查药盒　检查药盒的六个面是否完整，有无破损 （3）核对品种数量　左手逐一指向处方正文，同时右手持药品比照核对。药品调配后要自上而下逐一检查核对药品名称、剂型、规格、数量是否与处方相符

步骤	流程	技能操作与要求
4	药品标签书写	（1）在标签上正确填写患者信息、药品名称、用法用量 **药品1标签** 处方号：0001251 姓名：陈某　性别：男 年龄：54岁 药品名称：硝苯地平控释片 规格、数量： 30mg×28片/盒×1盒 用法：口服 用量：每日1次，每次1片 **药品2标签** 处方号：0001251 姓名：陈某　性别：男 年龄：54岁 药品名称：氢氯噻嗪片 规格、数量： 25mg×100片/瓶×1瓶 用法：口服 用量：每日1次，每次2片 （2）处方调配完毕，在处方上签名"AA"
5	发药前核对	发药前，对药品调配做到四查十对 （1）核查处方，核对科别、姓名、年龄：心血管科，陈某，54岁 （2）核查药品，核对药名、剂型、规格、数量： 硝苯地平控释片，30mg×28片/盒，1盒 氢氯噻嗪片，25mg×100片/瓶，1瓶 （3）核查配伍禁忌，核对药品性状、用法用量： 经核查，处方一（编号：0001251）中的两药无配伍禁忌。硝苯地平控释片，其用法用量为：每日1次，每次1片；氢氯噻嗪片，其用法用量为：每日1次，每次2片 （4）核查用药合理性，核对临床诊断： 处方一用药合理，临床诊断为中度高血压
6	发药及用药交代	（1）呼唤患者陈某，确认患者身份后，给患者发药 （2）对患者进行用药交代： 硝苯地平控释片，每日1次，每次1片。注意在每天固定时间服用，一般选在早上使用。服药时整片吞服，不要咬、嚼、掰断药片。用药时，勿同时食用葡萄柚/葡萄柚汁。切记避光密封保存，从铝塑板中取出后应立即服用 氢氯噻嗪片，口服，每日1次，每次2片。用药期间尿量增加是正常现象。请放置于儿童不易接触处 （3）核对、发药完毕，在处方上签名"BB"
7	药品复位	将取出的药品放回原位

（三）注意事项

1. 操作全过程应体现"保障安全用药"的服务理念。
2. 指导患者坚持长期用药，注意直立性低血压的危险；结合非药物治疗，改善生活方式。
3. 提醒患者：出现胸闷、气短、运动耐力下降时，应及时到医院就诊。

（四）学习评价

见项目二任务2-1。

二、相关知识

《长期处方管理规范（试行）》

2021年8月，国家卫生健康委、国家医保局发布的《长期处方管理规范（试行）》有以

微课

下规定：

长期处方适用于临床诊断明确、用药方案稳定、依从性良好、病情控制平稳、需长期药物治疗的慢性病患者。医疗用毒性药品、放射性药品、易制毒药品、麻醉药品、第一类和第二类精神药品、抗微生物药物（治疗结核等慢性细菌、真菌感染性疾病的药物治疗时除外），以及对储存条件有特殊要求的药品不得用于长期处方。

根据患者诊疗需要，长期处方的处方量一般在4周内；根据慢性病特点，病情稳定的患者适当延长，最长不超过12周。超过4周的长期处方，医师应当严格评估，强化患者教育，并在病历中记录，患者通过签字等方式确认。

即学即练

三、技能训练

情景： 吕某，女，52岁，有轻度高血压病史，服用吲达帕胺控制血压。近几周，出现头晕、头痛、心慌、胸闷、气短的症状。去医院检查，血压值为160/98mmHg，为中度高血压，医生判断原利尿降压药控制血压效果不佳，需要调整用药方案，随后开具了处方，见右侧二维码。

技能训练处方

任务要求：

1.对处方规范性进行审核，如有不规范处，请指出问题并提出修改意见。

2.对规范处方（默认已经过药师审核和核价付款）进行处方调配，按处方调剂规程完成调配操作。

任务2-6 高脂血症的处方调配

🏛 任务情境

李某，男，64岁，身材肥胖，行动缓慢。最近出现头晕、头胀和乏力，眼睛周围还出现了黄色的小疙瘩。结合体格检查及血脂化验结果，诊断患者患有高脂血症。医生给他开具了处方，患者现拿着该处方到零售药店，要求药店营业员为其调配药品。

任务要求：

1.根据现场提供的两张处方，判断处方功能，找出不规范处方，指出问题并提出正确修改意见。

2.对规范处方（默认已经过药师审核和核价付款）进行处方调配，按处方调剂规程完成调配操作。

3.能按照规范处方上药品信息，正确填写药品标签。

4.能正确进行用药交代。

一、任务实施

（一）工作准备

1.处方准备 本任务需准备的处方如图2-6-1、2-6-2所示。

$$\underline{\text{×××医院}} \quad \text{处方笺}$$

费别： □公费　□自费
　　　☑医保　□其他　　　　　　　处方编号：0001261

姓名：李某　　性别：☑男　□女　　年龄：_____
门诊/住院病历号：01××××　　科别：内科
临床诊断：　　　　　　　　开具日期：×××年××月××日
住址/电话：××市××区××路××小区××栋××房/135×××7800

Rp
1.洛伐他汀片　　　　20mg × 12片/盒 × 1盒
　Sig. 20mg　　　q.d.　p.o.
2.非诺贝特缓释胶囊　0.25g × 10粒/盒 × 1盒
　Sig. 0.25g　　　q.d.　p.o.

（处方结束，以下为空白）

医师：吴×× 　　　 药品金额：×××
审核药师：陈×× 　　调配药师/士：　　核对、发药药师：

图2-6-1　处方一

$$\underline{\text{×××医院}} \quad \text{处方笺}$$

费别： □公费　　□自费
　　　☑医保　　□其他　　　　　　处方编号：0001262

姓名：李某　　性别：☑男　□女　　年龄：64 岁
门诊/住院病历号：01××××　　科别：内科
临床诊断：高脂血症　　　　　开具日期：×××年××月××日
住址/电话：××市××区××路××小区××栋××房/135×××7800

Rp
1.洛伐他汀片　　　　20mg × 12片/盒 × 1盒
　Sig. 20mg　　　q.d.　p.o
2.非诺贝特缓释胶囊　0.25g ×20粒/盒 × 1盒
　Sig. 0.25g　　　q.d　p.o.

（处方结束，以下为空白）

医师：李×× 　　　 药品金额：×××
审核药师：陈×× 　　调配药师/士：　　核对、发药药师：

图2-6-2　处方二

2.药品准备 本任务需准备的药品如表2-6-1所示。

表2-6-1 药品准备情况一览表

序号	药品名称	药品规格	单位	数量	备注
1	洛伐他汀片	20mg×12片	盒	2	真实药盒并含有药品说明书，说明书内容完整，药盒无破损
2	洛伐他汀胶囊	20mg×12粒	盒	2	
3	洛伐他汀分散片	20mg×12片	盒	2	
4	非诺贝特缓释胶囊	0.25g×20粒	盒	2	
5	非诺贝特胶囊	0.2g×10粒	盒	2	

3.环境和人员准备 本任务需准备的环境条件和人员配备情况如表2-6-2所示。

表2-6-2 环境和人员准备情况一览表

序号	环境和人员	备注
1	药店环境	以真实药店环境为模拟场景，环境整洁、安静
2	营业员	穿戴整齐，仪容、仪表、仪态符合药店工作人员的要求
3	患者	表情、动作、语言等符合情境描述

（二）操作过程

本任务实施的操作过程如表2-6-3所示。

表2-6-3 高脂血症的处方调配操作流程

步骤	流程	技能操作与要求
1	操作前准备	接待顾客，明确处方调配的关键步骤： 持方取药—检查药盒—核对品种数量—报姓名发药
2	判断处方规范性	（1）判断处方功能 处方一功能：内科高脂血症普通处方 处方二功能：内科高脂血症普通处方 （2）仔细查看两张处方，找出不规范处方，其编号为：0001261 （3）按照处方书写规范性的原则，结合判断要点，列出不规范处方中不规范之处： ①患者年龄无注明；②无临床诊断 （4）提出规范建议： ①应注明患者年龄；②请开方医师补齐临床诊断信息
3	处方调配	（1）持方取药 手持编号为0001262的处方，按处方上药品顺序自上而下调配，先取洛伐他汀片，再取非诺贝特缓释胶囊；取药完毕要及时将储放药品的容器或包装放回原位 （2）检查药盒 检查药盒的六个面是否完整，有无破损 （3）核对品种数量 左手逐一指向处方正文，同时右手持药品比照核对。药品调配后要自上而下逐一检查核对药品名称、剂型、规格、数量是否与处方相符

续表

步骤	流程	技能操作与要求
4	药品标签书写	（1）在标签上正确填写患者信息、药品名称、用法用量 药品1标签 处方号：0001262 姓名：李某　性别：男 年龄：64岁 药品名称：洛伐他汀片 规格、数量： 20mg×12片/盒×1盒 用法：口服 用量：每日1次，每次1片 药品2标签 处方号：0001262 姓名：李某　性别：男 年龄：64岁 药品名称：非诺贝特缓释胶囊 规格、数量： 0.25g×20粒/盒×1盒 用法：口服 用量：每日1次，每次1粒 （2）处方调配完毕，在处方上签名"AA"
5	发药前核对	发药前，对药品调配做到四查十对 （1）核查处方，核对科别、姓名、年龄：内科，李某，64岁 （2）核查药品，核对药名、剂型、规格、数量： 洛伐他汀片，20mg×12片/盒，1盒 非诺贝特缓释胶囊，0.25g×20粒/盒，1盒 （3）核查配伍禁忌，核对药品性状、用法用量： 经核查，处方二（编号：0001262）中的两药无配伍禁忌。洛伐他汀片，其用法用量为：晚餐时服用，每日1次，每次1片；非诺贝特缓释胶囊，其用法用量为：整粒吞服，每日1次，每次1粒 （4）核查用药合理性，核对临床诊断： 处方二用药合理，临床诊断为高脂血症
6	发药及用药交代	（1）呼唤患者李某，确认患者身份后，给患者发药 （2）对患者进行用药交代： 洛伐他汀片，晚餐时服用，每日1次，每次1片。与食物同进有利于吸收，可选择直接吞服或在水中溶解后口服 非诺贝特缓释胶囊，整粒吞服，每日1次，每次1粒 （3）核对、发药完毕，在处方上签名"BB"
7	药品复位	将取出的药品放回原位

（三）注意事项

1.操作全过程应体现"保障安全用药"的服务理念。

2.洛伐他汀属于他汀类药物。交代患者：注意肌病的危险性，关注并及时报告所发生的肌痛、触痛或肌无力。

3.饮食治疗是治疗血脂异常的基础；增加有规律的体力活动，控制体重；戒烟、限盐、限制饮酒，禁烈性酒。

（四）学习评价

见项目二任务2-1。

二、相关知识

（一）高脂血症

1.概述　高脂血症指血清总胆固醇（TC）升高、甘油三酯（TG）升高、低密度脂蛋白

（LDL）升高、高密度脂蛋白（HDL）降低，即血脂异常。高脂血症是动脉粥样硬化和心脑血管疾病的高危因素。

2.治疗 基础药物治疗的降脂效果有局限性，非药物性降脂治疗尤其重要，包括饮食控制、血浆净化、外科手术和基因治疗。其中，饮食治疗是高脂血症治疗的基础。

（二）常用药物

洛伐他汀 是他汀类降血脂药，可抑制内源性胆固醇合成，进而发挥疗效。临床主要用于以高胆固醇血症为主的高脂血症或以胆固醇升高为主的混合型高脂血症。他汀类药物具有肝毒性和肌毒性，长期服用可发生肝损伤、横纹肌溶解和急性肾衰竭。长期服药者应3～6个月检测1次肝功能和肌酸激酶（CK）。

非诺贝特缓释胶囊是贝特类降血脂药物，具有显著降低胆固醇及甘油三酯的作用，主要用于高甘油三酯血症或以甘油三酯升高为主的混合型高脂血症。

即学即练

三、技能训练

情景： 王某，女，55岁，一年多来经常头晕、四肢无力，无高血压病史。患者眼睑周围有黄色脂质沉积、质地柔软，眼底发生改变，视物有些模糊，但又不是白内障。家属陪同去医院就诊，入院后补充相关检查，医生开具了处方，见右侧二维码。

技能训练处方

任务要求：

1. 对处方规范性进行审核，如有不规范处，请指出问题并提出修改意见。

2. 对规范处方（默认已经过药师审核和核价付款）进行处方调配，按处方调剂规程完成调配操作。

任务2-7 糖尿病的处方调配

🏛 任务情境

张某，女，58岁，体重52kg，有2型糖尿病史3年，一直采用饮食控制并坚持口服"消渴丸"控制血糖。春节期间，因未注意控制饮食、间断服用降糖药导致血糖失控。到医院复诊时，医生据其病情开具了处方，并嘱咐患者注意饮食控制。患者现拿着该处方到零售药店，要求药店营业员为其调配药品。

任务要求：

1. 根据现场提供的两张处方，判断处方功能，找出不规范处方，指出问题并提出正确修改意见。

2. 对规范处方（默认已经过药师审核和核价付款）进行处方调配，按处方调剂规程完成调配操作。

3. 能按照规范处方上药品信息，正确填写药品标签。

4.能正确进行用药交代。

一、任务实施

（一）工作准备

1.处方准备　本任务需准备的处方如图2-7-1、2-7-2所示。

<u>×××医院</u>　　处方笺

费别：　□公费　　□自费

　　　　☑医保　　□其他　　　　　　处方编号：0001281

姓名：张某　　　性别：□男 ☑女　　年龄：58岁

门诊/住院病历号：01××××　　　科别：内分泌科

临床诊断：　　　　　　　　　　　开具日期：×××年××月××日

住址/电话：××市××区××路××小区××栋××房/135×××2340

Rp

1.盐酸二甲双胍　0.5g×60片/瓶×1瓶

　Sig. 0.5g　q.d.

　　　　　　　　　　　　　　　（处方结束，以下为空白）

医师：吴××　　　　药品金额：×××

审核药师：陈××　　调配药师/士：　　　核对、发药药师：

图2-7-1　处方一

<u>×××医院</u>　　处方笺

费别：　□公费　　□自费

　　　　☑医保　　□其他　　　　　　处方编号：0001282

姓名：张某　　　性别：□男 ☑女　　年龄：58岁

门诊/住院病历号：01××××　　　科别：内分泌科

临床诊断：糖尿病　　　　　　　　开具日期：×××年××月××日

住址/电话：××市××区××路××小区××栋××房/135×××2340

Rp

1.格列美脲分散片　2.0mg×12片/盒×1盒

　Sig.　2.0mg　q.d.　p.o.

2.参芪降糖颗粒　3g×10袋/盒×1盒

　Sig.　1g　t.i.d.　p.o

　　　　　　　　　　　　（处方结束，以下为空白）

医师：李××　　　　药品金额：×××

审核药师：陈××　　调配药师/士：　　　核对、发药药师：

图2-7-2　处方二

2.药品准备 本任务需准备的药品如表2-7-1所示。

表2-7-1 药品准备情况一览表

序号	药品名称	药品规格	单位	数量	备注
1	格列美脲分散片	2.0mg×12片	盒	2	真实药盒并含有药品说明书，说明书内容完整，药盒无破损
2	盐酸二甲双胍缓释片	0.5g×60片	瓶	2	
3	参芪降糖颗粒	3g×10袋	盒	2	
4	格列齐特片	80mg×60片	瓶	2	

3.环境和人员准备 本任务需准备的环境条件和人员配备情况如表2-7-2所示。

表2-7-2 环境和人员准备情况一览表

序号	环境和人员	备注
1	药店环境	以真实药店环境为模拟场景，环境整洁、安静
2	营业员	穿戴整齐，仪容、仪表、仪态符合药店工作人员的要求
3	患者	表情、动作、语言等符合情境描述

（二）操作过程

本任务实施的操作过程如表2-7-3所示。

表2-7-3 糖尿病的处方调配操作流程

步骤	流程	技能操作与要求
1	操作前准备	接待顾客，明确处方调配的关键步骤： 持方取药—检查药盒—核对品种数量—报姓名发药
2	判断处方规范性	（1）判断处方功能 处方一功能：内分泌科糖尿病普通处方 处方二功能：内分泌科糖尿病普通处方 （2）仔细查看两张处方，找出不规范处方，其编号为：0001281 （3）按照处方书写规范性的原则，结合判断要点，列出不规范处方中不规范之处： ①无临床诊断；②药品无剂型 （4）提出规范建议： ①请开方医师补齐临床诊断信息；②请开方医师补齐药品剂型
3	处方调配	（1）持方取药 手持编号为0001282的处方，按处方上药品顺序自上而下调配，取格列美脲分散片、参芪降糖颗粒；取药完毕要及时将储放药品的容器或包装放回原位 （2）检查药盒 检查药盒的六个面是否完整，有无破损 （3）核对品种数量 左手逐一指向处方正文，同时右手持药品比照核对。药品调配后要自上而下逐一检查核对药品名称、剂型、规格、数量是否与处方相符

续表

步骤	流程	技能操作与要求
4	药品标签书写	（1）在标签上正确填写患者信息、药品名称、用法用量 **药品1标签** 处方号：0001282 姓名：张某　性别：女 年龄：58岁 药品名称：格列美脲分散片 规格、数量： 2.0mg×12片/盒×1盒 用法：口服 用量：每日1次，每次1片 **药品2标签** 处方号：0001282 姓名：张某　性别：女 年龄：58岁 药品名称：参芪降糖颗粒 规格、数量： 3g×10袋/盒×1盒 用法：口服 用量：每日3次，每次1/3袋 （2）处方调配完毕，在处方上签名"AA"
5	发药前核对	发药前，对药品调配做到四查十对 （1）核查处方，核对科别、姓名、年龄：内分泌科，张某，58岁 （2）核查药品，核对药名、剂型、规格、数量： 格列美脲分散片，2.0mg×12片/盒，1盒 参芪降糖颗粒，3g×10袋/盒，1盒 （3）查配伍禁忌，核对药品性状、用法用量： 经核查，处方二（编号：0001282）中的两药无配伍禁忌。格列美脲分散片，其用法用量为：每日1次，每次1片；参芪降糖颗粒，用法用量为：每日3次，每次1/3袋 （4）核查用药合理性，核对临床诊断： 处方二用药合理，临床诊断为糖尿病
6	发药及用药交代	（1）呼唤患者张某，确认患者身份后，给患者发药 （2）对患者进行用药交代： 格列美脲分散片，口服，每日1次，每次1片 参芪降糖颗粒，口服，每日3次，每次1/3袋 （3）核对、发药完毕，在处方上签名"BB"
7	药品复位	将取出的药品放回原位

（三）注意事项

1.操作全过程应体现"保障安全用药"的服务理念。

2.使用降糖药后出现如心慌、出汗、语言不清等低血糖症状，需给予葡萄糖水、蜂蜜水、饼干等补充体内所需的能量，有助于改善低血糖所引起的症状。如频繁出现低血糖症状，应及时告知医生，调整治疗方案。

（四）学习评价

见项目二任务2-1。

二、相关知识

（一）糖尿病

1.概述　糖尿病是一种因胰岛素分泌缺陷或作用缺陷引起的以慢性血糖增高为特征的代谢性疾病。临床上主要为1型（即胰岛素依赖型）糖尿病、2型（即非胰岛素依赖型）糖尿病，其他特殊类型糖尿病少见。

2.糖尿病治疗 "五驾马车"，即糖尿病现代治疗的五个方面：饮食治疗、运动疗法、药物疗法、血糖监测及糖尿病教育。

（二）常用药物

盐酸二甲双胍用于单纯饮食及体育锻炼控制血糖无效的2型糖尿病。用于1型糖尿病的辅助治疗。本品应从小剂量开始，根据血糖情况逐渐加量。

格列美脲是一种适用于2型糖尿病的降糖药物，属于磺脲类促泌剂。通过刺激胰岛β细胞释放胰岛素而发挥作用，也可以增加葡萄糖的摄取。与其他的磺脲类药物相比，格列美脲对心血管系统的影响更小，它能够减少血小板的聚集，并使动脉粥样硬化斑块的形成明显减少。

参芪降糖颗粒为中成药，具有益气养阴、滋脾补肾功效。用于消渴症，用于2型糖尿病。

即学即练

三、技能训练

情景： 周某，男，56岁，因出现多尿、多饮、多食、体重减轻的症状去医院就诊，检查结果显示空腹血糖9mmol/L，餐后血糖17mmol/L，糖化血红蛋白值为8.0%，诊断为2型糖尿病。医生开具了处方，见右侧二维码。

技能训练处方

任务要求：

1. 对处方规范性进行审核，如有不规范处，请指出问题并提出修改意见。

2. 对规范处方（默认已经过药师审核和核价付款）进行处方调配，按处方调剂规程完成调配操作。

任务2-8　痛风的处方调配

🏛 任务情境

李某，男，56岁，因反复关节肿痛2年，10天前踝关节疼痛加重，红肿发热，去医院就诊，诊断为痛风性关节炎。医生给他开具了处方，患者现拿着该处方到零售药店，要求药店营业员为其调配药品。

任务要求：

1. 根据现场提供的两张处方，判断处方功能，找出不规范处方，指出问题并提出正确修改意见。

2. 对规范处方（默认已经过药师审核和核价付款）进行处方调配，按处方调剂规程完成调配操作。

3. 能按照规范处方上药品信息，正确填写药品标签。

4. 能正确进行用药交代。

一、任务实施

（一）工作准备

1.处方准备 本任务需准备的处方如图2-8-1、2-8-2所示。

<table>
<tr><td colspan="2" align="center">×××医院　　　处方笺</td><td>精二</td></tr>
<tr><td>费别：□公费　　□自费
☑医保　　□其他</td><td>处方编号：00012101</td><td></td></tr>
</table>

姓名：李某　　性别：☑男　□女　　　　年龄：56 岁
门诊/住院病历号：××××　　　　　　科别：内分泌科
临床诊断：痛风　　　　　　　　　　　开具日期：××××年××月××日
住址/电话：

Rp

1. 别嘌醇片　　0.1g×100片/瓶 × 1瓶
　Sig.　0.1g　b.i.d.　p.o.
2. 盐酸氨溴索片　　30mg × 20片/盒 × 1盒
　Sig.　30mg　t.i.d.　p.o.

（处方结束，以下为空白）

医师：吴××　　　　　　药品金额：×××
审核药师：陈××　　　　调配药师/士：　　　　核对、发药药师：

图2-8-1　处方一

<table>
<tr><td colspan="2" align="center">×××医院　　　处方笺</td></tr>
<tr><td>费别：□公费　　□自费
☑医保　　□其他</td><td>处方编号：00012102</td></tr>
</table>

姓名：李某　　性别：☑男　□女　　　　年龄：56 岁
门诊/住院病历号：××××　　　　　　科别：内分泌科
临床诊断：痛风　　　　　　　　　　　开具日期：××××年××月××日
住址/电话：××市××区××路××小区××栋××房/135××××7800

Rp

1. 苯溴马隆片　　50mg×30片/盒 × 1盒
　Sig.　50mg　q.d.　p.o.
2. 双氯芬酸钠肠溶片　　25mg × 40片/盒 × 1盒
　Sig.　25mg　t.i.d.　p.o.

（处方结束，以下为空白）

医师：李××　　　　　　药品金额：×××
审核药师：王××　　　　调配药师/士：　　　　核对、发药药师：

图2-8-2　处方二

2.药品准备 本任务需准备的药品如表2-8-1所示。

表2-8-1 药品准备情况一览表

序号	药品名称	药品规格	单位	数量	备注
1	别嘌醇片	0.1g×100片	瓶	2	真实药盒并含有药品说明书，说明书内容完整，药盒无破损
2	盐酸氨溴索片	30mg×20片	盒	2	
3	苯溴马隆片	50mg×30片	盒	2	
4	苯溴马隆胶囊	50mg×10粒	盒	2	
5	双氯芬酸钠肠溶片	25mg×40片	盒	2	

3. 环境和人员准备 本任务需准备的环境和人员如表2-8-2所示。

表2-8-2 环境和人员准备情况一览表

序号	环境和人员	备注
1	药店环境	以真实药店环境为模拟场景，环境整洁、安静
2	营业员	穿戴整齐，仪容、仪表、仪态符合药店工作人员的要求
3	患者	表情、动作、语言等符合情境描述

（二）操作过程

本任务实施的操作过程如表2-8-3所示。

表2-8-3 痛风的处方调配操作流程

步骤	流程	技能操作与要求
1	操作前准备	接待顾客，明确处方调配的关键步骤： 持方取药—检查药盒—核对品种数量—报姓名发药
2	判断处方规范性	（1）判断处方功能 处方一功能：内分泌科痛风精二处方 处方二功能：内分泌科痛风普通处方 （2）仔细看看两张处方，找出不规范处方，其编号为：00012101 （3）按照处方书写规范性的原则，结合判断要点，列出不规范处方中不规范之处： ①患者痛风不应使用精二处方；②无住址/电话 （4）提出规范建议： ①应使用普通处方；②请开方医师补齐住址/电话
3	处方调配	（1）持方取药 手持编号为00012102的处方，按处方上药品顺序自上而下调配，取苯溴马隆片、双氯芬酸钠肠溶片；取药完毕要及时将储放药品的容器或包装放回原位 （2）检查药盒 检查药盒的六个面是否完整，有无破损 （3）核对品种数量 左手逐一指向处方正文，同时右手持药品比照核对。药品调配后要自上而下逐一检查核对药品名称、剂型、规格、数量是否与处方相符

步骤	流程	技能操作与要求
4	药品标签书写	（1）在标签上正确填写患者信息、药品名称、用法用量 **药品1标签** 处方号：00012102 姓名：李某　性别：男 年龄：56岁 药品名称：苯溴马隆片 规格、数量： 50mg×30片/盒×1盒 用法：口服 用量：每日1次，每次1片 **药品2标签** 处方号：00012102 姓名：李某　性别：男 年龄：56岁 药品名称：双氯芬酸钠肠溶片 规格、数量： 25 mg×40片/盒×1盒 用法：口服 用量：每日3次，每次1片 （2）处方调配完毕，在处方上签名"AA"
5	发药前核对	发药前，对药品调配做到四查十对 （1）核查处方，核对科别、姓名、年龄：内分泌科，李某，56岁 （2）核查药品，核对药名、剂型、规格、数量： 苯溴马隆片，50mg×30片/盒，1盒 双氯芬酸钠肠溶片，25mg×40片/盒，1盒 （3）核查配伍禁忌，核对药品性状、用法用量： 经核查，处方二（编号：00012102）中的两药无配伍禁忌。苯溴马隆片，其用法用量为：口服，每日1次，每次1片；双氯芬酸钠肠溶片，其用法用量为：口服，每日3次，每次1片 （4）核查用药合理性，核对临床诊断： 处方二用药合理，临床诊断为痛风
6	发药及用药交代	（1）呼唤患者李某，确认患者身份后，给患者发药 （2）对患者进行用药交代： 苯溴马隆片，口服，每日1次，每次1片。治疗期间需大量饮水以增加尿量，以免排泄的尿中尿酸浓度过高导致尿酸结晶形成 双氯芬酸钠肠溶片，口服，每日3次，每次1片，饭前服用。肠溶片应整片吞服，不可分割咀嚼。用药期间不宜饮酒，饮酒会增加胃出血的风险 （3）核对、发药完毕，在处方上签名"BB"
7	药品复位	将取出的药品放回原位

（三）注意事项

1.操作全过程应体现"保障安全用药"的服务理念。

2.痛风患者服用抗痛风药物时，注意不同药物剂型使用的方法不同。肠溶片应整片吞服，一般不建议掰开服用，除非说明书中规定可以掰开。

3.指导患者注意调整生活方式，坚持长期治疗，减少痛风反复发作，提高患者治疗的依从性。预防相关慢性疾病如高脂血症、高血压、肥胖、高血糖等；避免同时应用引起血尿酸升高的药物，如降压药。

（四）学习评价

见项目二任务2-1。

二、相关知识

（一）痛风

1.概述　尿酸是嘌呤的最终代谢产物，在正常生理情况下，嘌呤合成与分解处于相对平衡状态，尿酸的生成与排泄也恒定。部分高尿酸血症患者随着血尿酸水平的升高，过饱和状态的尿酸微小结晶析出，沉积于关节、滑膜、肌腱、肾及结缔组织等组织与器官，形成痛风结石，引发急慢性炎症和组织损伤，出现关节炎、尿路结石及肾疾病等多系统损害。5%～12%的高尿酸血症最终发展为痛风。

2.治疗　痛风的治疗原则是合理的饮食控制、充足的水分摄入、有效的药物治疗。药物治疗的目的有几个方面：终止急性关节炎发作；纠正高尿酸血症，防止关节炎复发以及防止并发症；防止尿酸结石形成和肾功能损害。痛风治疗要坚持长期用药，关键是将血液中的尿酸浓度控制在正常水平。

（二）常用药物

苯溴马隆不能在痛风急性发作期服用，开始治疗阶段，随着组织中尿酸溶出，有可能加重病症。苯溴马隆为促进尿酸排泄药，因此在治疗期间需大量饮水以增加尿量，以免排泄的尿中尿酸浓度过高导致尿酸结晶形成。苯溴马隆存在肝毒性，因此慢性肝病者应慎用，转氨酶超过正常值2倍时须停用；禁用于严重肝损伤者。

双氯芬酸钠肠溶片有两种规格，每片药品所含双氯芬酸钠的剂量相差1倍，需认真对照医师处方剂量和药品实际剂量后服药。由于50mg的双氯芬酸钠肠溶片剂量较大，因此不建议14岁以下的儿童和青少年使用，但可以使用25mg的药物。本品不得用于12个月以下婴儿。

即学即练

三、技能训练

情景：张某，男，61岁，左踝关节及第一跖骨疼痛2年有余。1周前食用肉类食物后出现外踝关节红肿、疼痛不适，关节局部皮温升高，活动受限，于行走时疼痛加剧，休息时症状有所减轻。去医院就诊，检查发现血尿酸含量超过正常值。医生开具了处方，见右侧二维码。

技能训练处方

任务要求：

1. 对处方规范性进行审核，如有不规范处，请指出问题并提出修改意见。

2. 对规范处方（默认已经过药师审核和核价付款）进行处方调配，按处方调剂规程完成调配操作。

任务2-9　急性结膜炎的处方调配

🏛 任务情境

李某，男，38岁，公交车司机，因接触罹患急性结膜炎的同事，2天后出现双眼红、肿、痒、痛伴有脓性分泌物等症状，同时有明显的异物感。医生给他开具了处方，患者现拿着该处方到零售药店，要求药店营业员为其调配药品。

任务要求：

1.根据现场提供的两张处方，判断处方功能，找出不规范处方，指出问题并提出正确修改意见。

2.对规范处方（默认已经过药师审核和核价付款）进行处方调配，按处方调剂规程完成调配操作。

3.能按照规范处方上药品信息，正确填写药品标签。

4.能正确进行用药交代。

一、任务实施

（一）工作准备

1.处方准备　本任务需准备的处方如图2-9-1、2-9-2所示。

×××医院　　处方笺		急诊
费别：□公费　□自费		
☑医保　□其他　　处方编号：00012151		

姓名：李某　　　性别：☑男　□女　　　年龄：38岁
门诊/住院病历号：01××××　　科别：急诊
临床诊断：急性结膜炎　　　　开具日期：××××年××月××日
住址/电话：××市××区××路××小区××栋××房/135×××7800

Rp

1.氧氟沙星眼膏 3.5g：10.5mg/支 × 1支
　Sig.　适量　　q.n.　　pro.ocul.

2.头孢克肟胶囊　100mg × 6粒/盒 × 2盒
　Sig.　100mg　b.i.d.　p.o.

（处方结束，以下为空白）

医师：李××　　　　药品金额：×××
审核药师：谢××　　调配药师/士：　　　核对、发药药师：

图2-9-1　处方一

×××医院　　　处方笺

费别：□公费　　□自费
　　　☑医保　　□其他　　　　　　　处方编号：00012152

姓名：李某　　性别：☑男　□女　　　年龄：_38岁_
门诊/住院病历号：01×××　　　　　科别：眼科
临床诊断：急性结膜炎　　　　　　　开具日期：××××年××月××日
住址/电话：××市××区××路××小区××栋××房/135×××7800

Rp

1. 氧氟沙星滴眼液 5ml：15mg/支 × 1支
　Sig.　1~2滴　q.6.h.　pr.ocul.

　　　　　　　　　　　　　　　（处方结束，以下为空白）

医师：李××　　　　药品金额：×××
审核药师：谢××　　调配药师/士：　　核对、发药药师：

图2-9-2　处方二

2. 药品准备　本任务需准备的药品如表2-9-1所示。

表2-9-1　药品准备情况一览表

序号	药品名称	药品规格	单位	数量	备注
1	氧氟沙星眼膏	3.5g：10.5mg	支	2	真实药盒并含有药品说明书，说明书内容完整，药盒无破损
2	氧氟沙星滴眼液	0.4ml：1.2mg	支	2	
3	氧氟沙星滴眼液	5ml：15mg	支	2	
4	头孢克肟胶囊	0.1g×6粒	盒	2	

3. 环境和人员准备　本任务需准备的环境条件和人员配备情况如表2-9-2所示。

表2-9-2　环境和人员准备情况一览表

序号	环境和人员	备注
1	药店环境	以真实药店环境为模拟场景，环境整洁、安静
2	营业员	穿戴整齐，仪容、仪表、仪态符合药店工作人员的要求
3	患者	表情、动作、语言等符合情境描述

（二）操作过程

本任务实施的操作过程如表2-9-3所示。

表2-9-3　急性结膜炎的处方调配操作流程

步骤	流程	技能操作与要求
1	操作前准备	接待顾客，明确处方调配的关键步骤： 持方取药—检查药盒—核对品种数量—报姓名发药

续表

步骤	流程	技能操作与要求
2	判断处方规范性	（1）判断处方功能 处方一功能：急诊科急性结膜炎急诊处方 处方二功能：眼科急性结膜炎普通处方 （2）查看两张处方，找出不规范处方，其编号为：00012151 （3）按照处方书写规范性的原则，结合判断要点，列出不规范处方中不规范之处： ①患者所患疾病不属于急诊范畴，处方类型错误；②结膜炎应以局部用药为主，无临床指征，不应口服其他抗生素 （4）提出规范建议： ①应使用普通处方；②请开方医师修改处方
3	处方调配	（1）持方取药　手持编号为00012152的处方，仔细阅读，按处方上药品顺序自上而下调配，取氧氟沙星滴眼液；取药完毕要及时将储放药品的容器或包装放回原位 （2）检查药盒　检查药盒的六个面是否完整，有无破损 （3）核对品种数量　左手逐一指向处方正文，同时右手持药品比照核对。药品调配后要自上而下逐一检查核对药品名称、剂型、规格、数量是否与处方相符
4	药品标签书写	（1）在标签上正确填写患者信息、药品名称、用法用量 药品1标签 处方号：00012152 姓名：李某　性别：男 年龄：38岁 药品名称：氧氟沙星滴眼液 规格、数量： 5ml∶15mg/支×1支 用法：滴眼 用量：每6小时1次，每次1~2滴 药品2标签 处方号：00012152 姓名：李某　性别：男 年龄：38岁 药品名称：无 规格、数量： 无 用法：无 用量：无 （2）处方调配完毕，在处方上签名"AA"
5	发药前核对	发药前，对药品调配做到四查十对 （1）核查处方，核对科别、姓名、年龄：眼科，李某，38岁 （2）核查药品，核对药名、剂型、规格、数量： 氧氟沙星滴眼液：15ml∶15mg/支，1支 （3）核查配伍禁忌，核对药品性状、用法用量： 经核查，本处方只有一个药品，无配伍标禁忌。氧氟沙星滴眼液，其用法用量为：每6小时1次，每次双眼各滴入1~2滴 （4）核查用药合理性，核对临床诊断： 处方二用药合理，临床诊断为急性结膜炎
6	发药及用药交代	（1）呼唤患者李某，确认患者身份后，给患者发药 （2）对患者进行用药交代： 氧氟沙星滴眼液，每6小时1次，每次双眼各滴入1~2滴 同时向患者交代氧氟沙星滴眼液的正确用法：①洗净双手，拧开滴眼液瓶盖；②用左手将下眼睑拉开，呈三角形的小囊，用右手将滴眼液滴入左眼，注意不要将瓶口触碰到眼睛；③右眼操作同以上步骤；④用左手/右手的大拇指和食指压紧内眼角，防止滴眼液流入鼻腔与口腔；⑤闭眼，转动眼球10秒以上，再松开大拇指与食指 （3）核对、发药完毕，在处方上签名"BB"
7	药品复位	将取出的药品放回原位

（三）注意事项

1.操作全过程应体现"保障安全用药"的服务理念。

2.急性结膜炎患者使用药物时，注意不同药物剂型使用的方法不同，滴眼剂一天可以用数次，眼膏剂建议晚上睡前用。

（四）学习评价

见项目二任务 2-1。

二、相关知识

（一）急性结膜炎

1.概述　急性结膜炎俗称"红眼病"，是由细菌、病毒、真菌、衣原体等病原微生物侵害和物理化学等因素刺激引起的结膜炎症。

2.治疗　急性结膜炎主要是针对病因治疗，以局部治疗为主。

（二）常用药物

氧氟沙星用于细菌性结膜炎的治疗，常用的剂型有滴眼剂、眼用凝胶、眼膏。其中滴眼剂因使用方便、价格合理，更易被消费者接受。眼用凝胶与眼膏剂更适合睡前使用。

治疗细菌性结膜炎的其他药品有盐酸左氧氟沙星滴眼剂、妥布霉素地米滴眼液、红霉素眼膏、磺胺醋酰钠滴眼液等。用于病毒性结膜炎的药品有鱼腥草滴眼液、阿昔洛韦滴眼液、更昔洛韦滴眼液等。

患者病情严重时，如炎症累及角膜或出现结膜下出血、眼结膜水肿、视力下降等症状时，可结合口服或静脉滴注抗生素进行治疗，如头孢类药物、青霉素类药物等。

即学即练

三、技能训练

情景：王某，女，25岁，双眼先后出现发痒、发红、异物感2天。自述眼部分泌物增多，尤其晨起时明显，检查：双眼结膜明显充血，以穹隆部结膜最为明显。医生开具了处方，见右侧二维码。

技能训练处方

任务要求：

1.对处方规范性进行审核，如有不规范处，请指出问题并提出修改意见。

2.对规范处方（默认已经过药师审核和核价付款）进行处方调配，按处方调剂规程完成调配操作。

任务2-10　阴道炎的处方调配

🏛 任务情境

蔡某，女，29岁，已婚。自述近一周来出现阴道分泌物增多，呈灰白色，稀薄，伴有鱼腥臭味，同时伴有外阴瘙痒和灼热感，到医院就诊。取分泌物辅助检查，临床拟诊为"细菌性阴道炎"。医生为他开具了处方，患者现拿着该处方到零售药店，要求药店营业员为其调配药品。

任务要求：

1.根据现场提供的两张处方，判断处方功能，找出不规范处方，指出问题并提出正确修改意见。

2.对规范处方（默认已经过药师审核和核价付款）进行处方调配，按处方调剂规程完成调配操作。

3.能按照规范处方上药品信息，正确填写药品标签。

4.能正确进行用药交代。

一、任务实施

（一）工作准备

1.处方准备 本任务需准备的处方如图2-10-1、2-10-2所示。

<u>×××医院</u>　　处方笺

费别：□公费　□自费
　　　　☑医保　□其他　　　　　　　　处方编号：00012131

姓名：蔡某　　性别：□男　☑女　　　年龄：＿＿＿岁
门诊/住院病历号：01××××　　　科别：妇产科
临床诊断：细菌性阴道炎　　　　开具日期：××××年××月××日
住址/电话：××市××区××路××小区××栋××房/137×××7800

Rp

1.甲硝唑片　0.2g×100片/瓶×28片
　Sig.　0.4g　b.i.d.　p.o.
2.甲硝唑阴道泡腾片　0.2g×7片/盒×1盒
　Sig.　0.2g　q.d.　h.s.

（处方结束，以下为空白）

医师：　　　　　　药品金额：×××
审核药师：刘××　　调配药师/士：　　　核对、发药药师：

图2-10-1　处方一

<u>×××医院</u>　　处方笺

费别：□公费　□自费
　　　　☑医保　□其他　　　　　　　　处方编号：00012132

姓名：蔡某　　性别：□男　☑女　　　年龄：<u>29岁</u>
门诊/住院病历号：01××××　　　科别：<u>妇产科</u>
临床诊断：细菌性阴道炎　　　　开具日期：××××年××月××日
住址/电话：××市××区××路××小区××栋××房/137×××7800

Rp

1.甲硝唑片　0.2g×24片/盒×2盒
　Sig.　0.4g　b.i.d.　p.o.
2.甲硝唑阴道泡腾片　0.2g×7片/盒×1盒
　Sig.　0.2g　q.d.　h.s.　pr. vagin.

（处方结束，以下为空白）

医师：李××　　　　药品金额：×××
审核药师：陈××　　调配药师/士：　　　核对、发药药师：

图2-10-2　处方二

2. **药品准备**　本任务需准备的药品如表2-10-1所示。

表2-10-1　药品准备情况一览表

序号	药品名称	药品规格	单位	数量	备注
1	甲硝唑片	0.2g×24片	盒	2	真实药盒并含有药品说明书，说明书内容完整，药盒无破损
2	甲硝唑片	0.2g×100片	瓶	2	
3	甲硝唑阴道凝胶	5g×7支	盒	2	
4	甲硝唑阴道泡腾片	0.2g×7片	盒	2	

3. **环境和人员准备**　本任务需准备的环境条件和人员配备情况如表2-10-2所示。

表2-10-2　环境和人员准备情况一览表

序号	环境和人员	备注
1	药店环境	以真实药店环境为模拟场景，环境整洁、安静
2	营业员	穿戴整齐，仪容、仪表、仪态符合药店工作人员的要求
3	患者	表情、动作、语言等符合情境描述

（二）操作过程

本任务实施的操作过程如表2-10-3所示。

表2-10-3　阴道炎的处方调配操作流程

步骤	流程	技能操作与要求
1	操作前准备	接待顾客，明确处方调配的关键步骤： 持方取药—检查药盒—核对品种数量—报姓名发药
2	判断处方规范性	（1）判断处方功能 处方一功能：妇产科细菌性阴道炎普通处方 处方二功能：妇产科细菌性阴道炎普通处方 （2）仔细查看两张处方，找出不规范处方，其编号为：00012131 （3）按照处方书写规范性的原则，结合判断要点，列出不规范处方中不规范之处： ①处方前记中，缺少患者年龄；②处方正文中，甲硝唑阴道泡腾片没有写明给药方法；③处方后记中，医师没有签名 （4）提出规范建议： ①请开方医师补齐患者年龄及个人签名；②请开方医师补充甲硝唑泡腾片的使用方法
3	处方调配	（1）持方取药　手持编号为00012132的处方，按处方上药品顺序自上而下调配，取甲硝唑片、甲硝唑阴道泡腾片；取药完毕要及时将储放药品的容器或包装放回原位 （2）检查药盒　检查药盒的六个面是否完整，有无破损 （3）核对品种数量　左手逐一指向处方正文，同时右手持药品比照核对。药品调配后要自上而下逐一检查核对药品名称、剂型、规格、数量是否与处方相符

续表

步骤	流程	技能操作与要求
4	药品标签书写	（1）在标签上正确填写患者信息、药品名称、用法用量 **药品1标签** 处方号：00012132 姓名：蔡某　性别：女 年龄：29岁 药品名称：甲硝唑片 规格、数量： 0.2g×24片/盒×2盒 用法：口服 用量：每日2次，每次2片 **药品2标签** 处方号：00012132 姓名：蔡某　性别：女 年龄：29岁 药品名称：甲硝唑阴道泡腾片 规格、数量： 0.2g×7片/盒×1盒 用法：外用 用量：每日1次，每次1片 （2）处方调配完毕，在处方上签名"AA"
5	发药前核对	发药前，对药品调配做到四查十对 （1）核查处方，核对科别、姓名、年龄：妇产科，蔡某，29岁 （2）核查药品，核对药名、剂型、规格、数量： 甲硝唑片，0.2g×24片/盒，2盒 甲硝唑阴道泡腾片，0.2g×7片/盒，1盒 （3）核查配伍禁忌，核对药品性状、用法用量： 经核查，处方二（编号：00012132）中的两药无配伍禁忌。甲硝唑片，其用法用量为：每日2次，每次2片；甲硝唑阴道泡腾片，其用法用量为：外用，每日1次，每次1片 （4）核查用药合理性，核对临床诊断： 处方二用药合理，临床诊断为细菌性阴道炎
6	发药及用药交代	（1）呼唤患者蔡某，确认患者身份后，给患者发药 （2）对患者进行用药交代： 甲硝唑片，口服，每日2次，每次2片 甲硝唑阴道泡腾片，外用，每日1次，每次1片 甲硝唑片和甲硝唑阴道泡腾片均是7天为1个疗程，下次月经干净后继续治疗1个疗程，以巩固疗效。如果有性伴侣，应指导性伴侣同时接受药物治疗 服用甲硝唑片期间及停药后24小时内禁止饮酒、禁止哺乳 甲硝唑阴道泡腾片为外用制剂，切忌口服。阴道给药：洗净手部，用戴上指套的手指将本品塞入阴道深处。使用本品时应避开月经期，用药期间注意个人卫生，防止重复感染，使用避孕套或避免性生活。用药部位如有烧灼感、红肿等情况应停药，并将局部药物洗净，必要时向医师咨询 （3）核对、发药完毕，在处方上签名"BB"
7	药品复位	将取出的药品放回原位

（三）注意事项

1.操作全过程应体现"保障安全用药"的服务理念。

2.甲硝唑能抑制厌氧菌的生长，且不影响乳酸杆菌生长，是较理想的治疗细菌性阴道炎的药物。甲硝唑易干扰乙醇的代谢，用药期间及停药后24小时内禁止饮酒；甲硝唑易通过乳汁排泄，用药期间及停药后24小时内禁止哺乳。

3.指导患者按医嘱完成疗程治疗，避免过度冲洗阴道，维持阴道酸性环境。

（四）学习评价

见项目二任务2-1。

二、相关知识

（一）阴道炎

1.概述　阴道炎即阴道炎症，是导致外阴阴道症状如瘙痒、灼痛、刺激和异常流液的一种病症。临床上常见的阴道炎类型有细菌性阴道炎、滴虫性阴道炎、霉菌性阴道炎、萎缩性阴道炎等。

2.治疗阴道炎的常用方法　女性阴道给药是治疗阴道炎的常用方法，给药时应注意以下方面。

（1）给药部位的确定：手部清洁、戴好指套后，患者采用半蹲位或仰卧位，采用仰卧位时屈膝，将药物推入阴道深处，也就是尽量贴近阴道后穹窿位置。女性的阴道后穹窿像一个"小窝"，易隐匿致病菌，因此药物达到足够深度才能更好起到杀菌作用。

（2）给药时间：普通阴道栓剂尽量选择晚上睡觉前给药，用药前尽量排空大小便。

（3）停药后，第一次月经净后再重复1个疗程，可有效防止复发。

（二）常用药物

甲硝唑是治疗厌氧菌感染和阴道毛滴虫病的首选用药，适用于阴道炎。临床上使用的剂型较多，常见的有普通片、阴道泡腾片、阴道栓。

克霉唑是抗真菌药物，克霉唑阴道栓在阴道炎治疗中主要针对霉菌性阴道炎。注意事项及给药方法同其他阴道用药。

硝呋太尔制霉菌素阴道软胶囊为复方制剂，主要成分为硝呋太尔、制霉菌素。对细菌性阴道炎、阴道毛滴虫病、真菌性阴道炎、阴道混合感染均有效。

氟康唑是抗真菌药物，在阴道炎治疗中主要针对重度或反复发作（一年4次或更多次发作）的霉菌性阴道炎。

即学即练

三、技能训练

情景：王某，27岁，因工作繁重而长时间坐立，自述最近经期结束后白带明显增多，呈豆腐渣样，且伴随外阴瘙痒、灼热疼痛，自行用"妇炎洁"清洗效果欠佳。现患者坐立难安，影响正常工作、生活，遂来就诊。在门诊行妇科内检发现外阴红肿，阴道有大量豆腐渣样白带，查白带常规提示有霉菌孢子，白细胞++，初步诊断为外阴阴道假丝酵母菌病（霉菌性阴道炎），建议及时进行药物治疗并开具了处方，见右侧二维码。

技能训练处方

任务要求：

1.对处方规范性进行审核，如有不规范处，请指出问题并提出修改意见。

2.对规范处方（默认已经过药师审核和核价付款）进行处方调配，按处方调剂规程完成调配操作。

任务2-11　尿路感染的处方调配

任务情境

张某，女，20岁，未婚，主诉尿频、尿急、尿痛3天，伴下腹疼痛5天，无发热，到泌尿外科就诊。医生开具了处方，患者拿着该处方到店，要求药店营业员为其调配药品。

任务要求：

1.根据现场提供的两张处方，判断处方功能，找出不规范处方，指出问题并提出正确修改意见。

2.对规范处方（默认已经过药师审核和核价付款）进行处方调配，按处方调剂规程完成调配操作。

3.能按照规范处方上药品信息，正确填写药品标签。

4.能正确进行用药交代。

一、任务实施

（一）工作准备

1.处方准备　本任务需准备的处方如图2-11-1、2-11-2所示。

<u>×××医院</u>　　处方笺

费别：□公费　□自费
☑医保　□其他　　　　　　　处方编号：00012141

姓名：张某　　性别：□男　☑女　　年龄：_____
门诊/住院病历号：01×××　　科别：泌尿外科
临床诊断：尿路感染　　　　　开具日期：　年　月　日
住址/电话：××市××区××路××小区××栋××房/136×××6889

Rp

1.盐酸左氧沙星胶囊 100mg×12粒/盒×1盒
　Sig.　100mg　　q.d.　　p.o.

2.银花泌炎灵片　　0.5g×12片/盒×2盒
　Sig.　1.0g　　b.i.d.　　p.o.

（处方结束，以下为空白）

医师：韦××　　　　药品金额：×××
审核药师：刘××　　调配药师/士：　　　　核对、发药药师：

图2-11-1　处方一

×××医院　　　处方笺

费别： □公费　　□自费

☑医保　　□其他　　　　　处方编号：00012142

姓名：张某　　性别：□男　☑女　　　年龄：20岁

门诊/住院病历号：01×××　　　　科别：泌尿外科

临床诊断：尿路感染　　　　　　　开具日期：××××年××月××日

住址/电话：××市××区××路××小区××栋××房/136xxxx6889

Rp

1. 盐酸左氧氟沙星胶囊　　100mg×12粒/盒×1盒

　Sig.　100mg　　b.i.d.　　p.o.

2. 银花泌炎灵片　　0.5g×24片/盒×2盒

　Sig.　2.0g　　q.i.d.　　p.o.

（处方结束，以下为空白）

医师：韦××　　　　药品金额：×××

审核药师：刘××　　　调配药师/士：　　核对、发药药师：

图2-11-2　处方二

2. 药品准备　本任务需准备的药品如表2-11-1所示。

表2-11-1　药品准备情况一览表

序号	药品名称	药品规格	单位	数量	备注
1	盐酸左氧氟沙星胶囊	100mg×12粒	盒	2	真实药盒并含有药品说明书，说明书内容完整，药盒无破损
2	盐酸左氧氟沙星胶囊	100mg×20粒	盒	2	
3	银花泌炎灵片	0.5g×24片	盒	3	
4	头孢克肟胶囊	100mg×6粒	盒	2	

3. 环境和人员准备　本任务需准备的环境和人员如表2-11-2所示。

表2-11-2　环境和人员准备情况一览表

序号	环境和人员	备注
1	药店环境	以真实药店环境为模拟场景，环境整洁、安静
2	营业员	穿戴整齐，仪容、仪表、仪态符合药店工作人员的要求
3	患者	表情、动作、语言等符合情境描述

（二）操作过程

本任务实施的操作过程如表2-11-3所示。

表2-11-3　尿路感染的处方调配操作流程

步骤	流程	技能操作与要求
1	操作前准备	接待顾客，明确处方调配的关键步骤： 持方取药—检查药盒—核对品种数量—报姓名发药

步骤	流程	技能操作与要求
2	判断处方规范性	（1）判断处方功能 处方一功能：泌尿外科尿路感染普通处方 处方二功能：泌尿外科尿路感染普通处方 （2）查看两张处方，找出不规范处方，其编号为：00012141 （3）按照处方书写规范性的原则，结合判断要点，列出不规范处方中不规范之处： ①无患者年龄；②无处方开具日期 （4）提出规范建议： ①请开方医师填写患者年龄；②请开方医师写上日期
3	处方调配	（1）持方取药　手持编号为00012142的处方，按处方上药品顺序自上而下调配，取左氧氟沙星胶囊、银花泌炎灵片；取药完毕要及时将储放药品的容器或包装放回原位 （2）检查药盒　检查药盒的六个面是否完整，有无破损 （3）核对品种数量　左手逐一指向处方正文，同时右手持药品比照核对。药品调配后要自上而下逐一检查核对药品名称、剂型、规格、数量是否与处方相符
4	药品标签书写	（1）在标签上正确填写患者信息、药品名称、用法用量 药品1标签 处方号：00012142 姓名：张某　性别：女 年龄：20岁 药品名称：盐酸左氧氟沙星胶囊 规格、数量： 100mg×12粒/盒　×1盒 用法：口服 用量：每日2次，每次1粒 药品2标签 处方号：00012142 姓名：张某　性别：女 年龄：20岁 药品名称：银花泌炎灵片 规格、数量： 0.5g×24片/盒　×2盒 用法：口服 用量：每日4次，每次4片 （2）处方调配完毕，在处方上签名"AA"
5	发药前核对	发药前，对药品调配做到四查十对 （1）核查处方，核对科别、姓名、年龄：泌尿外科，张某，20岁 （2）核查药品，核对药名、剂型、规格、数量： 盐酸左氧氟沙星胶囊，100mg×12粒/盒，1盒 银花泌炎灵片，0.5g×24片/盒，2盒 （3）核查配伍禁忌，核对药品性状、用法用量： 经核查，处方二中的两药无配伍禁忌。盐酸左氧氟沙星胶囊，用法：口服，每日2次，每次1粒；银花泌炎灵片，用法：口服，每日4次，每次4片 （4）核查用药合理性，核对临床诊断： 处方二用药合理，临床诊断为尿路感染
6	发药及用药交代	（1）呼唤患者张某，确认患者身份后，给患者发药 （2）对患者进行用药交代： 盐酸左氧氟沙星胶囊，每日2次，每次1粒，建议患者饭后30分钟使用温水送服。放置于儿童不易触及处 银花泌炎灵片，建议与左氧氟沙星间隔30分钟左右，使用温水送服。服药期间进清淡饮食，避免食用生冷、辛辣的食物，以保证用药效果 （3）核对、发药完毕，在处方上签名"BB"
7	药品复位	将取出的药品放回原位

（三）注意事项

1. 操作全过程应体现"保障安全用药"的服务理念。

2. 尿路感染急性期注意休息，多饮水，排尿，注意会阴部清洁。感染反复发作者应积极寻找并去除病因和诱因。

3. 盐酸左氧氟沙星属于喹诺酮类药物，对负重关节的发育有影响，故放置于儿童不易触及处。

4. 提醒患者服药时尽量避免食用生冷、辛辣、腥膻和刺激性的食物，以免降低药效。

（四）学习评价

见项目二任务2-1。

二、相关知识

（一）尿路感染

1. **概述**　尿路感染（UTI）是指各种病原微生物在尿路中生长、繁殖而引起的炎症性疾病，多见于育龄期和绝经后女性、老年男性、免疫力低下及尿路畸形者。根据感染发生部位可分为上尿路感染（肾盂肾炎）和下尿路感染（膀胱炎和尿道炎）。

2. **治疗**　当患者出现尿频、尿急、尿痛、腰痛及发热等尿路感染典型症状时，应及时就医治疗。目前尿路感染主要采用抗菌药物治疗，对不同类型的尿路感染给予不同的治疗疗程。

（二）常用药物

左氧氟沙星属于喹诺酮类抗菌药，在泌尿生殖道浓度高，用于多种病原菌导致的尿路感染，可作为尿路感染的首选药。

头孢克肟为口服用的第三代头孢菌素类抗生素，适用于治疗敏感菌所致的呼吸、泌尿系统和胆道等部位的感染。

银花泌炎灵片可清热解毒，利湿通淋，用于急性肾盂肾炎，急性膀胱炎，下焦湿热证，症见：发热恶寒、尿频急、尿道刺痛或尿血、腰痛等。妊娠期妇女禁用，哺乳期妇女慎用。

即学即练

三、技能训练

情景：王某，男，36岁，卡车司机，长期久坐，不爱喝水。20天前患者出现终末端尿色发红，伴有尿频、尿急、尿痛等症状，无腰痛，无发热，无尿量异常。医生诊断为尿路感染，开具了处方，见右侧二维码。

技能训练处方

任务要求：

1. 对处方规范性进行审核，如有不规范处，请指出问题并提出修改意见。

2. 对规范处方（默认已经过药师审核和核价付款）进行处方调配，按处方调剂规程完成调配操作。

1+X证书制度试点药品购销证书配套教材
医药行业职业技能培训教材

药品购销综合实践与训练

药品购销

（初级）

组织编写　第四批职业教育培训评价组织——上海医药(集团)有限公司1+X药品购销办公室

中国医药教育协会职业技术教育委员会

主　　审　王冬丽

主　　编　伍雪芳　于晓芳

副 主 编　于素玲　鲁燕君

编　　者　（以姓氏笔画为序）

于素玲（成都铁路卫生学校）　　　　　　于晓芳（山东药品食品职业学院）

田　真（山东药品食品职业学院）　　　　宁小红（晋中市卫生学校）

伍雪芳（广州市医药职业学校）　　　　　李承蔚（广西科技大学附属卫生学校）

李琼琼（上海驭风文化传播有限公司）　　杨海涛（鲁南制药集团股份有限公司）

吴怀坚（上海医药集团药品销售有限公司）　邹蓉林（江西仁和中方医药股份有限公司）

张　曦（广州市医药职业学校）　　　　　陈江华（上海市医药学校）

陈家超（珠海市卫生学校）　　　　　　　姜媛媛（山东省济宁卫生学校）

鲁燕君（江西管理职业学院）　　　　　　赖华英（江西汇仁堂药品连锁股份有限公司）

魏婷婷（山东省济宁卫生学校）

中国健康传媒集团

中国医药科技出版社

内容提要

　　本教材为《药品购销综合实践与训练：初级》的"药品购销"分册，属于"1+X证书制度试点药品购销证书配套教材"，专注于药品购销模块。本教材紧密围绕岗位需求与1+X药品购销职业技能等级证书的考核标准，设立药品购销、顾客服务、经济核算共3个代表性项目，涵盖15个相关的典型任务，并设计有相配套的即学即练、技能训练等课后巩固练习以及相应的数字化教学资源。

　　本教材适用于1+X药品购销职业技能等级考核（初级）培训，也可作为职业院校医药类相关专业教学参考、医药行业职业技能培训教材及社会人员自学之用。

图书在版编目（CIP）数据

药品购销综合实践与训练. 初级. 药品购销 / 第四
批职业教育培训评价组织－－上海医药(集团)有限公司1+X
药品购销办公室, 中国医药教育协会职业技术教育委员会
组织编写; 伍雪芳, 于晓芳主编. －－北京：中国医药
科技出版社, 2025. 2. －－（1+X证书制度试点药品购销证
书配套教材）. －－ ISBN 978-7-5214-5196-2

Ⅰ. F763

中国国家版本馆CIP数据核字第2025ZW9481号

美术编辑　　陈君杞
版式设计　　友全图文

出版　　**中国健康传媒集团**｜中国医药科技出版社
地址　　北京市海淀区文慧园北路甲22号
邮编　　100082
电话　　发行：010-62227427　　邮购：010-62236938
网址　　www.cmstp.com
规格　　787 × 1092mm $^1/_{16}$
印张　　16 $^1/_2$
字数　　397千字
版次　　2025年3月第1版
印次　　2025年3月第1次印刷
印刷　　北京印刷集团有限责任公司
经销　　全国各地新华书店
书号　　ISBN 978-7-5214-5196-2
定价　　**48.00**元（全书3册）
版权所有　　盗版必究
举报电话：010-62228771
本社图书如存在印装质量问题请与本社联系调换

获取新书信息、投稿、
为图书纠错，请扫码
联系我们。

1+X证书制度试点药品购销证书配套教材丛书编委会

主　任　季　敏　蒋忠元

副主任　王冬丽　沈　敏

委　员（以姓氏笔画为序）

丁　立	丁　静	王　莉	王志亮	王建成
龙跃洲	叶　真	丛淑芹	兰作平	曲壮凯
吕　洁	朱伟娜	朱照静	刘志娟	阳　欢
苏兰宜	李琼琼	李榆梅	杨树峰	杨晓波
吴　迪	张　晖	张一鸣	张轩平	张建宝
张炳烛	张健泓	陈　凯	虎松艳	罗少敏
罗国生	罗晓清	袁荣高	徐一新	韩忠培
程　敏	魏　骏			

专　家　吴阆云　徐建功　谢淑俊　潘　雪

出版说明

　　近年来，我国职业教育改革取得了巨大的进展与成就，尤其是《国家职业教育改革实施方案》《关于深化现代职业教育体系建设改革的意见》等指导性文件的出台，为职业教育的发展指明了道路与方向。

　　本丛书为"1+X证书制度试点药品购销证书配套教材"，由上海医药（集团）有限公司1+X药品购销办公室、中国医药教育协会职业技术教育委员会组织编写。上海医药（集团）有限公司被教育部授权为1+X证书制度试点第四批职业教育培训评价组织之一，承接药品购销职业技能等级证书试点项目的组织实施工作，旨在通过培训和考核，提升医药行业从业人员的专业技能和知识水平，以适应医药行业的发展需求。

　　本丛书的编写和出版旨在贯彻落实《关于在院校实施"学历证书＋若干职业技能等级证书"制度试点方案》等相关文件精神，更好地开展1+X药品购销职业技能等级证书制度试点二作。本丛书依据《1+X药品购销职业技能等级标准3.0》编写，分为初级、中级两个系列。初级包括药品服务（初级）、药品购销（初级）、药品储存与养护（初级）3个分册。中级包括药品服务（中级）、药品营销（中级）、药品储存与养护（中级）3个分册。各分册又依次分为若干项目、任务，并根据教学实际设置学习目标、任务情境、任务实施、相关知识、即学即练、技能训练等内容，条理清晰、内容丰富，能充分满足职业技能的学习需求。

　　本丛书适用于1+X药品购销职业技能等级考核（初级、中级）培训，可供职业院校医药类相关专业教学参考；也可作为医药行业职业技能培训教材，助力药品流通企业高效开展员工培训，提升员工职业素养；还可作为自学者医药职业技能系统化学习的路径参考。

　　本教材为《药品购销综合实践与训练：初级》的"药品购销"分册，属于"1+X证书制度试点药品购销证书配套教材"，基于《1+X药品购销职业技能等级标准3.0》、药品购销岗位需求，参照医药行业及相关法律法规的最新要求编写而成。

　　本教材以药品购销工作领域岗位技能要求为核心，以药品购销、顾客服务、经济核算共3个项目为核心，并根据行业需求、岗位特点，融入服务意识、规则意识、诚信品质的培养等思政教育，实现知识、技能与素质培养的有机融合。本教材基于"岗课对接"与"课证融通"的设计理念，以药品购销岗位工作为基础、任务为导向，通过任务情境的引入、任务实施帮助学生熟练掌握药品购销、顾客服务、经济核算等相关实操任务；此外，通过提供相应的数字化教学资源拓展学习的维度，通过即学即练、技能训练的方式进行知识检测与巩固，以实现学习目标。

　　本教材的编排科学严谨、逻辑性强、结构合理，依据工作领域和工作任务的需求，有针对性地安排教材内容；教材内容丰富、形式多样，纸质教材与数字化资源相结合，适应了数字化时代的学习需求。

　　此外，本次邀请行业专家和企业人员参与教材的编写，及时引入行业新技术、新要求、新规范，确保内容的前瞻性、实用性。本教材的编写工作得到了中国医药教育协会职业技术教育委员会、1+X药品购销办公室以及各院校领导的鼎力支持，在此表示诚挚的感谢！

　　由于编者能力所限，教材中可能存在疏漏、不足之处，恳请广大读者不吝赐教，提出宝贵意见和建议。

编　者

2024年10月

目录
CONTENTS

项目一
药品购销

○

🎓 学习目标

1.能根据GSP对首营企业、首营品种的资料要求和审核程序，判断首营资料的完整性和准确性；完成首营审批表的填写。

2.能按照药品采购岗位职责和操作规程要求，与供应商准确签订采购合同，并完成药品购销合同管理台账的登记。

3.能根据客户情况和要求，完成客户档案表的填写。

4.能为会员提供上门服务，并完成客户回访登记表的填写。

5.能根据药品市场营销环境的内容，找出影响药品市场营销环境的因素；能运用SWOT分析法对药品市场营销环境进行分析，制定相应的战略和策略。

6.能分析药品调价原因，正确填写药品调价单，并根据药品价格调整计划完成药品标价签的填写。

7.培养诚信严谨、精益求精的工作态度以及法规意识。

8.培养团队合作意识和协作精神。

任务1-1　首营审核

🏛 任务情境

江南医药有限公司（以下简称本公司）与河北健仁医药药材有限公司（以下简称健仁医药）拟开展初次合作。X年Y月，本公司采购部经理张三与健仁医药销售部经理王朋磊（联系电话：178****1000）首次洽谈，达成初步意向。X年Y月Z日，本公司采购员李四向健仁医药索取相关资质材料并填写了首营企业审批表，相关资料经本公司质管部质管员李林和质管部经理刘华审核无误后，由质量负责人赵志签字同意，双方签订了质量保证协议，健仁医药被列为本公司合格供货方。

备注：X年Y月Z日意为今天。

任务要求：

1.结合任务情境，从给出的资料中找出健仁医药作为首营企业所必备的资料，将名称填写在表格中。

2.结合任务情境，请分别以本公司采购员、采购部经理、质管员、质管部经理、质量负责人等身份，根据健仁医药的首营资料，完成首营企业审批表的填写。

一、任务实施

（一）工作准备

1. 健仁医药药材有限公司首营企业资料　见首营企业资料二维码。
2. 首营企业资料表　见表1-1-1。
3. 首营企业审批表　见表1-1-2。

首营企业资料

表1-1-1　首营企业资料表

序号	所需材料名称
1	
2	
3	
4	
5	
6	
7	
8	
9	
10	
11	

表1-1-2　首营企业审批表

供货企业名称			详细地址	
企业类型		□药品生产企业 □药品经营企业	邮编	050000
供方销售人员			联系电话	
许可证	许可证号		有效期至	
	负责人		生产/经营范围	□中药饮片　□中成药　□化学药　□生物制品 □麻醉药品　□第一类精神药品　□第二类精神药品　□药品类易制毒化学品　□医疗用毒性药品 □蛋白同化制剂　□肽类激素
营业执照	注册号		有效期至	
	法定代表人		注册资金	
供方销售人员资质		□1.身份证复印件 □2.法人委托书原件 □3.其他资料：		
采购员意见		此单位符合供货企业条件。 采购员：_____　　　　　X年Y月Z日		
采购部门意见		此单位符合供货企业条件，现申请为我公司供货企业。 部门负责人：_____　　　　　X年Y月Z日		

续表

质量管理部门审核意见	单位资质合格，证照及相关资料齐全，符合供货企业条件，同意其为我公司供货企业。 审核人：_____ 部门负责人：_____ X年Y月Z日
经理审批意见	同意将此单位列为我公司供货企业。 企业质量负责人：_____ X年Y月Z日

（二）操作过程

序号	步骤	操作方法与说明
1	找出首营企业资料	扫描"首营企业资料"二维码，逐一查看所给的资料，按照《药品经营质量管理规范》中对首营企业资料的要求，找出首营企业资料，具体包括：药品经营许可证、营业执照、上一年度公示报告、开票信息及开户许可证、随货同行单样式、相关印章汇总表、发票样张、质量保证协议书、销售人员身份证正反面复印件、销售人员授权委托书原件
2	填写首营企业资料表	根据所提供的资料，将相关信息填写在首营企业资料表中，注意名称书写的规范性，不得简写
3	填写首营企业审批表	根据首营企业审批表的填写要求，从相应的首营企业资料中逐一找到相关信息，准确填写内容，注意书写的规范性
		根据首营企业审核流程，结合任务情境，选择正确的人名填写在各部门审核意见处

（三）注意事项

1.重视首营资料审核工作，理解合格供应商的重要性。

2.检查首营资料时，态度要严谨，依法依规认真检查每一份资料，不得有遗漏，关注证照的时限性、内容的一致性。

3.注意首营审核过程中与相关岗位人员的合作，提高工作效率。

任务情境参考答案

（四）学习评价

首营审核评价表

序号	评价内容	评价标准	分值（总分100）
1	首营资料收集	能准确找出首营企业资料	50
		能准确写出首营企业资料	20
2	首营审核流程	能正确、完整填写首营企业审批表内容	15
3	规范性	书写规范，字迹工整	10
4	学习态度	态度认真严谨，完成效率高	5

二、相关知识

（一）质量审核的作用

药品经营企业采购前应对供货单位进行质量审核。企业进行质量审核，一方面可以准确地收集首营企业的相关资料，全面了解首营企业，确认供货企业的合法资质和质量保证能力；另一方面，作为确保在流通环节能够有效降低药品质量风险的有效手段。

动画：认识首营企业和首营品种资料

（二）首营企业资料内容

首营企业提供的企业资料包括：《药品生产许可证》或《药品经营许可证》复印件、《营业执照》复印件、上一年度企业年度报告公示情况、企业相关印章样式、随货同行单样式、发票样式、质量保证体系调查表、企业开户银行信息。上述资料需加盖企业公章原印章。

（三）首营品种资料内容

1.首营品种为国产药品

（1）《药品注册批件》，或者《再注册批件》（《药品补充申请批件》）复印件。

（2）药品质量标准复印件。

（3）供货单位为药品生产企业，需要提供药品的包装、标签、说明书实样等资料；供货单位为药品经营企业，提供药品的包装、标签、说明书等资料复印件即可。

（4）法定检验机构或本生产企业的检验报告书。

《药品注册批件》有效期为5年，超过有效期的，需要提供《再注册受理通知书》或者《再注册批件》。如果企业地址、企业名称等与该药品有关的其中一项变更时，都要提供《药品补充申请批件》。

2.首营品种为进口药品（进口中药材除外）

（1）《进口药品注册证》《医药产品注册证》或者《进口药品批件》复印件，以及药品的包装、标签、说明书实样等资料。2020年7月1日后，境外生产药品的批准文号格式应执行新的《药品注册管理办法》，具体格式为：国药准字H（Z、S）J+4位年号+4位顺序号。

（2）进口麻醉药品、精神药品除提供《进口药品注册证》（或者《医药产品注册证》）或者《进口药品批件》复印件外，还应提供《进口准许证》，以及药品的包装、标签、说明书实样等资料。

知识链接：《药品注册管理办法》第十章 附则

（四）销售人员资料内容

为保证供货单位销售人员身份的真实可靠，企业应当核实、确认供货单位销售人员身份的真实性，防止假冒身份、挂靠经营、超委托权限从事违法销售活动。法人委托授权书有效期一般为1年。

1.销售人员身份证复印件
销售人员身份证复印件须加盖供货单位公章原印章。核对时，必须本人在场，不得委托他人，以确认其真实性。

2.销售人员的授权书
授权书必须提供原件，并加盖供货单位公章原印章，法人签字（章）。授权书必须载明被授权人姓名、身份证号以及授权销售的品种、地域和期限。

具体包括如下。

（1）供货单位是药品经营企业的，授权书上授权销售的品种可表述为"授权销售我公司合法经营的所有品种"。

（2）供货单位是药品生产企业的，如果对销售人员授权的是全部生产品种的销售，授权书上可以表述为"授权销售我公司合法生产的所有品种"，并将该企业合法生产的品种目录作为附件；如果不是全部委托，必须在委托书中详细列明委托授权销售的品种，要列出具体的品种名称、剂型和规格。

（五）首营审核工作程序

1.首营企业审核程序　根据GSP要求，药品经营企业应建立首营企业审核的工作程序，规范对供货单位的审核工作。首营企业审核流程如图1-1-1所示。

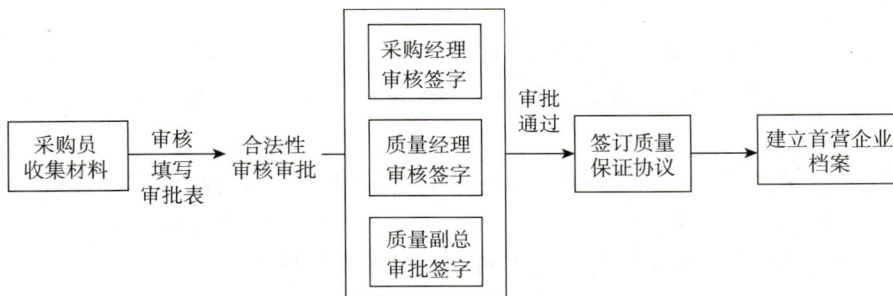

图1-1-1　首营企业审批流程图

（1）采购员收集材料　从首营企业购进药品时，药品采购人员应从供货单位收集以下材料。

1）企业资质　①首营企业属于药品生产企业的，应向首营企业了解公司规模、历史、生产状况、产品种类、质量信誉、质量管理部门设置情况等，并索取加盖有公司原印章的《药品生产许可证》《营业执照》复印件等资料。②首营企业是药品经营企业的，应向首营企业了解公司规模、历史、经营状况、经营种类、质量信誉、质量管理部门设置情况等，并索取加盖有公司原印章的《药品经营许可证》《营业执照》复印件等资料。

2）首营企业药品销售人员的证明材料　查验首营企业药品销售人员的合法身份，并收集加盖有公司原印章和有公司法人代表印章或签字的法人委托授权书原件、销售人员的身份证复印件。

3）其他相关材料　首营企业的相关印章、随货同行单样式，首营企业的开户户名、开户银行及账号。

（2）填写首营企业审批表　采购员将资料收集齐后，填写首营企业审批表（企业一般在计算机系统中完成审批表填报），进行合法性审核审批。如表1-1-2所示。

（3）合法性审核审批　采购员填写完首营企业审批表后，经本部门采购经理审核同意后，附上述有关资料，依次送质量管理部负责人审核和企业质量负责人审批。质量管理部负责人要进行资料审查，主要审查资料是否完备、是否加盖有规定的原印章、所购进药品是否超出供货单位的生产或经营范围、证件是否在有效期内。如果需要对供货单位的质量保证能力做进一步确认，质量管理部应会同采购部门进行实地考察，详细了解公司职工素质、生产经营状况，重点审查公司质量管理体系、质量控制的有效性和完整性。

资料审查或实地考察结束后，质量管理部负责人必须加具详细审核评定意见。符合规定的，在首营企业审批表上签署"审核合格"；不符合规定的，在首营企业审批表上签署"审核不合格"。

企业质量负责人根据质量管理部门的具体意见进行最后审核把关，并在"首营企业审批表"上签署明确的意见后，转质量管理部门。

计算机系统经过以上审批流程，建立首营企业基础数据库。

（4）签订质量保证协议　质量保证协议是为了明确供货方与购货方交易双方的质量责任，是药品供货方对药品购货方的质量承诺，具有与合同相同的法律效力。质量保证协议在药品的合法性、药品质量情况、有效期、合法票据、包装情况、运输方式、运输条件等方面按照药品特性做出明确规定，并明确协议的有效期、双方责任。质量保证协议须加盖供货单位公章。

企业与供货方签订了质量保证协议的，不需要每份合同上都写明质量条款，但需说明按双方另行签订的质量保证协议执行。质量保证协议应当至少按年度签订，约定有效期限，注明签约日期。

（5）建立合格供货方档案　对审核合格的首营企业，质量管理部应将其列入"合格供应商列表"，建立合格供货方档案。质量管理部门将首营企业审批表、首营企业资料、药品销售人员资料及质量保证协议等有关资料交由质量管理员存档。

采购部门必须从"合格供应商列表"中选取合适的供应商，进行药品采购。计算机系统具有近效期预警和到效期锁定功能，如果供应商相应资质即将到期，系统应自动提示采购人员，避免成为证照已过期的非法企业采购药品。

2.首营品种审核程序　根据GSP要求，药品经营企业对合格供货方拟供的首营品种应建立审核程序。首营品种审核流程如图1-1-2所示。

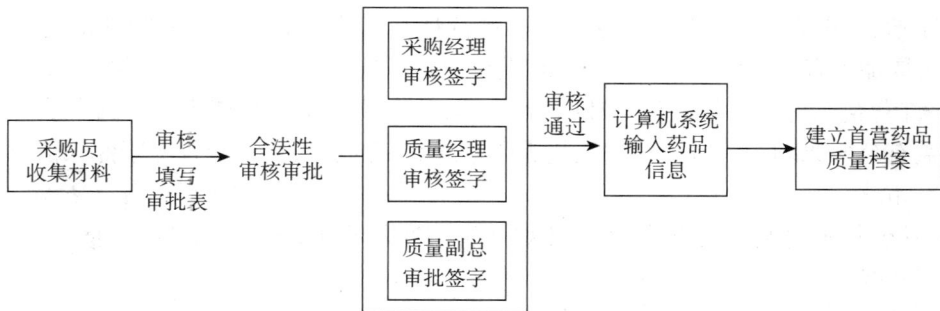

图1-1-2　首营品种审批流程图

（1）采购员收集材料　药品采购人员根据拟购入首营品种的情况，向供货单位收集加盖供货单位原印章的首营品种证明文件材料，并对材料进行初步审核。

（2）填写首营品种审批表　采购员将资料收集齐后，填写首营品种审批表，进行合法性审核审批。如表1-1-3所示。

（3）合法性审核审批　采购员填写完首营品种审批表后，经本部门采购经理审核同意后，附上述有关资料，依次送质量管理部负责人审核和企业质量负责人审批。质量管理部负责人主要审核资质、质量信誉、所购进药品是否超出供货单位的生产或经营范围。如果需要对该品种的生产企业进行实地考察，质量管理部需会同采购部门共同进行。

资料审查或实地考察结束后，质量管理部负责人在首营品种审批表上签署"资料齐全，符合要求"的审核意见。

企业质量负责人根据质量管理部门的具体意见进行最后审核把关，并在首营品种审批表上签署"同意购进"意见后，转质量管理部门。

（4）计算机系统输入药品信息　对审核审批通过后的首营品种，质量管理部在计算机系统内输入药品信息，并更新维护有关内容。

计算机系统经过以上审批流程，建立首营品种基础数据库。

（5）建立药品质量档案　质量管理部门将首营品种审批表、首营品种资料等交由质量管理员存档，建立药品质量档案。档案实行动态管理，若该药品出现信息变更，如到期换证，需要重新向供货单位索要相关资质，审核完成后，存入质量档案。

即学即练

三、技能训练

情景： X年Y月Z日，本公司总部接到各门店反馈，最近咨询复方板蓝根颗粒的顾客很多，但药店没有该药品，建议总部进行采购。总部采购部经理张三派采购员李四联系了公司长期供应商——广西日田药业集团有限责任公司，拟从广西日田药业集团有限责任公司采购复方板蓝根颗粒，多次洽谈后达成合作。经公司质管部质管员李林和质管部经理刘华审核复方板蓝根颗粒的资质无问题后，由质量负责人赵志签字同意录入公司系统，建立药品档案。

技能训练–首营品种资料

备注：X年Y月Z日意为今天。

任务要求：

1.结合任务情境，扫描首营品种资料二维码，从给定的资料中找出复方板蓝根颗粒的首营品种资料，并将资料名称写在首营品种资料表中（表1-1-3）。

2.结合任务情境，请分别扮演采购员、采购部经理、质管员、质管部经理、质量负责人等角色，完成首营品种审批表（表1-1-4）的填写。

技能训练参考答案

表1-1-3　首营品种资料表

序号	所需材料名称
1	
2	
3	
4	

表1-1-4　首营品种审批表

药品通用名称				商品名	
剂型		规格		计量单位	
包装规格				储存条件	
生产企业				营业执照号	************
主要成分					
适应症/功能主治					
批准文号				有效期	
价格	购进价：4.0元　含税批发价：4.5元　最高零售价：6.8元				
采购员申请理由	该药品符合合格药品条件。 申请人签字：_____　　　　日期：X年Y月Z日				
采购部门意见	该药品符合合格药品条件，现申请为拟购药品。 负责人签字：_____　　　　日期：X年Y月Z日				
质量管理部门意见	该药品资质合格，资料齐全，同意列为采购药品。 审核人：_____　　部门负责人签字：_____　　日期：X年Y月Z日				
经理审批意见	同意列为采购药品。 企业质量负责人签字：_____　　　日期：X年Y月Z日				

任务1-2　购进管理

🏛 任务情境

　　江南医药有限公司（以下简称本公司）计划从河北健仁医药药材有限公司（以下简称健仁医药）购买一批药品。本公司采购员李丽与健仁医药的销售员王静（联系方式：150****0809）进行了洽谈，通过协商确定了拟购药品的价格（其中，四季口服液单价上调5%），并约定在20**年6月25日前通过汽车运输的方式送货至公司总部（江南省滨江市环山路880号），并在本月底通过电汇的方式完成支付，其他涉及质量等方面的内容按照双方已签订的质量保证协议执行。李丽按照采购工作要求，与健仁医药的销售经理王朋磊于20**年5月15日在本公司总部签订购销合同。

　　合同签完后，李丽将合同移交给公司合同管理员张俊进行登记管理。

　　任务要求：

　　1.根据双方协商结果，按照签订采购合同的原则及要求，与健仁医药签订购销合同，即填写药品购销合同。

　　2.根据任务情境，扮演采购员、合同管理员，模拟合同移交过程，填写药品购销合同管理台账。

一、任务实施

（一）工作准备

1.药品信息表，见表1-2-1。

2.药品购销合同，见图1-2-1。

　　3.药品购销合同管理台账，见表1-2-2。

　　4.江南医药有限公司合同专用印章、财务专用印章、出库专用印章；河北健仁医药药材有限公司合同专用章、财务专用章、出库专用章，见供需方企业印章式样二维码。

供需方企业印章式样

表1-2-1　药品信息表

品名	规格	单位	数量	单价
银黄颗粒	6g*10袋	盒	300	15元/盒
四季口服液	10ml*6支	盒	50	25元/盒
三黄片	12片/盒	盒	150	3.5元/盒

药品购销合同

供方：_____　　　　合同编号：20**020

需方：_____　　　　签订地点：_____

　　　　　　　　　　　　　　　　　　　　　签订时间：_____

序号	品名	生产厂家	规格	单位	数量	单价（含税）	金额（含税）	备注
1								
2								
…								
合计人民币		___佰___拾___万___仟___佰___拾___元___角___分　¥_____						

一、质量标准：_____

二、包装标准：_____

三、验收标准、方法及异议：需方收到供方货物后须及时查验，供方所发货物必须是最新批号且距生产日期三个月以内，效期不足一年、商品混批、破损或错发、原箱短少，可立即拒收该批次货物，并在7日内通知供方负责该区域的业务员（姓名：_____；联系方式：_____）将货物退回。

四、交货地点：_____

五、交货日期：_____

六、运输方式：_____

七、交货方式：_____

八、结算方式：_____

九、付款期限：_____

十、违约责任：在本合同的有效期内，供方有下列情形，需方有权单方面解除合同，并且，供方按照需方实际损失进行赔偿。

1.供方违反国家法律、法规，被国家相关主管部门处罚或需方认为供方的违法行为将会给需方带来直接损害的。

2.供方因供应药品质量问题被消费者投诉，未能及时解决或被媒体曝光可能造成需方名誉损失的。

3.供方产权结构出现重大改变并对需方造成利益损害的。

4.供方三次以上送货延迟或发生多送与少送商品的。

5.供方供货价格虚高或供给需方商品价格高于供方供给其他客户价格。

十一、争议的解决

合同争议的解决方式：本合同若在签订后或履行中发生争议，应当友好协商解决，无法协商解决时，供需双方同意提交甲方所在地人民法院诉讼解决。

十二、其他事项

1.本合同一式贰份，双方各执一份，均具同等法律效力。经供需双方法定代表人、法定代表人授权代理人签字和加盖公章后生效。合同文本及附件须由双方加盖骑缝印章。

2.本合同未尽事宜，经供需双方协商一致，可以签订补充协议，与本合同具有同等的法律效力。

供方名称（章）：_____　　需方名称（章）：_____

签约代表（签字）：_____　　签约代表（签字）：_____

地址：河北省滨江市环海路10号　　　地址：江南省滨江市环山路880号

开户行：中国建设银行胜利支行　　　开户行：中国工商银行马尚支行

银行账号：91090990090090　　　　 银行账号：800901987211

邮编：330100　　　　　　　　　　邮编：330100

电话：0901-89091091　　　　　　 电话：0901-87891099

传真：0901-89090010　　　　　　 传真：0901-87891709

图1-2-1　药品购销合同

表1-2-2　药品购销合同管理台账

序号	合同编号	签订日期	供货单位	合同总金额	交接人	登记人
1						
2						

（二）操作过程

序号	步骤	操作方法与说明
1	列出与健仁医药销售员洽谈信息	查看药品信息表（表1-2-1），根据与健仁医药销售员洽谈内容，初步判断药品信息表中的规格、数量、单价等信息是否需要调整。若有，在药品信息表中做标记
2	查看并填写药品购销合同	查看药品购销合同（图1-2-1），结合背景信息和药品信息表中的内容，完成药品购销合同的填写
3	检查药品购销合同信息，并加盖正确的印章	仔细检查药品购销合同中填写的内容，确认无误后，选择正确的印章，盖在药品购销合同末尾需供需双方名称处
4	移交给合同管理员	将合同移交给合同管理员，并填写药品购销合同管理台账（表1-2-2），进行移交登记

（三）注意事项

1.进行业务洽谈时，要注意维护公司的利益。

2.重视合同签署的重要性，在填写合同内容时需认真仔细，避免合同的法律风险。

3.理解合同管理的必要性。

任务情境参考答案

（四）学习评价

购进管理评价表

序号	评价内容	评价标准	分值（总分100）
1	查看药品信息表	能准确标记出需要调整的药品信息	10
2	填写药品购销合同	能完整、准确填写药品购销合同	40
3	加盖印章	能够选出正确的印章，盖在正确位置	10
4	移交登记	能完整、准确填写药品购销合同管理台账	20
		移交时注意礼貌用语	10
5	规范性	书写规范，字迹工整	10

二、相关知识

（一）采购岗位的工作内容

1. 严格落实与药品采购岗位相关的制度和操作规程。

2. 对采购中涉及的首营企业、首营品种，负责在计算机系统中填写首营企业审批表和首营品种审批表，按程序审批通过后进行采购。

3. 在本公司评审合格的供货单位购进药品，索取合法票据。在授权范围内与供货单位签订符合规定的购进合同和质量保证协议，并按合同、协议执行，不得私自放宽质量要求。

4. 负责与供货单位协商办理所购进药品的退、换货工作，配合质量管理部、储运部做好针对供货单位的质量查询工作。

5. 负责计算机系统采购记录、购进退出记录等的填报、确认、送达，税票的签收、登记以及采购合同的整理、归档，追踪合同的履行状况。

6. 在业务部门领导的指导下，完成购进药品的结算及有关账务处理工作，提请公司财务部门按计划拨付供货单位账款。

7. 在业务部门领导的指导下，分析销售情况，合理调整库存，优化药品结构。

8. 负责本部门相关的文件、记录整理并至少保存五年。

9. 协助业务部经理做好本部门的质量管理工作。

知识链接：药品购进的原则

（二）药品采购的类型

采购是指企业在一定的条件下从供应市场获取产品或服务作为企业资源，以保证企业生产及经营活动正常开展的一项企业经营活动。采购是一个商业性质的有机体为维持正常运转而寻求从体外摄入的过程。

采购可分为战略采购和日常采购两部分。①战略采购：是采购人员根据企业的经营战略需求，制定和执行采购企业物料的规划，通过对内部客户需求、外部供应市场、竞争对手、供应基础等的分析，通过比较设定物料长短期的采购目标、制订相应的采购策略及行动计划，并通过策略及计划的实施寻找到合适的供应资源，满足企业在时间、质量、成本等方面的综合要求。②日常采购：是采购人员根据确定的供应协议和条款，以及企业的物料需求计划，以采购订单的形式向供应方发出需求信息，并安排和跟踪整个物流过程，确保物料按时到达企业，以支持企业正常运营的过程。

根据日常采购药品的不同和业务需要，在药品流通过程中，通常有以下几种采购形式。

1. 直接采购　是指采购人员根据过去和供应商打交道的经验，从合格供应商名单中选择供货企业，并重新订购过去采购过的产品。

2. 药品集中采购　是指以多个地区或数家医疗机构组成采购联盟，明确药品采购数量，通过以量换价与药品生产企业进行谈判，降低药品价格的采购模式。

3. 代销　是指以合同形式取得生产企业的产品销售权，形成工商企业间的长期稳定的产销合作关系。

（三）药品采购的影响因素

按照GSP要求，药品经营企业应当定期对药品采购的整体情况进行综合质量评审，建立药品质量评审和供货单位质量档案，并进行动态跟踪管理。通过分析影响药品采购的因素，降低药品经营环节可能引入的药品质量风险，保证供货渠道的优质高效。

1.药品质量 药品是一种不同于普通商品的特殊消费品，药品质量的高低影响人民的健康。因此，药品质量是影响药品采购决策的一个重要因素，药品采购首先要保障供货药品的安全性、有效性、质量可靠性。

2.供货企业的质量保证能力 包括供货企业质量管理体系运行情况，以及合同和质量保证协议的完善性和承诺性。

3.供货企业的信誉 包括与企业签订的合同、质量保证协议的执行情况，以及供货能力、运输能力和售后服务质量、质量查询等方面。

4.供需关系 与供应企业建立融洽、稳定的供需关系，是提高采购工作质量的重要因素。只有协调双方的利益，实现双赢，药品经营企业才能顺利完成采购目标。

5.价格因素 同种药品，不同生产厂家的价格不同，同一厂家生产药品的价格也会因市场的变化而变化。因此，应在注重质量的情况下，以"质优价廉"为原则，把质量高、价格低的商品采购进来，增加企业的经济利益。

6.资金 资金充足，可以实行集中采购、批量采购、招标采购等方式，降低采购成本。在资金充足的情况下，可以与规模大、信誉佳的供应商保持长期稳定的战略合作伙伴关系，既可以降低采购成本，又可以购买到优质产品。

7.国家法律法规和方针政策 是影响采购的重要宏观环境因素，如"两票制"在国家试点改革省份的落地执行、医疗机构零差价的推行、国家带量采购的推进等，都会影响采购工作。

（四）药品购进的程序

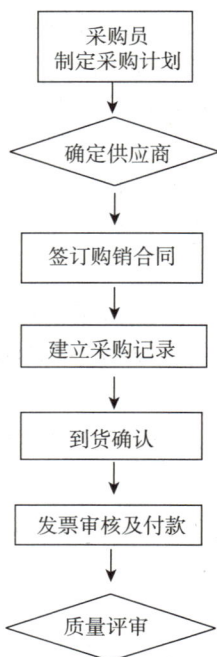

药品购进管理

药品经营企业在药品购进活动过程中，需要根据GSP要求，制定能够确保购进药品符合质量要求的购进程序，流程简图如图1-2-2所示。其中药品零售连锁企业实行统一进货、统一配送，连锁门店不得自行采购药品。

图1-2-2 药品购进流程图

1.制定采购计划 编制药品采购计划是采购工作的重要环节之一，科学合理地制定采购计划有助于杜绝假冒伪劣药品进入药品流通领域，有助于加速药品资金周转，保证市场供给，适应市场的不断变化。采购计划按照企业经营管理需要，一般按年度、季度、月份编制，分为年度采购计划、季度采购计划、月份采购计划和临时采购计划。

（1）药品采购计划的制定依据

1）国家政策方针、药品法律法规、各级政府有关市场政策方针。

2）前期计划执行情况：是对进、销、存业务活动的真实反映，对于指导本期采购计划的制定具有重要作用。

3）市场供应情况和需求情况：市场供应情况包括货源品种、数量，货源畅销程度，供货方的销售计划和付款条件，国

家产业政策对药品生产的影响；市场需求情况主要包括销售客户购买力、消费结构变化情况等。这是制定药品采购计划最直接的依据。

（2）制定采购计划的程序　采购部门在制定年度和季度计划时，可以粗略编制，作为编制月份采购计划的参考；月份采购计划和临时采购计划需要精准制定，并录入计算机管理系统。以下是月份采购计划和临时采购计划的制定程序。

1）采购人员根据计算机管理系统提供的前三个月药品的购进和销售数量、往年当月销售量以及药品库存数量，从计算机管理系统药品目录中确定拟采购的药品品种和采购数量。

2）通过对供货商质量保证能力、供货能力、价格竞争能力、售后服务能力等方面进行综合评价分析，从合格供货方档案列表中确定合理的供货商，参考近期交易情况确定采购价格。

3）采购人员对采购药品的信息审核无误后，在采购计划单上签字，采购计划单将通过计算机管理系统自动生成采购订单。

2.签订采购合同　采购合同是供需双方之间，就货物的采购数量、价格、质量要求、交货时间、地点和交货方式等事项，经过谈判协商一致同意而签订的"供需关系"的法律性文件，合同双方都应遵守和履行。采购合同是经济合同，双方受《中华人民共和国经济合同法》保护，并要承担责任。药品采购合同是药品经营过程中明确供需双方权责的重要形式之一。

（1）采购合同的形式　药品经营企业在药品采购过程中，根据采购业务的不同，会采用不同的合同形式。采购合同的形式可分为书面形式和口头形式。

1）书面形式合同　包括企业与药品供应商协商并签订的年度购销协议和标准书面合同，以及书信、传真、电子邮件等形式。企业会与存在常年购销关系的供应商签订年度购销协议，执行年度购销协议的日常采购业务，发生之前根据业务需要也会签订标准书面合同。

2）口头形式合同　是指当事人面对面谈话或者以电话交谈等方式达成的协议。口头订立合同的特点是直接、简便、快速，数额较小。

（2）签订采购合同的原则和要求

1）合同签订人的法定资格　合同签订人应该是法定代表人，或者具有法定代表人的授权书，授权书应明确规定授权范围，否则签订的合同在法律上是无效的。

2）合法的原则　签订合同必须遵守国家的法律和行政法规，包括一切与订立经济合同有关的法律、规范性文件及地方性法规，这是签订合同时最基本的要求。合同双方只有遵循这一原则，签订的合同才能得到国家的认可和具有法律效力，供需双方的利益才能受到保护。

3）公平原则　签订合同时，合同双方之间要根据公平原则确定双方的权利和义务、风险的合理分配、违约责任。

4）诚实信用的原则　合同双方在签订合同的全过程中，都要诚实、讲信用，不得有欺诈或其他违背诚实信用原则的行为。

（3）标准书面合同内容　标准书面合同包括以下几方面的内容。

1）合同双方的名称　合同必须写出供货单位和购货单位名称（即供需双方的名称），单位名称要与所盖合同章名称一致。

2）药品信息　包括药品的品名、规格、单位、剂型。药品的品名是指通用名称；规格是指制剂规格，复方制剂要写明主药含量；单位有瓶、盒、袋等；剂型要详细具体写明。

3）药品数量　要明确其计量单位。

4）药品价格　是指与计量单位一致的单位价格，由合同双方协商议定。

5）质量条款　企业与供货方已签订质量保证协议，因此不必在每份合同上都写明质量条款，但需说明按双方另行签订的质量保证协议执行。

6）交货日期、方式、地点　合同要标明交货日期，同时还要标明药品到站地点、交货方式。交货日期要写明具体日期并加上"某年某月某日前交货"；交货方式，如果委托第三方配送，应当提供与承运方签订的运输协议；交货地点应具体，避免不确定地点。

7）结算方式　结算方式条款应根据实际情况，明确规定采用何种结算方式，常用结算方式有一次付款、分期付款、委托收款、承兑汇票、支票、电汇等。

8）违约责任　在洽谈违约责任时，要阐明：供方延期交货或交货不足数量、供方所发药品有质量不合格等情况发生时，供方应承担的违约责任；需方不按时支付货款、拒收或者退回合格药品导致对方造成损失时，需方应承担的违约责任。

（4）合同的管理　药品经营企业要加强合同管理，建立合同档案，合同档案管理的主要内容如下。

1）采购人员及时移交合同文件给合同管理员。

2）对年度购销协议、标准书面合同进行编号、登记，设立管理台账，对合同的借阅做好记录。

3）对与合同履行、变更、解除有关的电话、传真等进行登记记录，并归入档案保存。

3.建立药品采购记录　采购记录应真实、准确地反映药品经营企业采购活动过程中的实际情况。采购记录可为企业自身和药品监督管理部门对采购药品的追踪溯源提供重要证据，也作为企业仓储部门收货的主要依据。因此，按照GSP要求，药品经营企业必须对所有采购药品建立完整的记录。

（1）采购记录是采购合同或者采购订单提交后，计算机系统自动生成的。采购记录应当包括药品的通用名称、剂型、规格、药品上市许可持有人、生产厂商、供货单位、数量、价格、购货日期等内容，采购中药饮片的还应当标明产地。

（2）采购记录生成后任何人不得随意修改，以保证数据的真实性和可追溯性。如确实需要修改，应按有关规定执行。

（3）计算机系统生成的采购记录应按日备份，至少保存5年。

4.索取发票　索取发票是为了强化药品生产、流通过程的管理，防止"挂靠经营"等违法行为和经销假劣药品违法活动，保障药品质量安全。药品生产、批发企业销售药品，必须开具合法票据，合法票据是指增值税专用发票或者增值税普通发票。

（1）发票的要求

1）票、货一致性　发票及"销售货物或者提供应税劳务清单"上的药品通用名称、规格、单位、数量、单价、金额等信息，应与采购记录、供货单位提供的随货同行单内容保持一致。

2）票、账一致性　企业付款流向及金额、品名、规格应与采购发票上的购、销单位名称及金额、品名、规格一致，付款流向与供货单位首营企业审核时档案中留存的开户行和账号一致，并与财务账目内容相对应。

（2）发票的管理

1）发票的开具时间必须符合国家税法有关规定。

2）发票上应列明销售药品通用名称、规格、单位、数量、单价、金额等，如果不能全部列明所购进药品上述详细内容，应附《销售货物或者提供应税劳务清单》，并加盖企业财务专用章或发票专用章和注明税票号码。

3）按照《中华人民共和国发票管理办法》要求，开具发票的单位和个人应当按照税务机关的规定存放和保管发票，不得擅自损毁。已经开具的发票存根联和发票登记簿，应当保存五年。保存期满，报经税务机关查验后销毁。

即学即练

三、技能训练

情景： 今年8月18日江南医药有限公司财务部姜林联系合同管理员张俊，需借阅此份合同进行对账，拟借阅2天，8月20日归还。假设你是合同管理员张俊，请完成此次借阅的合同管理操作。

技能训练参考答案

任务要求： 请结合任务情境，完成合同借阅登记表（表1-2-3）的填写。

表1-2-3　合同借阅登记表

序号	合同编号	借阅部门	借阅人姓名	借阅日期	借阅原因	归还日期	借阅人签名	经办人
1								
2								

任务1-3　客户档案建立

🏛 任务情境

情境1： 新北省朝阳医药连锁股份有限公司（以下简称朝阳医药）是一家集药品流通批发、连锁药店经营、保健食品销售于一体的综合医药企业。公司成立于2000年8月，注册资本2000万元，现有连锁门店90家，员工800人，经营及仓储面积达2万多平方米，经营有中成药、中药饮片、化学药品、抗生素、生化药品、生物制品、医疗器械、保健用品等1万多个品种。

朝阳医药总部位于新北省新州市运河北路36号，法定代表人为刘朝阳。公司电话：4100-8888666；邮箱：chaoyang@126.com；网址：www.chaoyang.com；传真：4100-8866888；邮编：663000。

山河医药股份有限公司（以下简称山河医药）是集科研、生产为一体的制药企业，主要药品种类有抗过敏、抗感染、抗肿瘤、心血管等。今年1月9日，朝阳医药药品采购部经理王宇（联系电话：17003025566，邮箱：3025566@qq.com）到山河医药采购一批抗感染药，山河医药销售部经理张明负责洽谈并达成合作。

注：以上信息均为虚构。

情境2： 王英，今年62岁，家住新州市运河北路吉祥小区1号楼2单元601室，糖尿病史2年，需长期服用降血糖药，无药物过敏史，无禁忌症，无家族遗传史。9月5日，王英到小区门口的朝阳医药诚爱药店购买盐酸二甲双胍缓释片（规格：10片/盒；生产企业：仁心医药股份有限公司）两盒，店员李华负责接待。

王英自述近几天起床后偶然会出现头晕、心慌等，两年前确诊为2型糖尿病后，经常忘记吃药，而且常根据自己感觉随意增减药量甚至停药。李华又仔细询问了她的饮食习惯，王英表示饮食比较规律，因为知道自己血糖高，从来不吃糖，但是喜欢吃面食和水果。

李华建议王英一定要按时按量坚持服用降血糖药，这样才能维持良好的治疗效果，如果感觉药量不适合，要去医院就医，听从医师指导调整剂量。另外，李华还为她普及健康生活常识：面食里含有大量淀粉，大部分水果含糖量较高，糖尿病患者应该少吃面食和水果；同时还应该经常测量血糖，及时了解自身血糖水平。李华推荐王英办理本药店会员卡，药店可免费提供测血糖服务。王英提供手机号14522234567办理了会员卡，购买了两盒盐酸二甲双胍缓释片，并表示明天早上来店测量血糖。第二天，王英到店进行了血糖测量。9月12日，王英再次到店测量血糖，并表示这个星期一直按时吃药，基本不吃含糖高的水果，没有出现头晕症状。9月26日，王英到店购买盐酸二甲双胍缓释片（规格：10片/盒）两盒，表示已去医院复查，医生建议继续服用二甲双胍即可，并且表示自己最近调整了饮食习惯，面食和水果的量逐步减少，没有再出现头晕、心慌症状。

任务要求：

1.假设你是情境1中的销售经理张明，请按照要求填写批发客户档案。

2.假设你是情境2中的店员李华，请按照要求填写零售顾客档案及客户回访表。

一、任务实施

（一）工作准备

1.批发客户档案 见表1-3-1。

2.零售顾客档案 见表1-3-2。

3.客户回访表 见表1-3-3。

表1-3-1 批发客户档案

企业基本信息			
企业名称			
企业地址			
企业电话		邮箱	
传真		网址	
邮编		企业法人	
总部所在地			
分支机构数		员工人数	
企业经营范围			
企业经营品种			

续表

联系人信息

姓名		职务	
电话		邮箱	
客户具体需求			

建档日期： 年 月 日

表1-3-2 零售顾客档案

顾客基本信息

姓名		建档时间	年 月 日
性别		年龄	
电话		职业	
家庭住址			
疾病名称		患病年数	
药物过敏史		禁忌症	

顾客首次购买信息

首次购买时间			
药品名称		规格	
数量		药品生产厂家	
客户需求			
提供健康指导			

第2次购买

第2次购买时间			
药品名称		规格	
数量		药品生产厂家	

表1-3-3 客户回访表

回访日期	客户姓名	回访内容	客户反馈	回访人
年 月 日				
年 月 日				
年 月 日				

（二）操作过程

序号	步骤	操作方法与说明
1	整理客户资料	整理客户资料，包括客户访谈内容、客户基本信息资料
2	填写客户档案表	根据整理好的资料，填制客户档案表： （1）如果客户是药品批发企业，资料按照批发客户档案（表1-3-1）的要求填写 （2）如果客户是零售门店顾客，资料按照零售顾客档案（表1-3-2）的要求填写
3	检查复核客户档案表	认真检查填制好的档案表，查看填写内容是否与资料一致
4	装订、归档	客户档案填制后及时进行整理、分类，集中存放和管理

续表

序号	步骤	操作方法与说明
5	客户回访	根据回访日期、回访过程及情况，按照客户回访表（表1-3-3）的内容要求填写表格

（三）注意事项

1.整理客户资料时，要认真仔细，避免出现信息错误。

2.填写客户档案时，尽量简明扼要，突出重点内容。电子版资料应用常用字体填写。

3.每季度应对客户档案进行梳理完善，客户信息发生重大变动时，要及时更改完善。

4.客户档案资料属于商业机密，应做好保密工作，任何人不得随意泄露。

任务情境参考答案

（四）学习评价

客户档案建立评价表

序号	评价内容	评价标准	分值（总分100）
1	客户资料收集与整理	能完整准确收集客户资料	15
		能正确整理客户资料	15
2	档案建立	能正确填写客户档案表、客户回访登记表的内容	55
3	规范性	书写规范、字迹工整	10
4	学习态度	认真阅读任务情境，理解任务要求；回答严谨，考虑细致	5

二、相关知识

客户档案是指企业与客户建立的包含客户基本信息、业务、沟通记录、合同文件、服务记录等相关信息的记录。医药商品销售人员在接触目标客户后，应及时建立客户档案。掌握合理、准确的客户档案资料有助于企业提高营销效率，扩大市场占有率，与客户建立长期稳定的合作关系，有助于今后销售工作的开展。

具体来看，建立客户档案的意义在于以下方面：①便于企业全面深入了解客户，增进企业与客户的联系和沟通；②利于企业分析客户，做好个性化、人性化的服务；③能帮助企业充分掌握客户动向，防止客户流失；④有助于企业优化营销策略，降低成本，提高利润；⑤有效为客户进行深度服务，提升客户忠诚度，增加客户资源；⑥帮助企业预测市场趋势，制定前瞻营销策略，提高市场竞争能力。

动画：建立客户档案的意义

客户档案建立的流程通常包括：客户信息收集、信息整理、档案建立、归档、档案管理、档案保存（图1-3-1）。

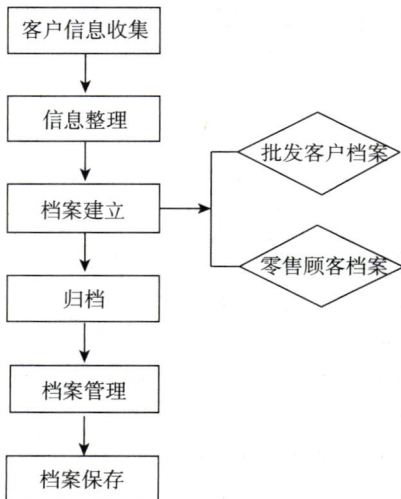

图1-3-1 客户档案建立流程图

（一）客户信息收集

根据客户性质的不同，医药企业可以将客户分为批发客户和零售顾客。批发客户的基本情况获取方式，主要是公司营销人员对客户进行的电话访问和电子邮件访问及与客户的交易记录等。零售顾客信息收集的主要途径是与顾客进行有效的沟通交流。

1. 批发客户信息收集　包括：客户基本信息、基本经营资料、客户特征、业务状况等。

（1）客户基本信息　①公司基本信息：公司名称、地址、电话、传真、网址、邮编、经营时间、经营规模、公司背景、营业执照、财务报表等。②公司法定代表的基本信息：姓名、职务、联系电话等。③公司采购负责人的相关信息：姓名、职务、联系电话等基本情况。④与本公司交易时间、合同及相关文件。

（2）基本经营资料　营业执照复印件、采购合同、补充采购合同、各项证明书、税务登记证复印件。

（3）客户特征　资金实力、固定资产、厂房所有权、发展潜力、经营观念、经营方向、经营政策等。

（4）业务状况　财务表现、销售变动趋势、内部人员素质品行、与本公司的业务关系及合作态度。

2. 零售顾客信息收集

（1）顾客基本信息：客户姓名、性别、年龄、联系电话。

（2）顾客联系地址：填写格式为"××省×××市/县×××区×××路/街×××小区×××单元×××室"。

（3）疾病类型、病史、药物过敏史、禁忌症。

（4）购药需求：规格、数量等。

（5）用药习惯、饮食习惯等。

知识链接：零售
药房会员管理

（二）信息整理

1. 鉴别客户信息的真伪：通过网站获取信息、与客户交流等途径，鉴别收集到的信息是否真实有效。

2. 检查客户信息是否齐全。

3. 根据客户信息的性质、内容，将所获信息分门别类进行整理。

（三）档案建立

1. 根据整理的客户资料，按照要求填制客户档案。

2. 认真复核填写内容是否正确。

（四）归档

1. 归档时应确保客户资料全面、完整、准确。

2. 客户档案按照分类进行划分归档。一般有以下两种归档方法。

（1）按客户性质归档　批发客户、零售客户。

（2）按客户等级归档　重点客户、非重点客户。

3. 根据档案存储方式的不同，归档时应注意以下几点。

（1）纸质档案材料：用空档案夹存放，存放顺序是按照日期先后放置；对档案夹进行编号。对客户资料进行分类并排列顺序，依次编写页号。

（2）电子版资料：对不同客户档案，设立单独文件夹存储；文件夹命名应统一，可采用客户编号或客户名称；根据分类，建立存储目录结构。

4.客户档案可按季度或按年进行归档整理。

（五）档案管理

1.集中管理　客户资料是企业发展的重要资源，是企业的特殊资产。企业应对客户档案进行集中管理，设置客户档案集中管理制度，确保公司尽可能全面地掌握客户资料，营销部门、营销人员的客户资料应及时归档备案。集中管理客户档案可以帮助企业提高营销效率、减少经营风险与客户建立长期稳定的业务联系。集中管理客户档案可以减少客户资料分散化带来的危险，减少企业经济损失。例如，若客户资料只掌握在营销人员手中，营销人员离职后，私自带走客户资料，会给公司造成重大经济损失。

2.专人负责　客户资料属于企业内部机密资料，应确定具体的规定和办法，企业指派专人负责管理，严格控制，经授权的工作人员才可以查阅和借阅客户档案。同时，应加强员工保密意识，确保客户档案不被泄露。

3.动态管理　应经常了解客户情况，调整剔除已经变化的资料，及时补充新的资料，在档案上对客户的变化进行追踪，使客户管理保持动态性。获取最新客户信息后，应及时完成客户信息更新。对客户进行定期拜访，了解客户最新动态，避免因客户信息更新不及时造成企业利益损失。在客户与企业发生业务变化时，企业相关部门要及时更新客户档案，如更改联系人、更改公司住址、更改业务需求等。每半年对全部客户档案更新一次，对于重要客户，每个月至少进行一次档案更新，确保档案的准确性和完整性。

4.突出重点　根据客户的不同需求和属性，对客户档案实行分类管理，以便更好地管理客户信息。对于重点客户，档案资料要求更加全面准确。

5.灵活运用　建立客户档案的目的是在销售过程中对客户信息加以运用，以促进交易达成。所以，客户档案建立后，应及时灵活地提供给有需求的员工，帮助员工更全面、更迅速地了解客户需求，促进合作达成，提升客户满意度。应用客户档案时，既要遵守档案管理原则，也要把握好灵活性，使客户档案应用最大化，提升企业效益。

（六）档案保存

客户档案必须妥善保存，医药企业应建立安全防护措施以保障客户档案的安全性，如安装监控、门禁系统，对纸质档案采取防火、防潮、防水、防虫等措施。

客户档案的保管期限根据企业的需要进行确定，一般情况下应至少保存五年。对到期的客户档案可以进行归档或销毁，归档后仍然保留备份以备需要时查询。对于已到期且无须保留的客户档案，可以进行销毁处理。

即学即练

三、技能训练

情景1： 陆北市龙川制药有限公司（以下简称龙川制药）是集研制、开发、生产、销售为一体的制药企业，生产的药品品种有片剂、硬胶囊剂、颗粒剂、口服液体制剂等。今年2月2日，信林医药连锁股份有限公司（以下简称信林医药）采购部经理李波计划在龙川制药购买一批阿司匹林肠溶片，规格25mg/盒，200盒/箱，500箱。龙川制药委派销售部经理李国强接待洽谈，达成合作意向。

通过网络搜索信息和与李波交流，李国强得知信林医药是一家从事药品零售、保健食品销售、医疗器械经营等业务的公司。公司注册资金2540万元人民币，现有连锁药店65家，员工520人，主要经营品种有化学药品、生物制品、中成药、保健食品、医疗器械等。

信林医药总部位于山东省云台市观海路66号，法定代表人为刘畅。公司电话：5003-7775577；邮箱：DSxinlin@126.com；网址：www.dsxinlin.com；传真：5003-77755877；邮编：277712。采购部经理李波，联系电话：13365657777；个人邮箱：libo1983@126.com。

任务要求：

假设你是龙川制药的销售经理李国强，请根据情景1中的描述，按照要求填写批发客户档案（表1-3-1）。

情景2：赵雪，女，30岁，公司职员，家住云台市观海北路温馨小区5号楼3单元403室，联系电话：13399775522。11月20日到信林医药观海药店咨询，药店执业药师王晓丽接待。

赵雪自诉，近2个月来经常出现头晕、乏力、易疲倦，运动之后气短症状明显，而且月经量减少、皮肤干燥、指甲脆薄易断裂。店员王晓丽仔细询问后得知：顾客因生产后体重增加，开始通过控制饮食进行减肥，每天早上一杯牛奶，中午少量青菜，不吃主食，晚饭不吃。1个月前曾因晕倒到医院检查，血常规检查结果显示血红蛋白含量82g/L，红细胞计数3.0×10^{12}/L，诊断为缺铁性贫血，医生开具复方硫酸亚铁颗粒。吃药两个星期后感觉头晕症状减轻，遂停药。但是这两天又开始出现头晕、乏力症状，要购买复方硫酸亚铁颗粒，但感觉颗粒剂冲药比较麻烦，想更换其他类型药品。

执业药师王晓丽表示门店有硫酸亚铁口服液，服用方便、快捷，而且吸收比颗粒剂更快更好。同时，王晓丽向赵雪普及用药知识：缺铁性贫血的药物治疗时间较长，至少正常服药两个月，血红蛋白指标恢复后，还应继续服药3~6个月，其间还应监测血红蛋白含量；日常生活中要注意饮食调整，荤素搭配合理，多吃含铁高的食物，不能过度节食。王晓丽表示，如果办理门店会员，药店可以提供更专业的用药服务，并且会员可以参加门店关于合理膳食等的健康知识讲座。

赵雪提供了个人信息，办理了门店会员，购买了两盒硫酸亚铁口服液（规格：50ml/盒；生产企业：仁心医药股份有限公司），并约定下星期来店参与健康知识讲座。

任务要求：

假如你是药店的执业药师王晓丽，请根据情景2中的描述，按照要求填写零售顾客档案（表1-3-2）。

技能训练参考答案

任务1-4　营销分析

🏛 任务情境

B药品是Y制药公司生产的一款皮肤科的外用药物，尽管其有同类产品所不具备的

"快速止痒、温和不刺激"的特点，但消费者对B药品的一贯认知为"起效慢、价格贵、成人用"，被市场视为中高端产品。

随着同类产品市场的快速扩大，竞争日趋激烈。其同类药品一入市就以低价格、携带方便、强势推广的营销策略，快速"蚕食"着市场份额。在激烈竞争下，B药品的市场份额不断萎缩。

通过对市场进行调研，发现B药品的主要购买者是30～50岁的人群，主力群体是中年人。公司立足快速止痒、温和不刺激的特点，多渠道强化"不刺激，护肤护你、安全可靠"以加强品牌信誉"的宣传策略，使品牌与消费需求直接关联，培养了消费者好感，逐步提高了B药品的品牌认知度和消费者忠诚度。

近年来，该公司对B药品重新调整了品牌定位，在产品的具体诉求上力求差异化，使用人群更加广泛，充分展示产品本身的独特之处。在销售上以零售药店销售为主，通过努力，B药品的市场占有率提高一个百分点，销售排名提升至第10名，年销售额也增加了20%。

任务要求：

假设你现在是该公司销售部小张，请根据案例的描述，完成以下任务。

1.分析案例，在药品现状表中写出B药品的现状。

2.对B药品进行SWOT分析，将分析结果填入SWOT分析框架表。

3.按照SWOT分折结果，针对B药品制定适宜的销售策略，并填写药品销售策略表。

一、任务实施

（一）工作准备

1.药品现状表　见表1-4-1。

2.SWOT分析框架表　见表1-4-2。

3.药品销售策略表　见表1-4-3。

表1-4-1　B药品现状表

答题	得分

表1-4-2　SWOT分析框架表

外因 内因	Strengths（优势）	Weaknesses（劣势）
Opprtunities（机会）	SO战略	WO战略
Threats（威胁）	ST战略	WT战略

表1-4-3　药品销售策略表

答题	得分

（二）操作过程

序号	步骤	操作方法与说明
1	分析药品现状	依据背景资料找出药品营销环境的相关因素及消费者的需求（背景资料中出现的），进而找出背景资料中药品的优势、劣势、机会、威胁，并将找到的内容填写到药品现状表中
2	填写SWOT分析框架表	将背景材料中所找到的资料逐一填写在SWOT分析框架表中，注意写出关键点即可
		根据药品的优、劣势以及机会、威胁，将表格中的组合写出组合策略
3	写出药品销售策略	根据上述的SWOT分析写出营销策略建议，包括：市场细分及定位，营销组合策略的应用（从药品、价格、渠道、促销四方面选取进行设计）

（三）注意事项

1.要严格遵守国家、行业相关规定及与药品相关的法律法规，具有规范意识。

2.药品的销售策略要具体并具有可操作性。

任务情境参考答案

（四）学习评价

营销分析评价表

序号	评价内容	评价标准	分值（总分100）
1	分析药品现状	能准确写出药品所处的宏观环境和微观环境	30
2	分析药品营销环境（SWOT分析法）	能完整准确写出药品营销环境的优势与劣势、机会与威胁	35
3	药品销售策略内容	主题鲜明，策略全面	30
		策略具体，可行性强，符合相关法律法规	
		策略符合社会发展特点，有创新元素的融入	
4	学习态度	积极认真，策划灵活创新	5

二、相关知识

（一）药品市场营销环境

1.药品市场营销环境的定义　药品市场营销环境是指与药品市场营销活动相关的，直接或者间接影响药品企业市场营销活动的各种外界条件和内部因素的综合。

2.药品市场营销环境的分类　药品市场营销环境可分为宏观市场营销环境和微观市场营销环境两大类。宏观营销环境（又称间接营销环境）是指所有与企业的市场营销活动有关系的环境因素，包括人口、经济、自然、技术、政治法律和社会文化环境。微观营销环境（又称直接营销环境）是指与企业营销活动紧密相关的环境因素，是直接影响企业营销能力的各种组织与行为者的力量和因素，包括企业、供应商、营销中介、顾客、竞争者和公众环境。宏观营销环境对企业的影响通常是间接的，决定着企业活动的大方向；微观环境的影响是直接的。

3.药品市场营销环境的特征

（1）客观性　营销环境不以某个营销组织或个人的意志为转移，它有自己的运行规律和发展特点。

（2）动态性　主要包括三个方面：一是环境因素的变化会引起另一环境随之变化；二是每个环境内部的子因素变化会导致环境因素的变化；三是各因素在不同的形势下，对企业活动产生的影响大小不一样。

（3）不可控性　药品市场营销环境作为一个复杂多变的整体，单个企业不能控制它，只能适应它；然而企业通过主观能动性的发挥，如调整营销策略、进行科学预测或联合多个企业等，可以冲破某些环境的制约或改变某些环境因素，从而取得成功。

（4）相关性　药品市场营销环境的各种因素之间相互制约与影响，其中一个因素的变化会引起其他多个因素相互变化，从而形成新的药品市场营销环境。

（5）差异性　不同国家的营销环境存在着很大的差异性，即使同一国家的不同地区，也会存在一定的差异。

（6）复杂性　一方面表现为药品生产经营企业的外部环境因素是企业所不能控制的，另一方面表现为各环境因素之间经常存在着矛盾的关系。

4.药品市场营销环境的分析方法

（1）SWOT分析法　SWOT分别为strengths（优势）、weaknesses（劣势）、opportunities（机会）、threats（威胁）。SWOT分析法又称为态势分析法或内外情况对照分析法，是将宏观环境、微观环境、市场需求、竞争状况、企业营销条件等进行综合分析，分析出与企业营销活动相关的优势、劣势、机会和威胁。分析的目的是随时掌握其发展趋势，从中发现市场机会和威胁，有针对性地制订和调整自己的战略与策略，不失时机地利用营销机会，尽可能地减少威胁带来的损失。

运用SWOT分析法的基本规则包括：对医药企业的优势与劣势有客观的认识；区分医药企业的现状与前景；必须全面考虑；与竞争对手进行比较，比如优于或是劣于你的竞争对手；保持SWOT分析法的简洁化，避免复杂化与过度分析。

（2）SWOT分析的基本思路

1）分析环境中的主要变量　①优势和劣势分析：内部环境因素包括优势因素和劣势因素，它们是医药企业在其发展中自身存在的积极和消极因素，属于主动因素。②机会与威胁分析：外部环境因素包括机会因素和威胁因素，它们是外部环境对医药企业发展直接有影响的有利和不利因素，属于客观因素。

2）构造SWOT矩阵　将调查得出的各种因素根据轻重缓急或影响程度等排序方式，构造SWOT矩阵。在此过程中，将那些对医药企业发展有直接的、重要的、大量的、迫切的、久远的影响的因素优先排列出来，而将那些间接的、次要的、少许的、不急的、短暂的影响因素排列在后面。

3）撰写SWOT分析报告　在完成环境因素分析和SWOT矩阵的构造后，便可以制订出相应的行动计划。制订计划的基本思路是发挥优势因素，克服弱点因素，利用机会因素，化解威胁因素；考虑过去，立足当前，着眼未来。

知识链接：
SWOT分析报告

（二）药品目标市场营销战略

目标市场营销战略由细分市场（segmenting）、选择目标市场（targeting）和目标市场定位（positioning）三个部分组成，简称STP营销。STP营销是现代营销战略的核心。

1.医药市场细分　是指医药企业按照一定的细分变量，即影响医药市场购买者的欲望和需要、购买习惯和行为等因素，把整个医药市场细分为若干个需要不同的产品和市场营销组合的市场部分或亚市场的过程。其中任何一个市场部分或亚市场都有一个有相似的欲望和需要的购买者群，都可作为医药企业的目标市场。

2.医药目标市场选择模式

（1）市场集中化　是指企业只生产一种产品去满足一个细分市场的需求。

（2）产品专业化　是指企业只生产一种产品来满足整个市场的需求。实行产品专业化战略有利于企业充分发挥生产和技术优势，降低成本，树立企业形象，提升品牌知名度。

（3）市场专业化　是指企业专门生产经营满足某个细分市场需求的各种产品。实行市场专业化战略有利于企业分散风险，扩大企业市场占有率。

（4）选择专业化　是指企业选择若干个互不相关的细分市场作为自己的目标市场。

（5）全面市场化　是指企业生产多种产品去满足整个市场的需求。这是实力雄厚的大企业采用的一种模式。

3.医药目标市场选择策略　医药企业确定细分市场作为生产和经营目标的决策，称医药目标市场选择策略。医药企业决定为多少个子市场服务，即确定其目标市场涵盖战略时，有三种选择：无差异市场营销策略、差异市场营销策略和集中市场营销策略。

（1）无差异市场营销策略　是指医药企业在市场细分之后，不考虑各子市场的特征，而只注重子市场的共性，决定只推出一种产品，运用单一的市场营销组合，力求在一定程度上满足尽可能多的顾客的需求。

（2）差异化市场营销策略　是指企业对每个细分市场使用不同的营销组合，将其营销力量直接对准每个或多个细分市场，满足各个子市场的需要。

（3）集中市场营销策略　也称密集市场营销战略，是指企业选择一个或几个性质相似的细分市场作为目标市场，集中企业资源实行专业化经营，在特定市场上扩大市场占有率。

4.医药目标市场定位

（1）市场定位的含义　市场定位，又称产品定位，就是确定产品在市场中的位置。即根据顾客对某种产品属性的重视程度，给本企业的产品创造并培养一定的特性，树立一定的市场形象，在为数众多的产品概念中，发现或形成有竞争力的、差别化的产品特色及重要因素。

（2）医药市场定位的步骤　包括：①确认本企业的竞争优势；②准确地选择相对竞争优势；③显示独特的竞争优势。

（3）医药市场定位策略　医药市场定位策略对于医药企业研发新产品，开拓新市场，充分发挥企业人、财、物力的作用是一种相当有效的方法。医药市场定位策略还有助于医药企业树立在消费者心目中的形象。

1）避强定位　就是避开强有力的竞争对手，将自己的产品定位于另一个市场。避强定位采取迂回方式，避免与目标市场上的竞争对手进行直接对抗，通过对市场和现药品的认真分析研究，发现消费者实际需求中未能被很好地满足的部分，定位于市场的空白点开发和销售目前市场上没有的某种特色产品，开拓新的市场领域。

2）迎头定位 又称对抗定位，即在市场上与占据支配地位的竞争对手直接对抗，选择与其相同的市场位置，争取同样的目标顾客，使用相同的市场营销组合策略，从而在消费者心目中占据明确的位置。

3）重新定位 就是企业调整原有的市场定位，进行二次定位。重新定位是医药企业改变产品特色，改变目标顾客对其原有的印象，使顾客对产品新形象重新认识并认可的定位策略。

（三）医药市场营销组合策略

市场营销组合企业在选定的目标市场上，综合考虑环境、能力、竞争状况、企业自身可以控制的因素，加以最佳组合和运用，以完成企业的目的和任务。市场营销组合中所包含的可控制变量很多，可以概括为四个基本变量，即产品（product）、价格（price）、地点（place）、促销（promotion），这就是著名的4p营销组合。

医药市场营销组合是企业可控因素的组合，是多层次的组合，是动态的组合，是整体的组合。市场营销组合是制定营销战略的基础，是应对竞争的有力手段，是协调企业内部各部门工作的纽带，有助于合理分配营销费用。

1.医药市场产品策略

（1）产品（product） 代表企业提供给目标市场的物品和服务的组合，包括产品质量、外观、式样、品牌名称、包装、规格、服务、保证、退货等。

（2）药品生命周期 是把一个药品的销售历史比作人的生命周期，就药品而言，也就是要经历一个开发、导入、成长、成熟、衰退的阶段。药品生命周期是指一种药品从进入营销到退出市场营销的全过程所经历的时间。典型的药品生命周期一般可以分成四个阶段，即导入期、成长期、成熟期和衰退期。

2.医药市场价格策略

（1）价格（price） 代表顾客购买商品时的价格，包括价目表所列的价格、折扣、支付期限、信用条件等。

（2）药品的定价策略

1）心理定价策略 主要应用于药品的零售环节，是企业运用心理学原理，针对消费者在购买过程中的心理状态来确定药品价格的一种策略。

2）折扣、折让策略 是降价的特殊形式，主要针对药品的批发企业和零售企业，是促进他们销售本企业药品常采用的激励方法。

3）产品组合定价策略 是处理本企业各种产品之间价格关系的策略，是对不同组合产品之间的关系和市场表现进行灵活定价的策略。

4）差异定价策略 是指对同一药品或服务，根据流通环节、销售对象、时间或地点等方面的不同来制定不同价格的一种策略。

5）促销定价策略 是在某些情况下，企业为促进销售，会暂时性地将其药品价格定在价目表的价格以下，有时甚至低于成本，这种价格就称为促销价格。

3.医药市场渠道策略

渠道（place）也称为地点或者分销，代表企业使其产品可进入和到达市场（或目标顾客）所进行的各种活动，包括销售或供应渠道选择、仓储、运输等。

4.医药市场促销策略　促销（promotion）代表企业宣传介绍其产品的优点和说服目标顾客来购买其产品所进行的种种活动，包括广告、销售促进、宣传、公共关系、人员推销等。

即学即练

三、技能训练

情景：拥有百年历史的某品牌中成药，作为一种家喻户晓的中药品牌，凭借其神奇的止血、消炎、镇痛的药效，深受消费者信赖。然而，在现代化的进程中，药企也面临着诸多挑战与机遇。

该药品的独特配方和突出的功效使其在止血、消肿、止痛等方面表现卓越。企业通过积极引进现代化设备和技术，同时投资于科研，为产品的持续改进和创新提供了强力支撑。企业对该药品的定位不仅局限于传统的止血药品，还涵盖口腔护理、皮肤护理、健康食品等多个领域。这种多样化的产品线有效降低了企业的经营风险，提高了市场竞争力。

该药品具有独特的疗效，但其配方依然是一个商业机密，企业内部的信息透明度相对较低，这引发了部分消费者的质疑，也在某种程度上限制了其市场扩展。该药品很大程度上依赖于传统中药市场，尽管这保证了其在国内市场的稳定，但在国际市场的竞争中，过于依赖传统中药可能限制了其发展空间，在国际市场推广受到了一定的制约，导致该品牌中成药在全球化战略中面临多重挑战。

随着科技的发展和消费者对健康的关注，中药现代化成为一种趋势，企业可借助这一趋势，结合现代科学技术，开发新型中药制剂，实现产品的升级和消费群体的扩大。随着全球逐渐进入老龄化社会，老年人对于保健药品和治疗外伤药品的需求越来越大。通过跨境电商、海外直销等方式，可以让更多的国际消费者认识并接受此品牌药品。

随着中药市场的不断扩大，越来越多的新兴中药企业进入市场，竞争日益激烈。药企也在不断创新和改进，以保持其市场领先地位。随着消费者对健康和药品安全意识的提高，市场对中药产品的要求越来越高。药企需要不断改进其产品质量，提升消费者信任，才能在竞争中保持优势。

任务要求：

1.分析案例，完成药品现状表（表1-4-1）的填写。

2.利用SWOT分析框架表，对药品进行SWOT分析，完成SWOT分析框架表（表1-4-2）的填写。

技能训练参考答案

任务1-5　价格调整

🏛 **任务情境** ⋯⋯⋯⋯⋯⋯⋯⋯⋯⋯⋯⋯⋯⋯⋯⋯⋯⋯⋯⋯⋯○

华中大药房医药连锁有限公司是一家兼营西药、中成药、中药材、中药饮片、保健品及医疗器械的大型药品零售连锁企业。近段时间，华中大药房物价部因各种原因，对公司的部分药品进行了调价，并将药品售价调整计划下发至各门店，要求各门店接到调整计划后按计划实施药品调价。

任务要求：

1.根据药品售价调整计划，在答题卷上完成药品调价单填写。

2.分析：该案例中涉及的药品调价策略有哪些？采用这些调价策略的原因各有哪些？

3.根据药品价格调整计划，完成各药品标价签的填写。

一、任务实施

（一）工作准备

1.**药品售价调整计划表** 见表1-5-1。

2.**药品调价单** 见表1-5-2。

3.**空白标价签** 见图1-5-1。

表1-5-1 华中大药房医药连锁有限公司药品售价调整计划表

调价单号：20**005　　　　　　　　　　　　　　　　　　　调价日期：20**年5月25日

物价部：××××

商品编号	通用名	规格	生产厂家	单位	原单价	调整单价	调价原因
25532	香砂养胃丸	200丸	安徽恒春	盒	10.60元	8.00元	扩大市场份额
35442	复方氟米松软膏	15g	澳林制药	支	26.80元	22.90元	竞争对手降价
61128	消痛贴膏	10贴	甘肃奇山	盒	36.70元	46.30元	成本增加
22546	脾肾两助丸	6g*6袋	山西华生	盒	29.80元	27.40元	竞争对手降价
51327	牛黄解毒片	12片	山西华生	袋	3.80元	5.80元	供不应求
87239	肠胃宁片	0.5g*48片	河南四方	盒	13.60元	11.50元	竞争份额趋于下降

表1-5-2 华中大药房医药连锁有限公司药品调价单

调价单号：_____　　　　　　　　　　　　　　调价日期：_____

商品编号	品名	规格	单位	库存数量	原售单价（元）	新售单价（元）	加或减	单位差价（元）	增加金额	减少金额
25532	香砂养胃丸	200丸	盒	20	10.60	8.00				
35442	复方氟米松软膏	15g	支	20	26.80	22.90				
61128	消痛贴膏	10贴	盒	30	36.70	46.30				
22546	脾肾两助丸	6g*6袋	盒	10	29.80	27.40				
51327	牛黄解毒片	12片	袋	30	3.80	5.80				
87239	肠胃宁片	0.5g*48片	盒	20	13.60	11.50				
合计										

本页增加（减少）金额：

填写人：_____

图 1-5-1　空白标价签

（二）操作过程

序号	步骤	操作方法与说明
1	确认调价通知单	物价员接到政府物价管理部门或企业物价滚利部门调价通知（表1-5-1）后，确认调价品种及价格变动情况
2	填写药品调价单	确认调价品种后，根据新售价填写药品调价单（表1-5-2），根据表格要求，计算相应金额
3	填写新的标价签	根据图1-5-1的样式，填写新标价签 注意书写规范
4	变价凭证整理归档	通知店内其他人员变价事项，并将变价凭证整理归档

（三）注意事项

1. 未接到正式调价通知之前，销售人员不可擅自调价。

2. 调价时，应将原标价签撤下，换上新标价签。不要将新标价签覆盖在原标价签的上面，以防止引起顾客的误会。

3. 提高销售人员的药品行业服务意识，增强销售人员的法治观念和职业道德观。

任务情境参考答案

（四）学习评价

价格调整评价表

序号	评价内容	评价标准	分值（总分100）
1	药品调价单填写	填写内容完整，计算准确	25
		严格按照有关规定操作	25
2	药品价格标价签填写	能正确填写药品价格标价签	25
		严格按照有关规定操作	25

二、相关知识

（一）药品价格的构成

医药产品价格通常是由生产成本、流通费用、国家税金和企业利润四个要素构成。

1. 生产成本　是指医药企业生产一定数量的某种药品所耗费物资的货币表现和支付给

劳动者的报酬。医药产品生产成本是价格构成要素中最基本、最主要的因素，是医药产品制定价格的基础。

医药产品的生产成本主要包括以下四个方面：①原料、辅料、包装材料、燃料等消耗费用的支出；②生产工人和管理人员的工资支出；③企业厂房和机械设备等固定资产的折旧；④其他支出。

2. 流通费用　是指医药产品从生产领域到消费领域转移过程中所发生劳动耗费的货币表现。如销售推广费用支出、市场调研支出、运输仓储支出、市场管理费用支出、医学产品注册费用支出等。企业设立销售机构，销售机构发生的人员工资、奖金、福利、培训、管理、差旅费系列支出等也列入流通费用支出。

3. 国家税金　依照中国现行税法，国家税金按其与医药产品价格的关系分为以下两类：一类是价外税，直接由医药企业利润负担，不计入药品价格；另一类是价内税，可以计入药品价格中，随药品出售而转嫁出去，与产品价格成正比。

4. 企业利润　是指医药产品价格减去生产成本、流通费用和国家税金后的余额。它不仅是价格构成的重要因素，也是医药企业生产经营中追求的最终目标。合理确定价格构成中的利润，直接关系到医药产品价格的市场竞争力。

（二）药品定价策略

医药产品定价策略是指医药企业在不同的内部条件和外部条件环境下，为了在目标市场中实现定价目标而采取的价格策略。

1. 新药定价策略　新药定价是医药企业价格策略的一个关键环节，新药价格确定的正确与否，直接关系到新药是否能顺利进入市场，并为以后占领市场打下基础。通常情况下，新药定价策略主要有以下三种。

（1）撇脂定价策略　又称高价策略或吸脂定价策略，它是指在新产品上市之初，将新产品价格定位在较高水平，以便在短期内获取高额利润，在竞争者研制出相似的产品以前，尽快收回投资的价格策略。一般而言，对于全新产品、受专利保护的产品、需求大而价格弹性小的产品等，可以采用撇脂定价策略。

（2）渗透定价策略　又称薄利多销策略，与撇脂定价策略截然相反，是指医药企业在新药上市初期制定比较低的价格，这样使新药以物美价廉的形象出现，吸引大量消费者，促使医药企业销量增加，夺取市场的主动权，提高市场占有率。这种定价策略比较适合那些所生产的医药产品潜在市场需求量大、医药产品需求弹性大且产量的扩大能降低成本的医药企业。

（3）满意定价策略　又称中间定价策略，是指新产品投入市场一开始就以适中的、买卖双方均感合理的价格销售产品的策略，它是介于撇脂定价策略和渗透定价策略之间的一种定价策略。

2. 心理定价策略　是指企业运用心理学原理，依据不同类型的消费者在购买商品时的不同心理要求来制定价格。

（1）尾数定价策略　又称零头定价，是指医药企业在确定药品价格时，制定非整数价格，以零头数结尾，消费者会感觉"便宜"，或者是价格尾数取"吉利数"，从而激起消费者的购买欲望，促进商品销售。

（2）整数定价策略　与尾数定价正好相反，即按整数而非尾数定价，是指医药企业把医药产品的价格定成整数，以显示产品具有一定质量，满足顾客高消费心理。一般来说，整数定价策略适用于那些知名品牌、优质的医药产品。

（3）声望定价策略　是对在消费者心目中享有一定声望、具有较高信誉的产品制定高价。对于医药产品而言，声望定价策略主要适用于保健品、稀有药材等。

（4）最小单位定价策略　是通过较小计量单位标价，让人乐于接受，从而增加销售量的定价策略。例如，某种名贵中药材标价每10克7元会比标价每千克700元更容易让消费者接受。

（5）习惯定价策略　是指消费者在长期过程中形成了对某种商品价格的一种稳定性的价值评估。对于常年销售的家庭必备药品、老药、慢性病用药，消费者需要经常、重复地购买，企业制定价格时应尽量顺应消费者的习惯价格，不能轻易改变，否则会引起消费者的不满，导致购买的转移。

（6）招徕定价策略　是指医药企业为了招徕顾客，有意将少数医药产品降价甚至低于进货价，以招徕吸引顾客的定价方式。这种定价策略让消费者认为这里所有的商品都很便宜，其实大部分商品都保持原价，甚至有些还高于竞争对手的价格。这种定价策略可以活跃卖场的销售气氛，增大客流量，从而带动整个卖场的销售额上升。

3. 折扣定价策略　是一种减价策略，是指医药企业在原定价格的基础上给予购买者一定的价格优惠，以吸引其购买的一种价格策略。这里主要介绍与医药商品相关的几种形式。

（1）数量折扣　是指按购买数量的多少，分别给予不同的折扣，购买数量愈多，折扣愈大。数量折扣分为累计数量折扣和非累计数量折扣。

1）累计数量折扣　即在一定时期内购买本企业医药商品累计达到一定数量所给予的价格优惠。其目的是鼓励顾客经常向本企业购买，成为可信赖的长期客户。这种方法特别适用于长期交易的商品、大批量销售的商品，以及需求相对比较稳定的商品，可以鼓励客户长期购买本企业的医药产品，建立长期交易关系。

2）非累计数量折扣　即一次购买某种医药商品达到一定数量或购买多种医药商品达到一定金额所给予的价格优惠。这种折扣策略是鼓励客户一次大量购买，从而降低企业销售成本，增加销售量，增加盈利。这种方法特别适用于短期交易的商品、季节性商品以及过时、滞销、易腐、易损的商品。

（2）现金折扣　是指医药企业对在规定的时间内提前付款或用现金付款者所给予的一种价格折扣，因此也称付款期折扣。其目的是鼓励顾客尽早付款，有助于增加医药企业的变现能力，使医药企业尽快回收资金、加速资金周转，降低销售费用，减少财务风险。

（3）功能折扣　又称中间商折扣，是指中间商在产品分销过程中所处的环节不同，其所具有的功能以及承担的责任和风险也不同，医药企业据此给予不同的折扣。主要是针对批发企业和零售企业的折扣，对批发商来厂进货给予的折扣一般较大，零售商从厂方进货的折扣会低于批发企业。鼓励中间商大批量订货，扩大销售，争取顾客，并与生产企业建立长期、稳定、良好的合作关系是实行功能折扣的一个主要目标。

（4）季节折扣　有些医药商品的生产是连续的，而其消费却具有明显的季节性。为了调节供需矛盾，这些医药商品的生产企业便采用季节折扣的方式，对在淡季购买药品的顾客给予一定的优惠，使企业的生产和销售在一年四季能保持相对稳定。

（5）促销折扣　是指生产企业对为其药品进行广告宣传、布置专用橱窗等促销活动的中间商给予减价或津贴，作为对其开展促销活动的报酬，以鼓励中间商积极宣传本企业的药品。折扣的多少，随行业、医药产品及中间商推广多少而定。这种策略特别适合新药的导入期，其实质是企业为开拓药品市场而支付的费用。

（三）药品调价的原因

1.内部原因

（1）促销活动特价　各种药品超市、药店营销活动繁多，特价促销活动几乎是所有商场、超市都在进行的营销方式之一。

（2）连锁企业总部价格政策的调整　价格是市场的杠杆，直接影响企业的竞争力、规模和效益。价格是市场销售中最敏感的要素，企业要长期在市场上扩大占有率，就必须根据市场条件的变化来调整价格，以取得更大经济效益。

（3）临期药品，折价销售　药店或药品超市对即将到期又无法退回生产厂家的药品，为减少损失，进行打折销售，以获得资金回笼。

2.外部原因

（1）政府物价管理部门价格调整　在众多医疗问题中，"药品费用增长过快"和"药品价格虚高"是关注的焦点，也是新一轮医疗改革将要解决的两个关键性问题。政府主管部门尝试着用各种方式来控制药品价格，其中行政性的价格干预是常运用的手段。

（2）同类商品的供应商之间的竞争　在产品供过于求、创新产品缺乏的情况下，降价销售是生产经营企业自下而上的重要手段，必然产生价格竞争。

（3）医疗保险制度改革对药品购销机制已开始产生影响　我国城镇职工基本医疗保险制度改革有两项重要内容：一是制定国家基本医疗保险用药目录，对纳入目录的药品给予保险支付，入选目录药品的重要条件之一是药品价格相对低廉；二是实行零售药店门诊统筹，对定点药店销售的药品给予保险支付，改变过去只对医院药房销售的药品给予报销的做法，定点药店入选条件包括经营规模、价格水平等。这两项改革实施直接影响生产企业（主要是品牌产品的生产企业）、零售药店的经营策略和价格行为，降价销售、扩大市场份额是生产经营企业的必然选择。

（四）药品调价的步骤

药品调价的操作流程主要包括以下几个步骤。

1.接到物价部门的调价通知　通常由药品价格操作人员负责接收。

2.核对店内调价品种　以确保调价的药品品种与物价部门通知的品种一致。

3.制作调价清单　在药库调价系统中制作调价清单，清单应包括药品的名称、规格、剂型、产地、包装等信息。

4.药店负责人核对调价清单　确认无误后方可执行调价。

5.在规定时间内调价　按照文件要求的时间在药库系统中进行调价操作，确保调价操作的及时性。

6.对调价品规有疑问的，报告药店负责人　如果在调价过程中对某个药品的调价有疑问，应报告给药店负责人，通过查询、咨询等方式解决疑问。

7.药品批量调价确认时间一般为非上班时间　目的是避免短时间内价格变化导致争议。

8.调价单及时报财务汇总　调价操作完成后，调价单需要及时报给财务进行汇总，以便进行财务处理。

即学即练

三、技能训练

情景： 赵磊是惠民药店的经理，他接到上级有关部门《关于调整在本市销售的吡喹酮等药品最高零售价格的通知》（表1-5-3）后，立即同部门员工一起对相关药品进行价格调整，为正常的销售工作提供保障。

表1-5-3　统一定价药品最高零售价格表

序号	国家定价目录号	品名	剂型	规格	单位	生产企业	最高零售价格（元）
1	137	吡喹酮	片剂	200mg*24片	盒	上海华氏制药有限公司天平制药厂	8.80
2	137	吡喹酮	片剂	200mg*100片	瓶	上海华氏制药有限公司天平制药厂	34.90
3	137	吡喹酮	片剂	200mg*1000片	瓶	上海华氏制药有限公司天平制药厂	313.00
4	141	蒿甲醚	胶囊	40mg*12粒	盒	昆明制药集团股份有限公司	27.00

附：吡喹酮，200mg*24片，原价11.60元；吡喹酮，200mg*100片，原价42.40元

任务要求：

1.根据背景资料，填写药品调价通知单（表1-5-4，只填货号1、货号2两个药品）。

表1-5-4　药品调价通知单

货号	品种	规格	单位	数量	原单价	调整单价	加、减数量	备注

营业部：×××　　　　柜组：×××　　　制表人：×××　　　　日期：×××

2.根据背景资料，填写新标价签（表1-5-5，填制货号1的药品）。

表1-5-5　惠民药店标价签

品名		产地	
编码		规格	
用途		计价单位	
零售价		标价签监制章	
		核价章（盖章）	

3.思考：调价注意事项有哪些？

技能训练参考答案

项目二

顾客服务

🎓 **学习目标** ⸺⸺⸺⸺⸺⸺⸺⸺⸺⸺⸺⸺⸺⸺⸺⸺⸺○

1.能够做好门店销售前的各项准备工作，包括门店的环境、物资准备、销售人员的仪容仪表以及精神状态的整理等。

2.熟知顾客接待的流程与技巧，能正确开展顾客的接待工作，并做好咨询、来函、来电业务的相关记录。

3.能对顾客的类型进行判断，准确探求其需求，并能对不同类型顾客采取适宜的销售策略，达成销售。

4.熟知药店常见的便民服务类型，能按规范为顾客提供测量血压、血糖、体脂等专业的药学服务以及代客煎药、送货上门等服务。

5.能够有效处理顾客的投诉，正确填写顾客投诉处理记录表。

6.熟知药店退换货的相关规定，能根据不同情境，正确处理顾客的退换货。

7.培养良好的职业素养，待客热情、服务周到，做事细心、耐心；培养遇突发事件沉着应对、灵活处理的心理素质。

任务2-1　顾客接待

🏛 **任务情境** ⸺⸺⸺⸺⸺⸺⸺⸺⸺⸺⸺⸺⸺⸺⸺⸺⸺○

某日上午，营业员小李正在店里为即将到来的药房周年庆典做准备，一位大爷走进药店，一直在药店内转来转去，仿佛在寻找什么东西。店员小李见状后立刻前去询问，原来大爷因腰痛腿痛、缺钙，长期服用补钙药品，想来咨询购买一些补钙的产品。

任务要求：

1.请写出药店营业员接待顾客的步骤。

2.请写出5句药店营业员常用服务用语。

一、任务实施

（一）工作准备

1.**环境准备**　提前整理台面，清洁卫生，保持营业环境整洁、明亮、舒适。

2.**药品准备**　门店中销售的常见药品品种、医疗器械等。

3.**人员准备**　药品销售人员整理好个人仪容仪表，保持积极心态，以饱满的精神面貌和良好的情绪状态投入工作岗位中。

（二）操作过程

序号	步骤	操作方法与说明
1	等待时机	正式营业前，营业员要整理好着装并佩戴工牌，精神饱满，随时做好迎接顾客的准备
2	初步接触	顾客进入药店后，营业员可以一边和顾客寒暄，一边和顾客亲近
3	药品展示和说明	通过示范法、感知法、逐级出示法和多种类出示法向顾客详细介绍药品，同时可提供几种药品让顾客选择比较
4	把握需求要点	顾客的购买动机不同，其需求不同，但其中必有一个需求是主要的，营业员要善于揣摩顾客的需求，把握需求要点
5	劝说	顾客听了营业员的相关介绍后，就开始做出决策了，营业员可以利用促销活动等机会，及时劝说以达成购买
6	促成成交	顾客对药品和营业员接触了解后即使有好感，也不会马上做出购买决定，一般还会犹豫不决，营业员要进一步针对问题，做好说明和服务工作，消除顾客的疑虑，促成交易
7	收款、包装	顾客决定购买后，营业员就要进行收款和包装。收款时，营业员唱收唱付要清楚准确；包装力求牢固、安全、整齐、美观
8	送客	包装完毕后营业员应将药品双手递给客人，并怀着感激的心情向顾客道谢，并交代用药注意事项

（三）注意事项

1.以顾客为中心，真诚、热情、耐心周到、细致入微为顾客服务。

2.服务礼仪符合规范要求，使用服务文明用语，注意态度和语气、语速、语调。

3.保持专注和倾听的态度，耐心询问和回答顾客问题。

任务情境参考答案

4.讲解要科学、准确、易懂。

5.服务流程要完整规范。

（四）学习评价

顾客接待评价表

序号	评价内容	评价标准	分值（总分100）
1	接待顾客的步骤	能准确写出顾客接待的8个步骤	40
2	常用服务用语	能准确写出至少5句常用的服务用语	30
		服务用语文明、专业、简洁、易懂	20
3	学习态度	态度认真严谨，书写规范，字迹工整	10

二、相关知识

（一）售前准备

1.环境准备　营业员要做好药店的清洁卫生，包括门店门前区域、门店招牌、橱窗、地面、设备设施、商品、货架等区域，清洁空气，保持营业环境整洁、明亮、舒适。

2.药品准备　营业员在营业前要检查柜台，查看药品是否齐全，如若缺货，要及时补齐；对货架、柜台上陈列的商品进行归类、整理，不得有空位，使得货架或柜台上药品摆放整齐、美观、大方；在整理药品的同时，注意检查标价签，务必做到货价相符，标签齐全、货签对位。对各种原因引起的药品变价，要及时调整标价，并做到熟悉店内药品的价格，增强顾客的信任感。

3.人员准备

（1）仪容自然整洁　①做好个人清洁卫生：上岗前应做好自身的清洁卫生，包括头发、面部、颈部、手部的清洁，同时注意清除口腔及身体异味。②上岗前要整理好自己的发型，避免怪异的发型和发色，发型应自然大方。女性营业员应将头发整齐束起；男性营业员不留超过发际的长发，不留大鬓角及胡须。③女性营业员不可浓妆艳抹，应化淡妆；不应留长指甲和涂彩色指甲油；不应喷过浓香水；不戴形状怪异和镜片有色的眼镜。

（2）仪表端庄大方　应着企业统一的制服，保持制服整洁平整，不应将衣袖或裤脚卷起，在左胸前佩戴统一的标有姓名、职称、职业资格、职务和工号的胸牌。注意鞋与服装的搭配，不宜穿式样过于休闲的鞋甚至拖鞋上岗，不应佩戴样式过于夸张的饰品。

（3）仪态自然得体　①站姿端正，正确的站姿应为头正、身直，两眼自然平视前方，工作中应避免倚靠柜台、趴在柜台上，双手抱肩、叉腰、插兜、左右摇摆或蹬踏柜台、嬉笑打闹等不良姿态。②在为顾客服务过程中，取物、开具票据等都要训练有素，不慌慌张张、手忙脚乱，动作幅度不宜过大并始终面带微笑，给顾客以大方、亲切、健康而朝气蓬勃的感觉。

（二）顾客咨询

1.咨询的类型

（1）知识型咨询　顾客对某种药品或某种症状、疾病提出咨询，希望得到健康、药品购买或使用上的指导。

（2）质量查询　顾客在用药过程中发生一些不良反应或者对公司提供的商品或服务质量有抱怨而通过来电、来函或直接上门进行查询。

（3）购销业务咨询　顾客对某类（种）感兴趣的药品提出有关购销业务的询问。

2.接待顾客咨询、查询的流程

（1）倾听顾客咨询和查询　药店营业员耐心倾听顾客来电、来函及上门查询，倾听时要面带微笑，不要打断顾客的咨询。

（2）重复并确认顾客咨询、查询的问题　重复一遍顾客咨询的大致内容，以确认理解了顾客咨询、查询的问题。

（3）解决顾客咨询、查询的问题　要抓住顾客所提问题的重点，以顾客疑问为中心，站在顾客的立场，给予全面的解释和解答。在提供咨询、查询服务的同时，也要努力把握成交的机会，即使对于仅仅来为健康或疾病用药进行咨询的顾客，也要热情提供服务。

（4）填写顾客咨询处理记录单　药店营业员将咨询、查询的内容及处理的过程和结果进行如实填写（表2-1-1）。

表2-1-1　顾客咨询处理记录单

日期	咨询内容	顾客姓名	地址	电话	接待人	处理意见	处理结果	备注

（三）顾客接待的步骤

顾客在购买药品过程中，一般经历8个心理活动阶段：观察阶段、兴趣阶段、联想阶段、欲望阶段、评估阶段、信心阶段、行动阶段、感受阶段。药店营业员要根据顾客购买药品时的心理变化，辅之以适当的接待步骤，针对性地进行接待，提供药学服务。顾客接待的步骤如图2-1-1所示。

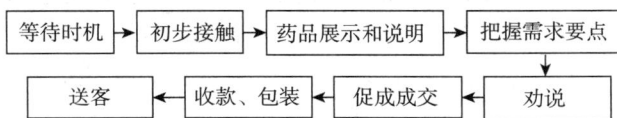

等待时机 → 初步接触 → 药品展示和说明 → 把握需求要点

送客 ← 收款、包装 ← 促成成交 ← 劝说

图2-1-1　顾客接待的步骤

1.等待时机　顾客没有上门之前，提前做好药店的清洁卫生，对货架、柜台上的药品进行检查、归类、整理。整理好自己着装并佩戴好工牌，保持正确的站姿，坚守在自己的岗位，要精神饱满，不能松松垮垮、闲聊，随时做好迎接顾客的准备。

2.初步接触　是营业员与顾客接触的第一步，要把握好接触的时机，不能太突兀。如当顾客进门后，营业员可微笑迎接，并走到顾客身边说"您好，请问需要购买什么药品呢"；当顾客突然停下脚步，长时间凝视某一药品时，我们可以问"您好，是自己用还是其他人用"，然后向顾客介绍产品；当顾客突然抬头时，可能是要找营业员咨询，这时可以说"您好，有什么可以帮您的吗"，为顾客解答问题并介绍产品。

知识链接：顾客购买的8个心理活动阶段

3.药品展示和说明　药品展示就是让顾客详细了解药品，对应的是顾客购买心理过程中联想阶段和欲望阶段。通过多种方式展示和说明，不仅让顾客了解药品疗效、使用方法、禁忌症等，还要使其产生相关的联想。

在药品展示过程中，顾客不一定马上决定购买，可能还需要比较权衡，一般对药品产生信心后才会购买。因此营业员必须熟悉店里的药品，做好药品的专业说明工作。开展药品说明时，要着重针对顾客的疑惑或问题，用通俗易懂的语言给予重点说明。

4.把握需求要点　不同顾客购买动机和需求不同，营业员要善于揣摩顾客的需求，把握需求要点。把握顾客需求的方法：①通过观察顾客的动作和表情来探测顾客的需要；②通过向顾客推荐药品，关注顾客的反应，来了解顾客的愿望；③通过自然的提问来询问顾客的想法；④善意地倾听顾客的意见。一般"揣摩顾客需要"与"药品展示"两个步骤交替进行，可明确顾客哪一种需求是主要的，有的放矢地向顾客进行销售要点的说明。

5.劝说　顾客在听了营业员相关介绍后，就开始做出决策，这时营业员要把握机会，及时达成购买，劝说要实事求是、有针对性，用药品本身质量信誉劝说，辅以动作，帮助顾客比较、选择。

6.促成成交　顾客在对药品和营业员产生信赖之后，就会决定采取购买行动，但有的顾客还会有些疑虑，即顾客的异议，这就需要营业员进一步了解顾客的真实想法并做进一步的说明和服务工作，以消除顾客的疑虑。这一过程还要及时捕捉成交信号，抓住成交的时机。顾客不断点头、开始问价钱或者关心售后服务等，这些都是常见的成交信号。此时营业员就不要给顾客再推荐新的药品，及时帮助顾客确定所要购买的药品。

7.收款、包装 顾客决定购买后，营业员就要进行收款和包装。在收款时，营业员必须唱收唱付，清楚准确。收款后将顾客所购买药品进行包装。包装之前检查药品是否有破损或污渍，包装要快捷、牢固、美观。

8.送客 包装完毕后，营业员应将药品双手递给客人，跟顾客致谢，并提醒顾客带好随身物品，以免遗落。如"请慢走，祝您早日康复"。但应注意，若顾客因生病来购药，像"谢谢，欢迎下次光临"这类表述则不适合，会让顾客感觉不舒服。

动画：顾客接待

（四）沟通接待的技巧

药店营业员在营业中会面对不同年龄、不同类型的顾客，应学会察言观色，研究顾客的心理，掌握一定的沟通接待技巧，才能有的放矢，满足顾客的不同需求。

1.沟通技巧 良好的沟通技巧对于药店营业员的工作至关重要。只有与顾客有效地进行沟通，才能准确了解顾客需求和为顾客提供准确解决方案，满足顾客的需求。沟通包括语言沟通和非语言沟通。良好的沟通技巧包括积极回应、礼貌待人，灵活运用语言、表情以及有效的身体语言与顾客建立联系并传递信息。

（1）耐心倾听，微笑服务 营业员要面带微笑，耐心倾听顾客的问题和需求，通过微笑使顾客感受到温情，沟通过程中不要打断或急于回答，而是在顾客表达完毕后给予恰当的回应。

（2）清晰表达，讲究技巧 在与顾客进行沟通时，营业员应层次清楚、言语生动、表达明白，避免使用过于专业或难以理解的术语。讲话还要注意多用请求式，少用命令式；多用肯定式，少用否定式；不得使用服务忌语，同时讲话时还可配合适当的表情和动作。营业员沟通态度是否热情、礼貌、准确、得体，直接影响顾客对药店的印象，从而影响顾客的购买行为。

当顾客采用电话、微信等方式进行线上咨询时，也要注意沟通技巧。营业员可主动向对方问好并报出药店名称，如"您好，这里是××药店，很高兴为您服务"，然后询问顾客的姓名、身份，了解其线上咨询或致电的目的。沟通过程中当自己无法明确答复时，要请对方稍候，问明白后再做答复；需要对方等待时，需向对方说："对不起，请您稍等一下。"结束沟通时要注意礼节，要有致谢语和告别语。

2.不同情形，灵活对待 营业员每天要面对各种各样的顾客，接待时要根据特定的情境，采用灵活多样的接待技巧，有效促成顾客的购买。常见接待情境的技巧见表2-1-2。

表2-1-2 常见接待情境的技巧

情形	接待技巧
接待不同类型顾客	接待新顾客时，要注重礼貌，以求留下好的印象
	接待老顾客时，要突出热情，使顾客有如逢挚友的感觉
	接待急性子或有急事顾客时，要注意快捷，不要让顾客因购买药品而误事
忙碌时的顾客接待	要有条有理，不要慌慌忙忙，看清顾客先后次序和动态，按先后次序接待
	接待顾客时要注意灵活运用"先易后难，先简后繁，先急后缓，先特殊后一般"的原则，使繁忙的交易做到井井有条

情形	接待技巧
忙碌时的顾客接待	在接待第一位顾客时，抽出空隙询问第二位顾客，并向第三个顾客点头示意或招呼说"请稍候"。视情形采用交叉售货，将商品拿给第一位顾客，让其慢慢挑选，腾出时间接待购买商品挑选性不强的顾客
	同时接待多位顾客时，需保持头脑清醒，保证能准确快速地接待顾客，避见出现差错。要做到眼快、耳快、脑快、嘴快、手快、脚快六者协调配合

（五）常用服务用语

接待顾客时，尽量使用普通话，使用文明礼貌的语言并做到语言亲切、语气诚恳。

1.常用的服务用语　①"您好"；②"对不起，请稍等"；③"您好，请问有什么可以帮您吗"；④"请您看下这个"；⑤"一共××元，收您××元，找您××元"；⑥"您先慢慢看，有什么需要您这边喊我"；⑦"请慢走，祝您早日康复"。

2.服务忌语　①"你要买就买，不买就算了"；②"您的问题我无法解答，也解答不了"；③"说明书上都写着，你自己看"；④"我现在忙着呢，你找别人吧"；⑤"我懂还是你懂"；⑥"嫌贵，你可以不买"。

即学即练

三、技能训练

情景1：某日上午，刚入职的小李正在药店里擦拭柜台、整理药品，一位中年阿姨走进店里，来咨询之前购买的硝苯地平缓释片20mg能不能掰成两半，分成两次服用。

任务要求：

1.思考：案例中的顾客咨询属于哪种类型？

2.请写出顾客接待的8个步骤。

情景2：随着医药电子商务的发展，越来越多的患者选择在电子商务平台上购买药品。某日，小王在某平台上选购了两种药品，通过电话联系平台服务人员小李，希望帮忙查询所买药品送达的时间。

任务要求：

1.思考：案例中的顾客咨询属于哪种类型？

2.请结合任务，写出接待顾客来电咨询的步骤。

技能训练参考答案

任务2-2　顾客分析

🏛 **任务情境** ···o

　　某药店会员日，营业员小李正在清洁柜台，一位中年女性顾客走入药店。店员小李赶忙迎上去，微笑问道："您好！请问有什么可以帮您？"顾客回答："我看今天是药店会员日，有折扣，我想购买一些成人用的感冒药品放在家里备用。"小李拿出几种常用感冒药给顾客，推荐说："好的，我给您介绍几种看看好吗？成人常用的感冒药主要有风寒感冒颗粒、复方氨酚烷胺胶囊、复方盐酸伪麻黄碱缓释胶囊等。"顾客继续问："这几种药哪个优惠力度最大，最便宜？"小李："今天是会员日，如果您是会员，复方盐酸伪麻黄碱缓释胶囊、风寒感冒颗粒都可以享受7折，性价比较高。这两种药疗效确切、药品安全性高，都是家庭常备的感冒药。"顾客："好的，那就这两种吧。"小李继续简要介绍了服用方法、注意事项等，并嘱咐顾客：使用之前要认真阅读说明书；如用药3~5天症状未缓解，应及时去医院就诊。

任务要求：

1.结合任务情境，通过对顾客购买行为特征的分析，判断顾客所属类型。

2.请写出该类型顾客的心理特点和接待技巧。

一、任务实施

（一）工作准备

1.情境所需的接待环境。

2.常见疾病的主要用药、医疗器械、保健品等相关产品（根据任务情境准备）。

（二）操作过程

序号	步骤	操作方法与说明
1	做好顾客接待准备	整理、清洁药店，仪容、仪表、仪态得体舒适
2	顾客类型的分析判断	根据年龄，可分为青少年、青年人、中年人、老年人四种常见顾客类型 根据购买行为特征，可分为理智型、习惯型、经济型、冲动型、疑虑型、躲闪型、感情型七种常见顾客类型
3	完成服务接待	准确定位顾客类型和需求，采取适宜的销售策略，力求达成销售

（三）注意事项

1.根据观察和分析，确定顾客类型和需求，采取相应的策略达成销售。

2.以顾客为中心，坚守职业道德和情操，关爱和尊重顾客，根据顾客需求和特点做好接待服务，特别关注特殊人群、特殊顾客的需要，提供细致的药学服务。

任务情境参考答案

（四）学习评价

顾客分析评价表

序号	评价内容	评价标准	分值（总分100）
1	顾客分析	能根据顾客表现，准确判断顾客类型	10
		能准确写出该顾客类型的心理表现和接待技巧	25
		能准确写出该年龄顾客的心理表现和接待技巧	25
2	药学素养	药品介绍和用药指导专业、准确，以顾客为中心，提供细致的药学服务	30
3	服务礼仪	仪容、仪表、仪态符合要求，沟通表达流畅，服务接待程序完整	10

二、相关知识

药店销售人员会接待形形色色的顾客，除具备扎实的药学专业知识外，还需要具备较强的顾客接待能力，能对顾客进行分析，对不同类型的顾客采取适当的销售对策和接待技巧。

顾客的特点和需求多种多样，在购买过程中会有不同的表现，但又有一定的共性特征。通过顾客言行举止判断顾客类型，采用相应的接待方法，可以达到事半功倍的效果。可按年龄、购买行为特征、心理等不同因素将顾客划分为不同类型。不同年龄、不同购买行为特征和不同消费目的顾客，是按照不同的依据分类，多有重叠交叉。如老年顾客多为习惯型顾客，青少年顾客较多为冲动型顾客，中年女顾客常带孩子随行等。虽然顾客类型、需求和销售技巧有很多，但最核心的是顾客至上，真正以顾客为中心才是达成销售的关键，也只有在工作中不断运用和优化销售策略，才能掌握真正属于自己的销售技巧。

（一）不同年龄顾客的特征以及接待技巧

不同年龄顾客的消费心理不同，引导方法也不同。根据年龄，医药消费者可划分为以下四种类型。

动画：不同年龄顾客的接待技巧

1.青少年顾客 一般既追求个性化，又存在模仿成年人和从众心理，注重感情和直觉，冲动性购买色彩浓重。药店销售人员应充分利用所售药品的直观形象作用，向其推荐新上市的产品。

2.青年顾客 大多购买力强，愿意接受信息，追求科学、快捷实用、新颖时尚，彰显成熟，但冲动性经常高于计划性。药店销售人员应耐心讲解相关的医学知识，向其推荐新颖、使用科学、满足其需求的药品。

3.中年顾客 多数责任心强，是家庭消费的主要决策者，在购买中关注药品的性价比，消费时更加理性、有计划、有主见。药店销售人员应真诚相待，认真、亲切地与其交谈，切勿夸夸其谈。接待中侧重同类药品的比较分析和用药指导。中年顾客一般家有老人和子女，可适当表达对顾客家庭和事业的关心，关注其家庭成员，可根据需求推荐适合的保健品。

4.老年人顾客 多有眼花、耳聋、活动迟缓、敏感多疑等特点，消费时具有较强的习惯性购买心理，对保健食品比较感兴趣，需求为方便、安全、实效。药店销售人员应为其提供舒适、方便、安全的购买环境，如主动提供座位、交流时放慢语速、适当提高音量。在接待中做到耐心周到、细致入微，如为活动不便的老年人顾客提供送药上门、免费按时监测血压血糖等公益服务。在接待中可根据顾客实际需求为其推荐保健品，实现关联销售。

（二）不同购买行为特征顾客的特点以及接待技巧

根据购买行为特征，医药消费者可分为理智型、习惯型、经济型、冲动型、疑虑型、躲闪型、感情型七种类型。

1.理智型顾客 对所要购买商品的功效、用法、产地、名称、规格等基本情况有了解，购买之前会进行信息收集，购买中愿意听取销售人员建议，但有自己的主见，主要依据药品的质量和疗效进行选择。药店销售人员应以准确的导购服务为主，接待要耐心，解答问题要专业，做到问不烦、拿不厌。在接待过程中，以顾客的需求为上，可适时推荐其他品种药品，但推荐理由应充分且不过多推荐，以免引起反感。

2.习惯型顾客 直奔所要购买的商品，并能讲出其产地、名称和规格，不喜欢购买替代品。因为经常购买，顾客对这些医药商品十分熟悉，体验较深，再次购买时往往不再花费时间进行比较选择，注意力比较稳定、集中，一般不会轻易改变其固有的购买方式。老年人顾客多为习惯型顾客，有常用的固定品牌药品。药店销售人员应尊重顾客的消费习惯，满足他们的要求。

3.经济型顾客 大多数以价格低廉作为选购商品的前提条件，喜欢买价钱低、效果也不错的商品，对促销、优惠等感兴趣。少数专买高档商品，对这类顾客要让其相信货真价实。药店销售人员要懂商品的性能、特点，推荐一些经济实惠的药品，或进行各项低价促销活动，满足消费者需求。

4.冲动型顾客 不问价格、质量和用途，到店就买，一般以主观感觉为主，从个人的兴趣或情绪出发，喜欢包装设计新颖的医药商品，购买时不愿做反复的比较选择。冲动型顾客常见于青少年、青年人。药店销售人员在接待时要"快"，着重介绍顾客感兴趣的药品性能、特点，并提醒注意考虑比较，最终为顾客选购合适又满足其用药需求的药品。

5.疑虑型顾客 购买时小心谨慎、疑虑重重，一般需要较多的时间，对商品拿不定主意，挑了很久也下不了购买的决心，购买时也会犹豫不决甚至中断购买。药店销售人员要热心服务，耐心介绍商品，当好顾客"参谋"，帮助他们选购商品。在接待过程中，切忌因顾客疑虑不决而厌烦，应当用耐心、微笑和专业的药学知识打消顾客疑虑，达成销售。

6.躲闪型顾客 由于一些难以启齿的疾病或涉及个人的隐私，在购买医药商品时有躲闪、不安等不自在的行为。药店销售人员不要过多询问和关注此类顾客，否则会令其不适；只需要随时关注顾客的动向，适当地关心并引导其购买产品。在进行接待时，应注意轻声言语，保护顾客隐私，令顾客放松。多见于购买计生用品或一些患特殊疾病的顾客。

7.感情型顾客 以是否符合自己的感情色彩作为购买的主要依据，购买时注意力容易转移，兴趣易变化，对药品的品牌、包装等较重视。药店销售人员应尽可能注重产品的包装、特征及柜台陈列等，以符合其感情需求，并提供热情的咨询和适当的推荐服务。在日常接待中，注意维护顾客关系，对顾客表达关爱，稳固老客源，发展新客源。

即学即练

三、技能训练

情景1：某药店，营销员小李正在整理药品，走进来一位老大爷。小李整了整工作服衣领和胸牌，赶忙迎上去，笑着说："大爷，您好！有什么可以帮您的？"大爷回答："我想买一直吃的碳酸钙D_3片。"小李说："好的，老年人因为年龄的因素容易患骨质疏松，补钙是一个长期的过程，建议您按疗程服药。"大爷："是的，我一直坚持服用这个钙剂，效果挺好的。"小李包装好药品，说道："如果肠胃不好，建议少食多餐，多喝牛奶，多吃海产品这些富含钙的食物。大爷，除了日常饮食，您也可以搭配我们店的这款中老年高钙配方牛奶粉一起使用，奶粉容易消化吸收，营养全面，每天一杯就能满足您钙的需求。"大爷认真地看了奶粉后说："那给我一起拿一罐奶粉吧。"小李包装好并引导大爷完成收银，礼貌热情地送他离开。

任务要求：

1.根据对购买行为特征进行分析，该顾客属于哪种类型？

2.请写出该类型顾客的心理特点和接待技巧。

情景2：某药店，一青年女性顾客在柜台前手拿皮炎平（复方醋酸地塞米松乳膏）和达克宁（硝酸咪康唑乳膏）比较了很久，犹豫不决，询问店员："周末去公园，回来后皮肤发红发痒，请问皮炎平和达克宁哪一个效果更好？"店员接过药品，解释说："这两个药品没有好坏之分。夏季各种皮肤病高发，达克宁治疗真菌性的癣症效果比较好，比如我们俗称的脚气；皮炎平是一种激素药物，治疗一些由过敏引起的疾病，比如湿疹、皮炎。根据您的病症，选择皮炎平更好。"顾客疑惑地问道："皮炎平又分为红色装和绿色装，有什么区别，我买哪个更合适？"店员耐心地说："这两款皮炎平都是糖皮质激素类药物，绿色装温和，适用于面部还有小儿湿疹；红色装适用于过敏、皮炎，止痒速度快，涂感清凉。您的情况拿红色装更合适。"顾客又指着炉甘石洗剂说："炉甘石适合我用吗？我看这个也很常用。"店员解释："炉甘石主要用于荨麻疹、痱子等急性瘙痒性皮肤病，但不能用于破溃的地方，有一定的刺激性。综合您的情况，皮炎平涂抹方便，止痒效果更快，更适合您。"顾客打消了疑虑，满意地说："好的。"店员继续进行了用药指导说明。

任务要求：

1. 根据对购买行为特征进行分析，判断该顾客所属的类型。
2. 请写出该类型顾客的心理特点和接待技巧。

技能训练参考答案

任务2-3 便民服务

🏛 任务情境

某日早上8点，普惠大药房中山路店店员小张正在做销售准备工作，居住在附近社区的老顾客李大爷来到门店，说到他今天早上起床时感觉头有点晕，服用降压药休息半小时后还是觉得不太舒服，不知道是不是血压没有控制好。小张把李大爷引导到休息区，细致地为李大爷测量了血压，发现李大爷的收缩压为155mmHg，舒张压为102mmHg，当即建议李大爷到医院就诊。当天下午，李大爷到门店告诉小张，医生为他调整了用药方案，并向小张表达谢意。小张表示门店长期为顾客提供免费测量血压的服务，后期李大爷还可以继续到门店来测量血压。

任务要求：

1. 列出使用上臂式电子血压计测量血压的步骤。
2. 列出血压测量的注意事项。

任务情境参考答案

一、任务实施

（一）工作准备

1.环境准备 提前整理顾客服务台物品，清洁卫生，保持环境整洁、舒适。

2.物品准备 准备门店常见便民服务项目所需物品，如各类型电子血压计、温度计、体脂仪等。

3.人员准备 药品营业人员整理好个人仪容仪表，以良好的精神面貌和积极的情绪状态做好顾客服务工作。

（二）操作过程

序号	步骤	操作方法与说明	质量标准
1	接待准备	营业员着装整齐，佩戴工牌，随时做好迎接顾客的准备	展现积极向上的精神状态
2	明确需求	（1）营业员确认顾客提出的便民服务需求 （2）营业员与顾客初步沟通，从顾客表述中了解和发掘顾客需要提供便民服务的潜在需求	（1）礼貌用语，语言温和，态度积极 （2）准确理解患者提出的便民服务需求
3	环境准备	根据提供便民服务的内容，选择合适的服务场所： （1）在店内提供服务的项目：营业员及时将顾客引导至服务台，做好服务准备 （2）到店外提供服务的项目：营业员在店内提前做好物品准备，按约定到达指定的服务场所	（1）提供店内服务的场所：用品齐全有序，环境舒适整洁 （2）提供店外服务时，营业员须佩戴工牌，携带相应票据或表格
4	提供服务	按照服务项目的操作规范流程，为顾客提供专业有效的便民服务	服务过程中，密切观察顾客情况，及时与顾客沟通，确保服务质量
5	登记信息	（1）根据提供便民服务情况，做好相关数据的记录 （2）收集顾客反馈，作为改进的基础，优化顾客满意度	（1）数据登记和顾客意见反馈使用专用表格，定期整理归档 （2）态度真诚，积极鼓励顾客反馈
6	建议指导	根据顾客接受便民服务的情况，给予专业指导意见	态度诚恳，指导意见准确
7	整理物品	在便民服务结束后，及时整理所用物品，做好清洁卫生，以便下一次便民服务使用	

（三）注意事项

1.为顾客提供便民服务的环境应选择相对独立的空间，并配备必要的设施设备。
2.使用设备为顾客提供服务时，应严格按照规范进行，服务建议应科学、准确。
3.服务态度应真诚热情、细致耐心。

（四）学习评价

便民服务评价表

序号	评价内容	评价标准	分值（总分100）
1	提供便民服务前的准备工作	能使用服务用语问询顾客，明确顾客需要的便民服务内容	10
		能描述提供此项便民服务的场所	10
		能准确选用提供此项便民服务的仪器设备	10
2	便民服务操作	能按照规范的操作步骤为顾客提供便民服务	50
3	专业指导	能判断顾客接受便民服务后的情况，给予恰当的专业指导	20

二、相关知识

药店作为居民健康服务的"最后一公里"，在健康中国战略中发挥着极其重要的作用。作为服务性的企业，通过开展便民服务能够有效地为顾客创造服务价值，满足消费者一站购齐的需求，还可以开发一些新的综合式服务，以服务求生存和发展。

（一）常见的免费项目

药店通过免费的便民服务，如提供无线网络、免费茶水，免费提供报刊阅览，免费测量身高体重、血压、体温等，从各方面满足顾客的需求，从服务的细节方面提升药店的形象和服务价值。

动画：血压测量　　知识链接：体温测量

（二）中药加工服务

1.代客煎药　对普通消费者而言，汤剂的制备颇为不便，若操作方法掌握不好，难以保证药品质量。同时，老年人行动不便，煎药困难；年轻人工作忙，没时间煎药。因此，为方便消费者，很多药店在店内设置代客煎药服务。代煎中药具有服用方便安心、便携性强等特点。

知识链接：中药煎药应注意的事项

2.中药材切片　是指将净选后的中药材进行软化处理后，切成一定规格的片、丝、块、段等形状的过程，其目的是提高煎药的质量。人参、西洋参、天麻等贵重中药在药店销售时，为便于顾客直接观察中药的外观，常以未切片的状态销售。但是这些中药的质地比较坚硬，顾客购买后较难切片处理，因此药店通常会提供中药材切片服务，方便顾客使用此类中药材。

3.中药材或饮片粉碎　药店销售中药饮片时，经常会遇到需要粉碎中药材或中药饮片的情况。如调配中药处方时，某些质地坚硬的中药或者种子类中药需要打碎。此外，为了满足顾客服用方便或煎煮要求，药店会为顾客提供粉碎服务。

（三）社区关怀服务

开设在居民区周边的药店，可以利用药店的地理位置优势，为顾客提供简单的社区关怀服务，例如与附近医院或厂家合作，推广药店的特色服务，如简单的体检、健康讲座、健康咨询等，向顾客介绍常见疾病的自我诊断、日常注意事项、食物疗法、时令进补养生知识等，让顾客通过这些简单的服务了解自身的健康状况，掌握基本的健康信息，为药店树立良好形象的同时，拓宽市场，提高药店的知名度和美誉度。

（四）送药上门服务

送药上门服务可以将门店服务延伸至顾客家门口。随着老龄化社会的到来，药店可以通过开设专门的送药业务，为行动不便的老年人提供送药上门服务，降低顾客的体力成本和时间成本。针对有特殊困难的顾客，或是一次性购买数量较大的顾客，药店也可以提供送药上门服务。营业员可主动告知顾客药店有关送药的相关规定，如送药区域、时间和起送金额等。

1.药店送药上门的流程

（1）确认顾客的送货需求后，登记在送药上门登记本（表2-3-1）上，详细记录顾客的姓名、联系方式、需要配送药品的信息、送药地址以及需要送达的时间等。如不能满足顾客送药上门的需求，应及时向顾客说明情况。

（2）营业员按顾客需求准备药品。

（3）送药人员应按送药上门登记本（表2-3-1）上的记录认真核对药品相关信息、发票或电脑小票，判断有无错漏。

（4）送药人员佩戴好工牌，按照约定时间将药品送达顾客手中，带回货款交由收银员正式入机。

2.特殊情况处理

（1）送药服务不应额外收取费用，但是顾客提出特殊包装要求或超区域送货时，可与顾客达成协议，收取相关费用。

（2）如果店内人手不足，不能按时执行送药任务，应及时与顾客联系，取得顾客谅解，并待人员到位时联系顾客约定时间送药。

（3）如遇药品错送、漏送或药品数量有误，应诚恳地向顾客道歉，并另约时间再次送药。

表2-3-1 送药上门登记表

顾客姓名		联系电话		送药时间	
住址或单位					
药品信息			数量		
温馨提示	（药品储存条件、药品保质期、服用注意事项等）				
送药人			日期		
顾客签字			日期		

（五）医疗器械租用服务

某些顾客对制氧机、轮椅等医疗器械存在短期使用的需求，例如孕妇在妊娠期间有短暂使用制氧机的需求。药店可以开展医疗器械租用服务，顾客只需要缴纳押金和相应的租金即可，这样不仅可提高顾客的认可度，也会带来潜在的消费机会。

即学即练

三、技能训练

情景1：20**年7月10日，顾客张大哥（电话：156****7743）持中药处方（图2-3-1）到普惠大药房中山路店购买中药饮片。在门店李药师审方无误后，店员刘雪文完成了中药调配工作。张大哥提出因工作繁忙，在家中煎煮中药不太方便，请刘雪文为他代煎中药，并要求送药上门。刘雪文严格按照规范流程为顾客煎煮中药后，为其将代煎好的中药送到家里。

×××××医院处方笺

姓名 张××	性别 男	年龄 43	住址 温馨小区18栋1单元1501室
门诊号 269227310	诊断 肝阳上亢证	日期 20**年07月10日	

Rp

茯苓 10g	天麻 25g	净山楂 10g	菊花 8g	地骨皮 20g	钩藤(后下) 20g
黄芩 10g	栀子 10g	川芎 15g	桑寄生 10g	牛膝 12g	盐杜仲 10g
首乌藤 15g	炒酸枣仁 10g	麸炒山药 10g	红花 8g	茯神 10g	青风藤 16g
煅石决明(先煎) 18g	生牡蛎(先煎) 50g	干益母草 10g			

七剂

用法用量：每日一剂，水煎400ml 分早晚两次温服

医师 ×××		金额 ×××
审核 ×××		调配 ×××
核对 ×××		发药 ×××

图2-3-1 中药处方笺

任务要求：

1. 列出中药煎煮步骤。

2. 列出特殊煎法的操作要点。

3. 按要求填写送药上门登记表（表2-3-1）。

情景2：假如你是普惠连锁药店的营业员，X年Y月Z日早晨，一位顾客因咳嗽、咽痛、发热到门店购买退热药和止咳药。你在与顾客交流症状的过程中，得知其没有测量体温，于是请顾客到顾客服务台稍作休息，准备为其测量体温。

任务要求：

1.列出常见的体温测量方式。

2.正确使用电子体温计为顾客测量体温。

技能训练参考答案

任务2-4　顾客投诉处理

🏛 任务情境

20**年6月27日上午，六十多岁的顾客王爷爷（电话：136****2345）怒气冲冲地来到江南大药店向店员小李抱怨："我儿子昨晚在你家店里买了这个药（麻仁丸，36g/瓶，武汉康健制药有限公司），和之前的包装不一样，我怀疑你们药店卖的是假药……"小李耐心地处理了顾客王爷爷的投诉，并获得了王爷爷的理解与信任。第二天，张店长对该投诉事件进行了回访。

任务要求：

1.结合任务情境，请说出处理顾客投诉的类型和内容。

2.结合任务情境，请说出投诉处理的步骤。

3.按要求填写顾客投诉处理记录表。

一、任务实施

（一）工作准备

1.情景所需要的接待环境。

2.顾客投诉处理记录表（表2-4-1）。

表2-4-1　顾客投诉处理记录表

顾客姓名		联系电话	
投诉事由 （意见或建议）			
处理意见			
顾客态度			
接待人		接待日期	
回访情况			
回访经办人		回访日期	

（二）操作过程

序号	步骤		操作方法与说明
1	正确接待顾客	保持心情平静	接待人员注意控制好情绪，礼貌待客，沉着应对
		有效倾听	做个有效的倾听者，耐心倾听顾客的抱怨，多听少辩驳，先让顾客发泄不满情绪和阐述事件的经过，目光关切
		运用同理心	站在顾客角度分析问题，避免对抗情绪；注意在语言、表情和动作方面让顾客感受到被尊重与理解
		表示歉意	主动道歉，安抚顾客情绪，态度要真诚
2	记录顾客投诉内容		如实记录相关内容，包括投诉人的姓名、联系方式、投诉时间、投诉事项等
3	分析顾客投诉的原因		根据顾客的投诉内容分析投诉的原因，探求其真正的诉求
4	提出解决方案		有针对性地提出合理的解决方案，耐心、诚恳地向顾客解释处理依据和处理结果，争取顾客的理解和认同；如果顾客对解决方案不满意，应进一步协商，寻求更满意的解决方案；必要时可以向上级领导汇报，共同商讨处理办法
5	执行解决方案		信守约定，执行方案，并及时给予顾客反馈
6	检讨		企业内部进行自查自纠，落实责任部门和责任主体；必要时开展教育，杜绝类似事件的再次发生

（三）注意事项

1.重视顾客投诉的处理，了解此项工作的重要性。

2.处理过程中要注意态度，尽可能安抚顾客情绪，妥善处理，将影响面缩小。

3.提高应变能力。

任务情境参考答案

（四）学习评价

顾客投诉处理评价表

序号	评价内容	评价标准	分值（总分100）
1	投诉处理的流程	能准确说出或者通过情景演绎出投诉处理的过程	40
2	投诉登记	能正确、完整填写投诉处理表的内容	40
3	规范性	书写规范，字迹工整	10
4	学习态度	态度认真严谨，效率高	10

二、相关知识

顾客投诉，看似对企业的发展不利，是危机；但是，如果处理得当，则可以将危机变为机会，使顾客对企业的信任度、对产品的忠诚度增加，企业将获得更大的竞争优势。顾客投诉是经营过程中经常出现的正常现象，这也证明顾客对企业是有所期待的。因此，企业要正确看待投诉并加强员工投诉处理的技巧。

（一）顾客投诉的原因

顾客投诉是多种多样的，常见的顾客投诉主要集中在医药产品质量、服务质量、价格几个方面。

1.医药产品质量方面的投诉　产品质量往往是顾客比较关注的，也是顾客投诉较多的方面。产品质量原因通常涉及外部质量缺陷和产品品质不达标准。常见的问题有医药产品包装破损、受污染，医疗器械表面有瑕疵，药品过期、变质、崩片、空胶囊等异常情况以及中药材的真伪等质量问题。

药品质量关乎生命安全，企业必须严把质量关，做好首营审核、入库的检验以及日常的维护与监管。对于产品的真伪，不要轻易下结论，必要时还需要由专业人员进行鉴定，根据鉴定结果分清责任，确定处理方式。

2.服务质量方面的投诉

（1）药店管理不到位　例如：人手不足造成接待不周、付款等待时间过长；布局不合理，顾客找不到商品；设施设备不完善；品类不齐全。

（2）店员服务质量不高　例如：专业知识不扎实，产品介绍不够专业；服务方式粗暴、冷落顾客，或答话方式令人难以接受；对于顾客的提问答非所问；为了自己的业绩而给顾客推荐不需要的商品或是价格高的药品、保健品；收银方式不当，或是收款时弄错钱物。

企业应加强管理，优化服务；加强对员工岗位培训，提升职业素养与专业能力。

3.价格方面的投诉　顾客对于产品价格较敏感，经常会因为价格比商圈里其他药店的价格高或者比之前买的或者在其他渠道购买的价格高而产生投诉。

4.其他方面的投诉　配送不及时、配送质量不高、配送人员服务态度差；支付方式单一、不能用医保，企业经营过程中对周围居民造成的干扰等，也是经常被投诉的方面。

此外，没有达到顾客心理预期而产生的投诉也是常见现象。顾客在购买产品后没有按照要求服用或者未出现预期的效果，或者出现自己无法理解的症状现象时，就会对产品或药店产生怀疑。店员应该耐心细致地进行解释和化解，打消顾客顾虑，要用通俗的语言把专业的知识传达给顾客。

（二）顾客投诉的方式

顾客投诉的方式常见的有以下三种。

1.当面投诉　顾客到门店或者客服中心投诉。这种情况必须高度重视，顾客亲自上门投诉说明顾客比较重视这次购买体验，应该立即现场解决；如果现场解决不了，也要与顾客商定后续的处理方案，并及时反馈给上级相关人员跟进，事后要主动向顾客反馈处理进度。

2.通过信函、电子邮件投诉　顾客通过书面这种比较正式的形式进行投诉，说明顾客非常重视与企业的沟通，企业应该及时回复并积极跟进处理，必要时可与投诉者通过电话进行沟通。

3.通过司法部门、媒体投诉　随着法律维权意识的增强和网络媒体的普及，不少消费者会通过这些公开的渠道为自己争取合法权益。这种投诉对企业的影响最大，属于公关危机，企业必须高度重视，组织专业团队进行处理。

（三）顾客投诉处理的流程

1.保持心情平静　礼貌、热情接待投诉顾客，安抚投诉者的愤怒。处理过程中应就事论事，对事不对人，心平气和，用微笑和蔼的态度请顾客说明事项的原委。

2.有效倾听　坐姿、站姿端正，耐心倾听，在与顾客交谈时应看着顾客的眼睛表示诚恳，适时做出回应。切忌顾客诉说时姿态傲慢，心不在焉、左顾右盼或者表现出不耐烦；不随意打断顾客的话或话还没有听完就指责顾客或者为自己辩解，只有让顾客先发泄完心中的不满，才有可能进行有效的沟通；否则会加重顾客的反感和不满，导致投诉处理的难度加大。

3.运用同理心 不推诿责任，站在顾客的立场来回应顾客的问题，要表示相信顾客所说的话，并在情感上与其共鸣。即使顾客有错也不能太直接指出，要适当提醒顾客哪儿出错了。

4.表示歉意 不管顾客提出的意见，其责任在谁，都要先诚心地向顾客表示抱歉，并感谢顾客提出的问题和对企业的关注。这是顾客衡量企业对自己是否尊重的重要因素。有时，顾客来投诉需要的不是金钱上的补偿，仅仅是一句道歉和尊重。

5.记录顾客投诉内容 无论是通过书信、电话、网络还是直接上门的投诉，都要认真、如实填写顾客投诉记录表；记录清楚时间、地点、事件等资料，并向顾客复述一遍，请顾客确认。填写顾客投诉登记表，不管是什么原因，不要随口承诺或敷衍了事，要给客户以规范化的感觉。

6.分析顾客投诉的原因 仔细分析该投诉事件的原因并初步判断该事件的严重性，确定责任归属。抓住顾客的投诉重点，试探顾客的期望。

7.提出解决方案 所有的投诉都应有处理意见。根据顾客所反映的情况和诉求给出解决方案，并尽量让顾客了解我们对解决这个问题所付出的诚心和努力，争取顾客的认同。如果顾客对方案不接受，双方再次进行沟通和折中，寻求双方都认可的最佳的解决方案。

8.执行解决方案 在双方达成一致协议，确定出解决方案后应立即执行。如果不能当场解决，应告诉顾客原因，争取顾客的谅解，并且要明确和详细说明处理的过程、手续，特别是每一阶段所需要的时间和完成的时间节点、经办人员姓名和联系方式。在后续的处理过程中主动、及时反馈进度，赢得顾客的信任。

9.检讨 将投诉处理的过程仔细记录，根据情况和性质开展企业内部的自查自纠，讨论分析产生投诉的原因，落实责任部门和责任主体以及讨论出预防类似事件的措施；必要时，及时向员工通报投诉产生的原因并开展教育，避免类似事件的发生。

（四）顾客投诉处理的技巧

1.用真诚化解投诉 积极看待顾客投诉，妥善处理每一个投诉。顾客对企业有所期待才会进行投诉，要感谢顾客的意见和建议；树立"顾客永远是对的"观念，力争大事化小、小事化了。

很多情况下，顾客的投诉是对服务方的产品、制度、程序或其他制约条件不够了解或者误会所导致，真诚的态度、适当的语言或方式可以使顾客感受到企业的积极态度，为有效的沟通奠定良好的情感基础。

接待者的行为、举止、语言要从一切细节上使投诉者感到自己是受到尊重的。例如，微笑接待，主动先表歉意，主动给投诉者让座，为他倒上一杯热水或沏上一杯茶等，这些在一定程度上可缓解投诉者的情绪。

2.在正确的时间处理顾客的投诉 无论是当面投诉还是信函、电话投诉，都应该第一时间进行沟通与回应。不逃避、不推诿、及时沟通是对顾客的尊重，表明企业积极的态度，这可以很大程度上减轻顾客的不满情绪，达到事半功倍的效果。

但是对于投诉事件详情的咨询要视情况而定，不要一开始就询问事件的详情，特别是在顾客比较愤怒的时候，这样容易使顾客情绪更加激动而让投诉更难处理。接待人员应该尽可能让顾客情绪平静后再了解事情经过。

3. 在合适的地点接待　处理顾客投诉应尽可能将影响控制在最小范围内，避免事态扩大。对于发生在人流量比较大时间段里的、上门的投诉或者现场的投诉，接待人员应尽快将顾客带离现场，以免造成其他顾客的围观和误会。

处理投诉的地点，可以设在会客室、接待室、办公室等相对独立的、安静的场所或者人流少的角落。

4. 由合适的人接待顾客投诉　为了避免当事人双方情绪激动、无法客观处理问题，无论是现场还是事后的投诉，都不适合由当事人来处理。一般情况下，应当由当事人的同事或者上级主管处理；如果是通过售后服务中心的投诉，则应依据投诉的内容和企业部门职责安排相应的人员进行处理；根据事情的严重级别，必要时应及时向上级进行汇报或请求协助处理。

对于非质量投诉，一般由有经验的店员或店长就可以处理；如果涉及质量问题，一定要安排专业人员处理，避免出现更严重的后果。

5. 注重工作的规范性和有形证据的保存，预防为主　药店要建立完善的管理制度。日常工作要按章开展，规范操作，减少工作失误带来的投诉；按要求保存好有形证据，如处方、销售小票、病历或电脑存储等相关信息，以应对将来可能出现的顾客投诉。投诉处理有规范、清晰的工作流程，有章可循；重大问题的投诉有专门的机构和人员负责。

知识链接：
某药店顾客投诉处理规章制度

"顾客永远是对的"并不意味着无原则地对顾客妥协和让步。如果顾客投诉的问题不属于我方责任并且会对公司的声誉造成负面影响，则应该与顾客明确各自的责权，尽可能和平处理，必要时也可以通过法律途径维护企业的权益。

6. 投诉后的赔偿　顾客上门投诉，总有一定的道理，应尽最大的努力帮助顾客解决问题。当不能通过其他措施解决问题时，赔偿不失为一种必要的手段。

顾客提出的损失一般包括三部分：①直接损失，如所购买的药品；②间接损失，如投诉过程中产生的交通费、扣发的工资或奖金；③隐形损失，有些顾客提出的精神损失费、误工期间所能创造的价值等。在可接受的范围内，原则上赔偿顾客的直接和间接损失；隐性损失缺乏明确的度量标准，一般不予赔偿。药店可以给予退换货甚至升级处理，或者适当给予礼品、优惠券等。

（五）几种常见类型投诉的处理

1. 药品质量的投诉　①真诚地向顾客道歉。②根据顾客的意愿选择退货或者换货，主动给予顾客适当的补偿和安慰。③认真分析调查原因，杜绝类似事件发生。

2. 顾客使用不当造成的投诉　①主动真诚地向顾客道歉，表示是因为自己的服务不到位或者交代不够清晰造成顾客使用不当。②如果确实是因为店方服务不到位造成的问题，给予退换货，并给予适当补偿和安慰；处理后进行内部的自查自纠。③如果是顾客自己原因造成的，委婉地向顾客解释清楚，注意"给顾客台阶下"，切忌"得理不饶人"。在这种情况下，店方可以不给予退换货和其他补偿，也可以适当给顾客一点补偿，让顾客感到安慰。

3.**因店员服务不到位造成的投诉**　对于服务类的投诉，很难完全界定谁对谁错，但无论是顾客的错还是销售人员的错，遵循"顾客永远是对的"原则。

店长认真听取顾客的投诉后，向顾客道歉并表示将加强对人员的培训与管理，杜绝此类情况的出现。①在店长陪同下，当事人向顾客道歉，或者给予一定的补偿。②了解原因并对当事人员进行教育。③加强员工职业道德素养与专业能力方面的培训，提升企业服务质量。

4.**对政策、管理规定不了解而产生的投诉**　①强调本企业是合法经营，会保障顾客利益。②耐心向顾客介绍国家和行业的相关规定，解释这些规定对于保护消费者利益和维护社会整体利益的意义，尽量用口语化的语言介绍专业性的问题，帮助顾客理解。③处理过程中注意态度，不要得理不饶人，应将公共危机转为机会，通过进行政策的宣传进一步体现服务的专业性，赢取顾客的认可。

动画：顾客投诉处理不同方式比较

即学即练

三、技能训练

情景1：20**年5月8日，开心药店店员小丽接到老顾客李小姐（电话：136****2345）的电话投诉，说刚刚在外卖平台上购买了几样药品，配送超时半小时，而且所购买的一袋广东凉茶颗粒（健*康药业股份有限公司）冲剂出现有2个小包装空装的现象。小丽接到电话进行了妥善的处理，也赢得顾客的认可。店长章先生次日进行了回访。

任务要求：

1.结合任务情境，说说：这次投诉事件中，开心药店是否存在过错？是否需要承担责任？

2.结合任务情境，说出顾客投诉的类型和内容。

3.结合任务情境，说出投诉处理的步骤。

4.按要求填写顾客投诉处理记录表（表2-4-1）。

情景2：2024年6月18日，健康大药房5周年店庆，当日开展大型促销活动。中午1点半，家住楼上的刘阿姨气冲冲地来到店里，向当班店员王丽投诉，"这大中午的，你们的音乐开这么大，咱们楼上住户心脏病都震出来了，中午也不用午休了，再这样我要打电话投诉你们……"王丽迅速妥善处理并得到了顾客的认可。第二天，店长张勇又进行了回访，刘阿姨表示处理效果还算满意。

任务要求：

1.结合任务情境，说说：假如你是王丽，你会如何处理？

2.结合任务情境，按要求填写顾客投诉处理记录表（表2-4-1）。

技能训练参考答案

任务2-5　退换货处理以及突发事件处理

🏛 **任务情境**

顾客王先生因为身体不适，去小区附近的药店买药，回家打开药品包装盒、阅读完药品说明书后，发现该药品与自己症状不太符合，立即返回药店要求退货。假如你是该小区药店的一名营业员，该如何处理该事件？

任务要求：

1.查阅最新的《药品经营质量管理规范》（GSP），找出其中有关药品退换货处理的相关管理制度。

2.根据案例情景，说出正确处理退换货的具体流程。

任务情境参考答案

一、任务实施

（一）工作准备

1.质量可疑处理记录表　见表2-5-1。

2.药品退换货处理记录表　见表2-5-2。

表2-5-1　质量可疑处理记录表

顾客（投诉人）姓名		时间		联系方式	
涉及药品通用名称		商品名称		规格	
生产厂家		产品批号		有效期至	
数量		金额			
投诉内容：					
			接待人：	日期：	
处理方式：					
			接待人：	日期：	

表2-5-2　药品退换货处理记录表

日期	退货人	药品名称	规格	单位	生产企业	上市许可持有人	数量	产品批号	有效期	退货原因	质量验收	验收员	处理结果	经办人

（二）操作过程

序号	操作步骤	操作方法与说明
1	礼貌接待	礼貌接待顾客，并询问退换货原因
2	核查商品	根据顾客描述情况，到电脑系统仔细核查商品信息（如数量或品种较多，需逐一核查），检查商品具体情况（如核对产品批号是否为售出的产品批号等信息）
3	退换货处理	向顾客阐明是否符合退换条件及原因
		如怀疑商品质量出现问题，回收相应的商品；填写质量可疑处理记录表，请顾客核对更换后的商品并签名
		如不符合，稳定顾客情绪，并提出合理的解决方案
4	填写、整理、汇报	填写药品退换货处理记录表，并将退换货情况、处理结果向上级部门和员工汇报

（三）注意事项

在退换货流程中，店员的服务态度至关重要。顾客因为各种原因选择退换货，此时他们可能较为敏感或不满。友善、耐心、专业的店员服务态度，能够有效缓解顾客的不满，增强他们的信任感，从而维护品牌形象和顾客忠诚度。

1.尊重顾客的选择和决定，不论退换货的原因如何，都应保持礼貌和耐心。

2.认真倾听顾客的需求和疑问，为他们提供详细的解答和专业的建议，确保退换货流程的顺利进行。

3.在处理退换货时，店员应保护顾客的隐私，不泄露给第三方。

（四）学习评价

退换货处理以及突发事件处理评价表

序号	评价内容	评价标准	分值（总分100）
1	礼貌接待	礼貌接待顾客	10
		能够以真诚待客的工作态度耐心倾听，并询问退换货原因	10
2	核查药品	能够以细心、耐心和负责的工作态度，根据顾客描述情况，到电脑系统仔细核查商品信息（如数量或品种较多，需逐一核查），检查商品具体情况	20
3	退换货处理	向顾客阐明是否符合退换条件及原因	10
		如符合，回收相应的商品；如不符合，稳定顾客情绪，并提出合理的解决方案	10
		填写质量可疑处理记录表，请顾客核对更换后的商品并签名	10
4	填写、整理、汇报	填写药品退换货处理记录表	10
		将退换货情况、处理结果向上级部门和员工汇报	10
5	学习态度	态度认真、严谨，接待顾客时礼貌、细心	5
		书写表格字迹规范、工整	5

二、相关知识

（一）药品退换货的相关规定

《药品经营质量管理规范》（GSP）规定：除药品质量原因外，药品一经售出，不得退换。

（二）药品退换货流程

接待人员在处理顾客提出的退换药品要求时，必须以客观正确的态度对待，冷静规范处理。

1.礼貌接待，表达歉意　无论什么原因，接待人员应当先向顾客表达歉意："您好！我是当班负责人，实在抱歉让您多跑一趟，请问有什么可以帮到您的吗？"同时，为不影响正常营业，接待人员应有意识引导顾客到安静、人流较少的地点进一步沟通和了解情况。

2.耐心询问，听取原因　药品是特殊的商品，若非质量问题，包装一经拆开，药品就有可能受到污染，不能再售。因此，如顾客需要退换药品，接待人员需以诚心待客的态度听取顾客要求退换药品的原因。当出现以下情况时，药品可以退换货。①药品存在质量问题：如包装破损、药品变质、过期等，消费者有权要求退货或换货。这是基于消费者权益保护的原则，确保消费者购买到的是符合质量标准的商品。②药品不符合约定：如品种、规格、数量等与实际不符，消费者有权要求退货或换货。③处方用药不当：如禁忌症、超治疗用量、重复用药等，导致患者不宜继续使用该药品，患者有权要求退货。这种情况下，药店或医疗机构应当承担责任，及时处理患者的退货请求。

3.核查药品　如确实出现问题，接待人员应认真核查药品及购买凭证（购物小票或发票），仔细检查药品名称、规格、生产日期、生产批号、有效期、批准文号、生产企业等内容，检查药品内外包装是否完整、是否在有效期内及药品质量等情况。

4.退换货处理　处理退换货问题时，征求顾客意见，是同意以货换货还是直接退货。尽可能先争取让顾客换货，实在不行再退货，但前提是对症用药。协商妥当后办理相关的退换货手续，回收药品及购买凭证（购物小票或发票，在原发票上注明"作废"字样），如购买凭证（购物小票或发票）上有其他药品，则为其他药品重新开具购买凭证（购物小票或发票）。

（1）换货操作　在收银机上执行换货操作，请顾客重新挑选药品，实行销售操作，并核对收（付）款差额。

（2）退货操作　在收银机上进行退货操作，退款由收银员交给顾客，开具票据，顾客、收银员、当班负责人3人在票据上签字，填写质量可疑处理记录表，并核对收（付）款差额。

退回的药品必须要进行质量检查，合格的、不影响二次销售的可继续销售；不合格的放入不合格区，登记后等待进一步处理。

5.填写、整理、汇报　按照退换货的时间顺序，填写、整理药品退换货处理记录表，当班结束时，及时将退换货情况、处理结果及收（付）款差额情况向上级部门和员工汇报，以便日后改进。

（三）如何避免退换货

1.严格执行"四查十对"　药师调配处方时，应认真审核处方，发现问题时立即停止调配，并告知患者及时与医生联系。

2.提高药学服务水平，指导患者合理用药　药店营业员或药师应准确告知顾客药品的功效、适应症、储存要求及注意事项等，以免因储存不当导致药品失效而造成不良事件，或者因买错药而造成不必要的退药麻烦。

动画：如何避免退换货

3.结账提醒　收银员在顾客结账时，应提醒顾客当面清点药品，准确无误后方可离开药店；如有异议可暂不取药，与药师沟通后再决定。

4.慢病患者多交代　慢性病患者由于用药品种多、数量大、服药时间长，容易记错药名。药店营业员或药师应建议患者或家属记下药名、规格和数量，或带上药盒及医生处方证明，方便准确开药，避免销售错药而带来退药的麻烦。

（四）医疗器械及保健品等相关医药商品的退换货处理

1.医疗器械的退换货处理　常见药店销售的医疗器械种类繁多，涵盖了从基本的健康监测到专业的医疗护理，满足了家庭自我保健的多种需求。一般包括但不限于以下几类。

①体温计、血压计、血糖仪等。②电子血压脉搏仪、穴位磁疗贴、医用脱脂棉、医用棉签等。③医用口罩、医用无菌纱布、创面敷贴类（透气敷贴、防水敷贴）、急救止血绷带、疤痕修复贴；生理性海水鼻腔清洗液、医用护眼贴、止鼾器、通气鼻贴；血糖试纸、妊娠诊断试纸、避孕套等。

不同类别的医疗器械在退换货的时候，处理的方式也就有所不同。如体温计、血压计、血糖仪等小型的家用医疗器械类产品，在使用过程中如出现质量或顾客不满意，符合以下条件之一的，在规定时间内可以退换：①可确认为本店售出的医疗器械，应给予退换；②顾客持有本店购物小票，且购物时间不超过规定时间；③品名、规格、生产厂家、厂址、外盒包装、批号、批准文号等与本店存货或电脑记录一致。

但医用口罩、生理性海水、鼻腔清洗液等一经拆开就有可能受到污染、不能再售的产品退换时应包装完好；如果包装已经打开，非质量问题一般不退换。

医疗器械退换货流程基本与药品退换货流程一致，可参照操作过程，只是在操作时填写的表格为医疗器械不合格产品退货记录表（表2-5-3）。

表2-5-3　医疗器械不合格产品退货记录表

退货日期	退货单位	产品名称	规格型号	产品批号	数量	不合格原因	处理情况	验收员	质量管理人员

2.保健食品的退换货处理　保健食品虽然不是药品，在销售保健食品过程中出现不合格产品，需退货的情况下，可以请求退换货，并按照相应的规定进行退换货的操作。若非质量问题，一般情况下不给予退换。但为了维护顾客的忠诚度，在不影响二次销售，不损害公司利益的前提下，在一定程度上可以酌情退换。具体操作步骤可借鉴药品退换货流程及医疗器械退换货流程，如图2-5-1所示。

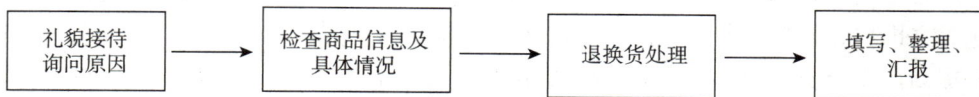

礼貌接待询问原因 → 检查商品信息及具体情况 → 退换货处理 → 填写、整理、汇报

图2-5-1　保健食品退换货处理流程图

（五）不能退货时的处理

当药品不能退换时，营业员应该采取以下措施来妥善处理。

1.明确告知顾客规定　营业员应在顾客提出退换药品要求时，明确告知顾客药品一经售出，除药品质量原因外不得退换的规定。可以引导顾客查看店内显著位置摆放的"除药品质量原因外，药品一经售出，不得退换"的提示牌，确保顾客充分了解这一规定。

2.了解顾客退换药品原因　营业员应耐心询问顾客退换药品的具体原因，以便更好地进行解释和沟通。

3.解释并告知国家规定　解释药品退换规定和告知国家有关药品退换货的规定以及这样规定的目的是保障大家的共同利益。

知识链接：药品为什么不能退换

4.保持礼貌和耐心 在整个沟通过程中，营业员应保持礼貌和耐心，避免与顾客发生争执或冲突。可以采用一些沟通技巧，如倾听、理解、表示同情等，也可适当给顾客一些小礼物以示歉意，减轻顾客的不满情绪。

（六）突发事件处理

在零售药店销售药品时，可能的突发事件主要是药品出现不良反应事件和药品召回。

1.药品不良反应（ADR） 指合格药品在正常用法、用量情况下出现的与用药目的无关或意外的有害反应，主要包括药品已知和未知的副作用、毒性反应及过敏反应等。

为了进一步了解药品的不良反应情况，及时发现新的、严重的药品不良反应，以便国家药品监督管理部门及时对有关药品加强管理，避免同种药品同样不良反应的重复发生，保护更多人的用药安全和身体健康，我国建立了药品不良反应报告和检测制度。药店药师发现可疑药品不良反应，首先让患者停用可疑药物，对严重的或者停药后不缓解的患者要建议立即去医疗机构就诊；药店药师应对药品不良反应相关情况进行详细记录，通过国家药品不良反应监测系统上报该药品不良反应。

2.药品召回 指对已经推向市场的药品，在发现相关质量问题或其他安全隐患时，由药品生产者、流通企业或监督管理部门主动采取措施，按照规定程序，从市场上收回、停止销售或使用的行为。药品召回制度是药品监管的重要手段，它体现了对公众健康的高度负责。当药品存在质量缺陷、疗效不佳或者可能对患者造成潜在危害时，及时召回能够有效避免不良后果的扩大，最大限度地减少对患者的伤害。

零售药店作为药品经营企业，应当建立和保存完整的购销记录，保证销售药品的可溯源性。当发现其经营的药品存在安全隐患时，应当立即停止销售该药品，通知药品生产企业或者供货商，并向药品监督管理部门报告。当监管部门要求召回某种药品时，应立即下架停止销售，并积极配合做好产品的回收工作。

即学即练

三、技能训练

情景1：一早，王药师接待了匆忙赶到药店的顾客。该顾客前天在店里买了一盒药，吃了一片以后，出现皮肤瘙痒等过敏现象；第二天，没有再服用该药，过敏的现象也消失。于是，顾客到店里要求退货。

任务要求：请以药师身份，按照退换药品处理流程进行操作。

情景2：王奶奶是药店的老顾客，从药店开业至今，家里所需的药品都是在这里购买的。某天她给老伴购买硝苯地平缓释片（Ⅱ），但是来买药的时候忘记带盒子了，也不记得生产企业，而店里刚好有两个外观相似的硝苯地平缓释片（Ⅱ），她就购买了其中一种，回到家才发现买的这个和老伴以前吃的厂家不一致，前来要求更换另一种。

任务要求：请以药师身份，按照退换药品处理流程进行操作。

技能训练参考答案

项目三

经济核算

学习目标

1.能够熟悉销售结算的工作流程，合理利用销售结算话术和服务技巧完成销售结算；能够熟练、准确地使用多种常见的结算方式进行销售结算。

2.能够准确识别各类票证，并能正确、规范地填写票证内容。

3.能够掌握门店核算的相关概念（利润、毛利、毛利率、净利润、净利率、差错率等），并准确计算毛利润、利润率等；能够正确填制进销存日报表。

4.熟悉各种盘点方法，并能结合实际情况，选择适合的盘点方法。

5.能够按操作规程规范地完成盘点作业，并根据盘点结果正确填写盘点表、盘点损溢单等单据。

6.掌握货款结算对账的工作流程与要求，能够运用沟通技巧与销售客户开展货款回收谈判。

7.培养诚实守信、严谨认真的工作态度；严守道德底线，树立法治意识。

任务3-1　销售结算

任务情境

某连锁零售药店收银员小杨，五一劳动节的早上7:30接早班岗，迎来了早上的第一位新顾客李阿姨。李阿姨购买了氨酚伪麻美芬片(日片)/氨麻美敏片Ⅱ(夜片)、氨糖软骨素钙片、奥美拉唑肠溶胶囊、氧氟沙星滴眼液四种医药商品，小杨将为她提供收银服务。

任务要求：

1.思考：收银员小杨刚接班，她在收银前需要完成哪些规范操作？

2.思考：小杨作为收银员需掌握的收银方式有哪些？李阿姨购买的商品适用于所有支付方式吗？为什么？

3.思考：在收银过程中，小杨还需特别提醒李阿姨哪些内容？

任务情境参考答案

一、任务实施

（一）工作准备

1.零售药店门店接待环境。

2.收银台周围环境整理、收银设备检查、收银系统登录、备用金准备、相关票据与文具、款项交接。

3.了解当时的促销活动以及价格方面的有关优惠和调整。

（二）操作过程

序号	步骤	操作方法与说明
1	收银前	做好收银前的准备工作：收银台周围环境整理、收银设备检查、备用金准备、收银用关联票据与文具、收银系统登录、了解促销活动、款项交接
2	收银中	主动打招呼，热情接待，用语文明
		询问是否有会员卡、优惠券等
		扫描商品，区分可使用医保支付的产品
		告知顾客店内促销活动以及用"一句话销售"争取提升客单量
		询问顾客选择的支付方式，完成支付操作
3	收银后	强调用药使用注意事项和保管注意事项
		咨询是否需要包装
		礼貌送客

（三）注意事项

1.在收银操作中要严谨、规范，严格按照国家相关规定进行销售结算。

2.严守职业操守，依法办事。

（四）学习评价

销售结算评价表

序号	评价内容	评价标准	分值（总分100）
1	服务态度	态度认真严谨、热情，用语文明	15
2	收银操作	收银工具的使用、收银操作系统使用熟练	10
		收银流程和动作规范、标准，唱收唱付	15
		收银金额准确、无误	25
3	法规的要求	遵守医保用药规定进行收付款	25
4	应变能力	对于突发情况进行妥善处理	10

二、相关知识

（一）销售结算

1.销售结算的目的与作用

（1）确保财务准确性　准确计算药品销售的收入、成本和利润，保证药店的财务报表真实可靠，有助于做出合理的经营决策。

（2）实现库存管理优化　通过结算了解药品的销售速度和库存水平，有助于及时补货、调整库存结构，避免积压或缺货。

（3）实现成本控制　分析结算数据，了解各项成本的构成，如采购成本、运营成本等，以便采取措施降低成本，提高药店的盈利能力。

（4）确保合规经营　遵循相关的财务和税务法规，保证结算过程合法合规，避免法律风险。

（5）提升服务质量　了解顾客的消费习惯和需求，为提供更优质的服务和个性化的推荐提供依据。

（6）评估经营绩效　通过结算数据对比不同时间段、不同药品的销售情况，评估药店的经营绩效，发现问题并及时改进。

（7）制定营销策略　根据结算结果制定合理的促销活动和定价策略，吸引更多顾客，提高市场竞争力。

2.销售结算的方式　零售中常见的结算方式有现金结算、支票结算、承兑汇票、银行转账结算、代收货款等几种方式。过去传统的结算以现金支付为主；随着信息技术的发展，目前零售药店的结算主要是医保、微信、支付宝等三种方式，现金支付降至30%左右。

收银员应该明确最新的医保用药相关规定，应知道购买单中的商品是否可以使用医保支付。

动画：合法使用医保个人账户

（二）收银员工作

1.收银前的准备工作　收银员在收银前通常需要完成以下准备工作。

（1）仪容仪表整理　按企业要求穿着工作服，整理好仪容仪表，佩戴工作牌，以专业、友好的形象迎接顾客。

（2）环境整理　确保收银台周围整洁干净，台面无灰尘；准备必备物品，如曲别针、皮筋、剪刀、抹布、水盒等，放到指定位置，物品摆放整齐有序。

（3）设备检查　开启收银机，检查其是否正常运行，包括显示屏、键盘、打印机等；测试扫码枪能否准确识别商品条码；检查钱箱能否正常开启和关闭。

（4）备用金准备　点算并准备好足够的零钱，如各种面额的纸币和硬币。

（5）票据与文具　确保有充足的小票纸、打印墨盒或色带，准备好笔、计算器等工具。

（6）登录系统　使用个人账号登录收银系统，确认权限和设置正确。

（7）了解促销活动　了解每期DM内容，熟悉当天店内正在进行的促销活动、折扣规则和优惠政策，以及具体的商品品种、规格等。

（8）款项交接　如果是轮班制，与上一班收银员进行款项交接，核对现金、支票、银行卡签购单等的金额和数量，并在交接记录上签字确认。

2.收银的工作要求以及流程

（1）问好　站在顾客来的方向，站姿端正，面带微笑，主动向顾客问好。

（2）商品扫码　双手接过商品，轻取轻放；注意同一名称、不同条码的商品不能混扫，必须逐个扫码，同一条码、同一名称的商品可以扫码后更改数量。扫码时，应扫一件商品就看一下屏幕，以避免错扫和漏扫现象发生。包装损坏或条形码不清晰的，可使用手动方式输入商品编码。

知识链接：收银员文明用语

（3）争取提升客单量　药店的收银员同时也是销售人员，在收银前可咨询顾客是否是会员、是否需要办理会员卡，争取吸收新会员；告知当天的促销活动和商品，重视"一句话销售"，向顾客推荐商品，争取提升客单量。

（4）收银操作　根据促销活动、会员日优惠等正确计算价格和总优惠。如果是现金支付，要唱收唱付。

（5）用药指导　收银员需要结合顾客所购买商品的信息，进行简单、必要的用药提醒和保管须知。

（6）包装　询问顾客是否需要装袋服务。依据顾客购买商品的数量选择大小适合的袋子。装袋时，将重、大、底部不稳的商品放置在袋子底部，正方形或长方形的商品放在袋子两侧，瓶装和罐装的商品放在中间，易碎、较轻、较小的商品放置在最上面。

（7）送客　收银结束后，提醒顾客："请拿好您的商品和小票，请慢走。"

（三）常见异常情况的处理

情景1　遇到客流高峰期时：①加快收银速度，减少排队现象；②安排人员装袋，缓解顾客焦虑情绪；③备足零钱、打印纸等，避免顾客等太长时间。

情景2　收银机突发故障：①摆出暂停收银牌，并向顾客致歉："对不起，收银机出现了故障，无法使用，请您到另一边柜台……"；②迅速把顾客购买的商品拿到最近的收银台，快速为顾客结账，并让其他人联系电脑维修人员及时维修。

情景3　多位顾客等待结账，而最后一位表示只买一样东西，且有急事待办时：①对将要结账的顾客说"顾客您好，跟您商量一下，这位先生只买一件商品，但是他有急事，能不能让他先结账"，如果顾客同意，收银员应说"谢谢您的理解"，并快速为顾客结账；②如果这位顾客不答应，应对提出要求的顾客说："实在很抱歉，大家都很急，我会加快收银速度，争取快点为您结账……"。

注意事项　作为一名收银员，在工作过程中要时刻确保现金的安全，不但要形成现金安全意识，更要养成良好的工作习惯，具体注意事项如下：①收银员上岗时，不得随身携带现金、提货单、会员卡等个人物品；②收银工作中不得为亲朋好友及熟人违规结账；③强化个人业务技能，能快速、熟练辨别各种真假币和真假代金券（卡），认真做好唱收唱付，钱款当面点清核准；④现金票据入钱箱之前确保点清核实，不允许将现金、票据放在钱箱和钱袋以外。

即学即练

三、技能训练

情景：5月1日，开心药店开展"五一欢乐购"促销活动，对部分商品进行优惠推广以及积分兑换礼品。收银员李丽当值中班，她早早地回到店里做好准备工作，按时完成交接。她所接待的第一位顾客是老顾客李小姐，她购买了一箱维生素C饮品、维生素C泡腾片、血压计、人表皮生长因子凝胶四种产品，请按规定完成收银服务。

任务要求：

1.列出李丽上岗前需要做的准备工作。

2.列出顾客可以选择的支付方式。结合李小姐购买的产品，判断可以使用的支付方式。

3.列出李丽除了收银工作外的其他工作内容。

技能训练参考答案

任务3-2　票证管理

🏛 **任务情境** ⚬⚬⚬⚬⚬⚬⚬⚬⚬⚬⚬⚬⚬⚬⚬⚬⚬⚬⚬⚬⚬⚬⚬⚬⚬⚬⚬⚬⚬⚬⚬⚬⚬⚬⚬⚬⚬⚬○

假如你是爱心大药店某门店的店员李丽，今日，药店来了一位客人张兰，在店里购买了两盒保健品，已知张兰所购买保健品的基本信息如下表所示，同时假设该保健品的税率为1%。

序号	品种	规格	单位	数量	单价（元）	合计（元）
1	蛋白粉	400g	罐	2	500	1000
总计：						1000

任务要求：

1.作为店员，在药店工作中需要处理的票据种类有哪些？

2.请为顾客张兰合法、合理地开具发票。

一、任务实施

（一）工作准备

1.发票样式 见图3-2-1。

**省增值税普通发票

036002000104		发票联		NO0112970 036002000104

0112970

开票日期：＿＿＿年＿＿＿月＿＿＿日

购买方	名称： 纳税人识别号： 地址、电话： 开户行及账号：		密码区	*+5829426-*-*2+-099-844		
货物或应税劳务、服务名称	规格型号	单位	数量	单价	金额	税率	税额

货物或应税劳务、服务名称	规格型号	单位	数量	单价	金额	税率	税额
合　　计							
价税合计（大写）				（小写）			

| 销售方 | 名称：
纳税人识别号：
地址、电话：
开户行及账号： | 备注 | |

收款人：　　　　　复核：　　　　　开票人：　　　　　销售方：（章）

图3-2-1　发票样式

（二）操作过程

序号	步骤	操作方法与说明
1	咨询并与顾客确认	咨询顾客发票的相关信息，如单位、税号等
2	开具发票	按要求开具发票，注意规范性、真实性和准确性
3	再次确认发票信息	将开好的发票交给顾客，让顾客再次确认发票信息无误

（三）注意事项

1.树立法治观念 票证管理必须严格遵守国家相关法律法规，不伪造、篡改票证，杜绝任何违法违规的行为，以维护市场秩序和法律尊严。

2.坚守诚信原则 在票证的开具、使用和保存过程中，要诚实守信，不弄虚作假，确保票证信息的真实可靠。

任务情境参考答案

（四）学习评价

票证管理评价表

序号	评价内容	评价标准	分值（总分100）
1	服务接待	态度温和，有耐心，用语文明	10
2	操作技能	熟练使用开票设备和系统	10
		发票填写标准化、规范化，要素齐全、数字正确、字迹清晰，不错漏、不潦草，防止涂改	50
		熟悉遵守相关法律法规	20
3	工作态度	态度认真严谨，效率高	10

二、相关知识

药店每周都有大量的商品进出，涉及商品购进、销售、退货等各种业务活动，从而产生众多的票证，如发票、配送单据、销售/退货小票、返仓退货清单等。作为药店店员，特别是直接负责票证管理的人员，需要熟知票据管理的相关制度和业务操作，能够正确开具票据，对票证进行准确的管理，包括票据的收集、整理、审核和存档等。

（一）票据的种类

药店工作涉及的主要票据、票证如下。

1. 发票　包括采购发票、销售发票。采购发票：包括增值税专用发票、增值税普通发票等，是药店采购药品的重要凭证。销售发票：向顾客销售药品时开具的发票，用于记录销售交易和纳税。

2. 随货同行单　是供应商或连锁配送中心开具的，随药品一同到货的单据，载明药品的名称、规格、数量、生产厂家等信息。

3. 出库单　是药品从药店仓库出库时的凭证。

（二）票据和结算凭证填写的基本规定

各种票据和结算凭证是办理支付结算和现金收付的重要依据，直接关系到支付结算的准确、及时和安全。票据和结算凭证是银行、单位和个人凭以记载账务的会计凭证，是记载经济业务和明确经济责任的一种书面证明。因此，填写票据和结算凭证必须做到标准化、规范化，要素齐全、数字正确、字迹清晰，不错漏、不潦草，防止涂改。

1. 编号要求　应按票据的连续编号依次使用，不得漏号或跳号。

2. 书写要求　应用蓝黑墨水或黑墨水填写，禁止使用铅笔；按规定需书写红字的，可用红墨水；若要复写的，可使用圆珠笔；属于套写的票据，一定要写透，以防下方页面模糊；严禁在应复写的地方不复写或分开复写，导致前后内容不一致。

3. 填制要求　按照票据已有的项目逐项填写，不得随意增减应填内容；接受票据单位的名称，须按名称全称填写清楚；填制票据的日期须同办理业务的时间保持一致，且年、月、日各项要齐全。

4. 签章要求　从个人单位取得的票据，必须有填制人员的签名或盖章；从外单位取得的票据，须盖有填制单位的公章。自制票据，必须有经办单位领导或者其指定人员的签名或盖公章。对外开出的票据，必须加盖本单位公章。

知识链接：《中华人民共和国发票管理办法实施细则》

5.**处理错误票据要求**　票据填制出现错误，不得涂改或挖补，应由开出单位重开或者按规定方法更正。

（三）有关票据的填写

1.**发票的开具**　发票是财务收支的法定凭证，是会计核算的原始依据，也是审计机关、税务机关执法检查的重要依据。商业零售发票适用于商品零售业小规模纳税人，是营业员给顾客开具的正式报销凭据。商业发票一式三联，第一联为存根联，企业自己留存；第二联为发票联，给顾客；第三联为记账联，交会计记账。

发票填写样例

开具发票时应注意以下方面。

（1）填写客户名称时必须写全称，不能简写。

（2）填写开票日期，必须是经济业务活动发生的实际日期，不能提前，也不能滞后。

（3）填写货物名称或收入（收费）项目，应按照销售货物名称或劳务名称逐项如实填写，不得虚开或改变内容。

（4）填写规格、计量单位、数量、单价时，必须按实际或标准填写。

（5）大、小写金额数字的填写要规范，必须同时填写大、小写金额。

（6）全份一次性如实开具发票：用票人必须按照经济业务活动的真实内容，全份一次复写打写。填开发票时，应做到字迹清楚、工整，不得涂改套用和冲洗重用；对因填开或计算错误而作废的发票，应当全份完整储存，并加盖"作废"戳记。

知识链接：大小写金额的标准写法

（7）加盖单位财务印章或发票专用章：发票填开后，只有在发票联和抵扣联加盖了开具方的财务印章或发票专用章之后，该发票才合法有效；否则，该发票就不具备法律效力，付款方也不能作为财务核算的有效凭证。

（8）任何单位和个人不得转借、转让、代开。未经地税机关批准，不得拆本使用发票，不得自行扩大专业发票的使用范围。

2.**销售凭据**　也称购货凭证，是商场内部使用的一种票据，又可分为商场内部销货传票、商品购货凭证两种形式。

（1）**销货传票**　当商场内设有专门收款台时，营业员须开具销货传票。销货传票一式三联，第一联柜台留存，作小组结账用；第二联交顾客，作顾客购物凭证；第三联交收款台留存，作会计记账用。

当商品成交后，营业员须立即填写销货传票，具体步骤如下。①销货传票需要依次填写商品编号、品名、数量、单位、单价、合计金额。②将填好的销货传票（一式三联）交给顾客，顾客持此票到收款台交款。收款台收款后，在传票的第一、二联盖"现金收讫"章，收款台自留第三联后，将其余两联交回给顾客。③售货柜台检查并确认"现金收讫"章印后，收回第一联，同时将商品及第二联交顾客。第二联只能作为购物凭据，不能作为报销发票。④营业结束后，营业员凭交货凭证第一联汇总当日的销售额，并做登记，组长签名。⑤售货员根据"交款凭证"汇总销售额，与当日收款额核对无误后，按柜组填制"交款凭证"汇总表，并将此表分别交柜组会计、统计等有关部门。

（2）**商品购货凭证**　未设收款台的商场，以一手交钱一手交货的方式销售商品，柜台营业员须向顾客开具购货凭证。购货凭证一般为两联，第一联柜台留存，第二联交与顾客作为购货凭证。购货凭证的填写要求与商场内部销货传票相同。

3.商业进销存日报表　当一天营业结束后，门店应按商品类别记录当日商品的进、销、存情况，上报财务结算。日报表（表3-2-1）一式二联，第一联柜组留存，第二联上交财务作会计核算依据。填制的具体步骤如下：①按企业内部制度规定对经营商品分类，如某零售连锁药店将所经营品种分为中西成药、滋补保健品、中药配方、精制饮片及药材、其他商品等五类；②记录当日购进、调入或提价增值部分金额；③记录当日销售、调出或降价减值部分金额；④计算当日结存，上交财务核算；⑤核算员记录，门店经理复核。

即学即练

表3-2-1　商品进销存日报表

柜组：　　　　　　　　　　　　　　　　　　　　　年　　月　　日　　　　　　　单位：元

项目		金额	项目		金额
昨日结存			本日销售		
增加部分	本日购进		减少部分	本日调出	
	本日调入			调价减值	
	调价增值			盘点短缺	
	盘点溢余				
				本日结存	
合计			合计		
本月销售额			本月销售累计		

组长：　　　　　　　　　　复核：　　　　　　　　　　　制表：

三、技能训练

情景：你是广州市京东弘健药械有限公司销售人员王梅。今年五一期间公司开展大幅度优惠，部分产品促销让利。5月3日，张小姐购买医疗仪器器械＊艾修堂砭石艾灸罐刮痧棒S2艾灸仪器礼盒，送给妈妈作为母亲节礼物，原价188元，活动优惠价152元，税率为13%。

任务要求：请你为张小姐开具发票。

技能训练
参考答案

任务3-3　日报表填写

任务情境

假设你是开心药房凤岗门店店长小林，今天是X年Y月Z日，营业结束了，你要完成非那雄胺片、格列喹酮片、伊曲康唑胶囊三个品种的进销存日报表填制。

已知当日购进非那雄胺片2盒（每盒165元），格列喹酮片5盒（每盒68元），伊曲康唑胶囊3盒（每盒132元），因顾客购买数量较大，临时从凤岗门店调拨了2盒非那雄胺片（每盒165元），1盒格列喹酮片（每盒68元）。

凤岗门店当日销售额为8000元，又对伊曲康唑胶囊进行了调价，调价情况见表3-3-1。当日因顾客较多，盘点损溢时发现账目对不上，损溢情况见表3-3-2，又已知前一日的结存为 12000 元。请你根据情境描述及数据，按任务要求完成操作。

备注：X 年 Y 月 Z 日意为练习当天。

任务要求：

1.请根据门店实际情况，列出填报药品进销存日报表时适用的计算公式。

2.请根据当日三个药品的表单及数据，完成商品进销存日报表填写，并计算出本日结存。

一、任务实施

（一）工作准备

1.**商品调价单**　见表3-3-1。

2.**商品损溢报告表**　见表3-3-2。

3.**准备表单商品进销存日报表**　见表3-3-3。

表3-3-1　商品调价单

调价通知单日期：X 年 Y 月 Z 日

填报部门：物价部门　　　　　　　　　　　　　X 年 Y 月 Z 日　　　　　　　　　　调价通知文号：××××

货号	品名	单位	数量	零售单价（元）		加或减	单位差价（元）	增加金额（元）	减少金额（元）
				原售价	新售价				
合计									

门店经理：　　　　　　　　　　　核算员：　　　　　　　　　　　物价员：

表3-3-2　商品损溢报告表

填报部门：凰岗门店　　　　　　　　　　　　X 年 Y 月 Z 日　　　　　　　　　　　单位：元

账面结存	实际结存		溢余	损失	损益原因：
品名规格	单位	数量	单价	金额（+或-）	丢失
					处理意见：

门店经理：　　　　　　　　　　　　　　　　制单：

表3-3-3　商品进销存日报表

柜组：_____　　　　　　　　_____年_____月_____日　　　　　　　　单位：元

项目	金额	项目	金额
昨日结存		本日销售	
本日购进		本日调出	
本日调入		调价减值	
调价增值		盘点短缺	
盘点溢余			
		本日结存	
合计		合计	

填表人：_____

（二）操作过程

序号	步骤	操作方法与说明
1	收集、整理填写表单所需的数据	收集与表单关联的数据（营业额、成本、营业费用、长款项等）
2	计算相关数值	根据任务要求，利用相关公式（营业额、利润、利润率、毛利、毛利率等）计算出相关的财务指标，计算准确
3	填写表单	填写认真、规范，不缺漏

（三）注意事项

1.认真对待日报表填写工作，秉持诚信、严谨的工作态度，确保商品信息真实准确、内容填写规范。

2.培养团队合作精神。

（四）学习评价

任务情境参考答案

日报表填写评价表

序号	评价内容	评价标准	分值（总分100）
1	学习态度	工作有条理，认真、仔细	10
2	日报表填写	商品信息填写准确，数据计算精确	70
		数字填写规范、完整	10
3	书写	字迹清晰、工整，无涂改	10

二、相关知识

（一）门店经济核算指标

1.利润　是营业收入减去一切开支费用。药品销售企业在经营的一定时期内，企业营业收入的金额大于全部支出的金额，称盈利；反之，称亏损。其计算公式为：利润=营业收入-所有开支费用。

2.毛利润　就是我们常说的"毛利"，是衡量一家企业盈利能力的重要指标，因其尚未减去企业为销售商品而发生的其他费用、税金等，还不是净利，故称毛利润。其计算公式为：毛利润=营业收入-营业成本。其中，营业收入即销售商品或服务取得的收入，而营业成本根据企业是生产型或商业型存在区别，具体如下：①对于生产型企业而言，营业成本主要包括销售商品所耗用的原材料和直接人工成本；②对于商业型企业而言，营业成本主要为销售商品的进货成本。

3.毛利率　是指企业在销售产品或提供服务过程中，所获得的销售收入减去对应成本后，剩余的收益与总收益的比例。毛利率是衡量产品或服务盈利能力的重要指标，可以帮助企业评估其经营状况、制定营销策略和控制成本。其计算公式为：毛利率=（主营业务收入-主营业务成本）/主营业务收入×100%。

4.净（纯）利润　净利润是企业会计准则的专业术语，而纯利润是通俗说法。企业除了进货成本/生产成本，还会产生其他支出，如管理人员工资，借款利息费用，销售商品产生的广告费、差旅费、业务招待费等推广费用。从毛利中将这些成本、费用全部扣除后，即为净利润。其计算公式为：净利润=毛利润–营业税金及附加–销售费用–管理费用–财务费用 ± 营业外收支–所得税费用。

例如：A药店12月份销售商品获得销售收入30万元，药品购进价10万元，店铺租金2万元/月，药店员工工资4万元/月，水电费0.5万元，宣传费用1万元，各项税费合计0.5万元。可计算得出以下数据：

毛利润=销售收入–购进价=30–10=20（万元）

毛利率=毛利/收入 × 100%=（30–10）/30 × 100%=66.7%

净（纯）利润=30–10–2–4–0.5–1–0.5=12（万元）

5.销售差错率指标核算　药店在药品销售过程中会发生长款和短款现象，长款是指实收销货款多于应收销货款；短款是指实收销货款少于应收销货款（表3-3-4）。在进行药品核算时，首先应严控长款、短款差错率。一旦出现，应分别核算，不得相互抵消。如果长款、短款之和与销售的万分率超过差错率指标，应该及时查找原因，并做出相关处理。其计算公式为：差错率=（长款+短款）/药品销售额 × 10000‰。差错率是门店在经营过程中发生的长、短款额占药品销售额比例的最高限额。

例如：开心大药房参茸柜台本月销售额30万，其中参类产品发生短款1500元，灵芝孢子类产品长款200元，燕窝类长款150元。计算：

差错率=（1500+200+150）/300000 × 10000‰=6.167‰

表3-3-4　×× 药店长短款报告单

柜组：　　　　　　　　　　　　　　　　　　　　　　　　　　　年　　　月　　　日

应收金额		实收金额		长（短）款	
原因			柜组意见		
审批意见					

财务负责人：　　　　　　　　审核人：　　　　　　　　　报告人：

6.其他经济指标公式

（1）销售扣率　是指药品实际进价与零售价或者批发价之比，能直观地反映药品销售的毛利水平。计算公式：销售扣率=进价/批发价 × 100%。

（2）销售税金　是指按国家法律规定纳税所实现的税款，按药品的销售收入计算，具有很强的法令性。计算公式：销售税金=销售收入 × 税率。

（3）客流量、进店率、客单量、成交率　零售药店一般会对门店的这些指标做出统计，以便进行经营状况分析。①客流量：是指单位时间内经过店铺门口的顾客数量。②进店率：是指单位时间内进入店铺的顾客数量占经过店铺门口的顾客数量的比例。③客单量：是指顾客进店购买药品的量。④成交率：是指单位时间内店铺里达成交易的顾客数量占进店顾客数量的比例。⑤客单价：是指每一个顾客平均消费的额度。

（二）进销存日报表及相关表单

1.表单的种类　当日经营结束后，药店必须对照销货结算本及盘点情况填报进销存日报表（表3-3-3），该表是药店向上级财务部门报账的日表单，是药店经营业务活动的真实记录。因此，填报必须及时、认真、准确，并逐日、按月装订成册。

与填制商品进销存日报表相应的表单如下。

（1）商品验收单　是药店质量员进行商品进货数量清点时，对商品进行质量验收检查工作中所填制的（表3-3-5）。

表3-3-5　商品验收表

供货单位：　　　　　　　　　　　　年　　月　　日　　　　　　　收货部门：

货号	等级	品名及规格	购进价				零售价				进销差价
			单位	数量	单价	金额	单位	数量	单价	金额	
合计											
备注：											

调出柜组：　　　　　　　　　　　　　　　　　　　　　　　　　　年　　月　　日

（2）商品内部调拨单　是发生在同一企业不同门店之间的商品流转业务而填制的表单（表3-3-6）。

表3-3-6　商品内部调拨单

调出门店：　　　　　　　　　　　　年　　月　　日　　　　　　　调入门店：

货号	品名	单位	数量	购进价		零售价		进销差价
				单位	金额	单位	金额	
合计								

调出门店经办人：　　　　　　　　　　　　　　　　调进门店经办人：

（3）商品调价单　商品调价就是对商品原售价的调整变更。药店在接到上级调价通知单后，在规定调价执行日期的前一天，对调价商品进行盘点，查明实际库存，核算出变价后现值，再填制商品调价单（表3-3-1）。

（4）商品损溢报告表　商品损溢是指商品从进货到销售的整个零售流转环节中所发生的溢余和损耗。若日盘点后发现有损溢情况，必须将损（溢）数额、情况及原因分析填入商品损溢报告表（表3-3-2），经盘点人、店长签名盖章后，送交上级主管部门，并以此作为会计处理的凭证。

（5）内部交款单　当日营业结束后，要及时清点当日收进的销货款，并且由两人进行点数复核，同时填写内部交款单（表3-3-7），一式二联，交款单连同货款交出纳员收讫盖章。

表3-3-7　内部交款单

柜组：　　　　　　　　　　　　　　　　　　　　　　　　年　　月　　日

现金		点款人	
支票		复款人	
托收货转账		交款人	
合计金额（大写）			

出纳：　　　　　　　　　　　　收款人：

2.填制进销存日报表的注意事项

（1）"昨日结存"栏：根据上日的"本日结存"数填写。

（2）"本日购进"栏：根据商品验收单汇总金额填写。

（3）"本日调入（出）"栏：根据"商品内部调拨单"分别汇总填写。

（4）"调价增值（减值）"栏：根据"商品调价单"填写。

（5）"盘点溢余（短缺）"栏：根据"商品损溢报告表"填写。

（6）"本日销售"栏：根据"内部交款单"汇总填写。

（7）"本日结存"栏：根据上述数据进行汇总计算。其计算公式为：本日结存=昨日结存+本日购进+本日调入+调价增值+盘点溢余−本日销售−本日调出−调价减值−盘点短缺。

（8）商品进销存日报表中，左右两边的合计数值应该相等，左边合计数为昨日结存与本日增加部分的数值之和，右边合计数为本日结存与本日减少部分数值之和。

3.日报表的填制步骤　填制日报表是药店的一项重要工作，每个企业应根据自身管理的需要，设计便于管理使用的日报表。以某企业的日报表为例，其门店日报表的填写步骤如下。①填写当天基本信息和数据：见表3-3-8。②当天工作小结填写：需要根据当日经营的实际情况如实填写，填写内容包括：日工作内容完成情况、当日培训工作开展的内容、班与班之间需要交接的重点工作（表3-3-9）。③填写总部巡店检查记录，店长签名。

即学即练

表3-3-8　门店日报表样表

供货单位：　　　　　　　　　　　　　年　　月　　日　　　　　　　　收货部门：

班次（√）	早晚	当班人		日期				
上班人员								
日期	营业额	毛利额	毛利率	来客数	客单数	客单价	中参销售额	会员卡数

表3-3-9　当日工作小结

序号	工作内容	是否完成		序号	工作内容	是否完成		
1	贵重商品交接	是□	否□	10	门店日常氛围布置	是□	否□	第一部分
2	员工培训	是□	否□	11	商品陈列检查	是□	否□	
3	上班人员责任卫生区域检查	是□	否□	12	本班销售目标分解	是□	否□	
4	新品培训	是□	否□	13	加提商品位置，奖励，卖点培训	是□	否□	
5	参与销售	是□	否□	14	补货	是□	否□	
6	参与收银	是□	否□	15		是□	否□	
7	参与抓中药	是□	否□	16		是□	否□	
8	外出调货或送货	是□	否□	17		是□	否□	
9	门店经营表格	是□	否□	18		是□	否□	

续表

一、本班经营措施： （产品知识、新员工培训必做项） 二、门店贵重商品交接 （按公司贵重商品交接表填写）	第二部分
三、上一班次交接工作完成进度：	第三部分

交接人：　　　　　　　　　　　　　　　　　　　　接班人：

三、技能训练

情景：假设你是爱心大药房的财务人员，请按照要求完成以下核算。

任务要求：

1.药店第三季度销售额为80000元，核定毛利率为15%，费用率为11%，税率为4%，请计算本门店第三季度营业利润。

2.A店本月销售额为20万元，其中B类药品发生长款200元，C类药品发生短款100元，D类药品发生短款480元，请计算出门店销售差错率。

技能训练参考答案

任务3-4　门店盘点

任务情境

假如你是江南医药大药房A门店的店员，每月该门店均需对店内医药商品进行盘点，本月10日根据店长安排，你与另一名店员组成一组，需完成店内部分医药商品的盘点工作。

任务要求：

1.请按照盘点的要求和操作规程，完成所负责部分医药商品的盘点工作。

2.请根据盘点结果，完成所负责部分医药商品的盘点表填写。

3.请根据系统中医药商品库存情况，对盘点结果进行分析，若有差异请填写报损或报溢单。

一、任务实施

（一）工作准备

1.医药商品库存清单：见表3-4-1。

2.医药商品信息和包装图片：见盘点医药商品资料二维码。

3.医药商品盘点表：见表3-4-2。

4.医药商品报损/报溢单：见表3-4-3。

5.盘点工具：笔、垫板。

盘点医药商品资料

6.医药商品陈列货架。

表3-4-1 医药商品库存清单

货位号	品名	规格	剂型	单位	药品上市许可持有人	生产企业	批准文号	生产日期	批号	有效期至	零售价（元）	库存数量
LL001	双歧杆菌活菌胶囊	0.35g*40粒	胶囊剂	盒	丽珠集团丽珠制药厂	丽珠集团丽珠制药厂	国药准字S10960040	****	****	****	32	10
YL001	格列美脲分散片	2.0mg*30片	片剂	盒	石药集团欧意药业有限公司	石药集团欧意药业有限公司	国药准字H20100182	****	****	****	15	10
YL002	氯霉素滴眼剂	5ml：12.5mg	滴剂	盒	—	山东博士伦福瑞达制药有限公司	国药准字H20013024	****	****	****	8	6
CL001	盐酸氨溴索片	30mg*30片	片剂	盒	天津怀仁制药有限公司	天津怀仁制药有限公司	国药准字H20073934	****	****	****	5	4
CL002	氧氟沙星滴眼液	0.8ml*10支	滴剂	盒	湖北远大天天明制药有限公司	湖北远大天天明制药有限公司	国药准字H20053719	****	****	****	11	5
YL007	壮骨麝香止痛膏	7cm*10cm	贴膏剂	盒	河南羚锐制药股份有限公司	河南羚锐制药股份有限公司	国药准字Z41020300	****	****	****	25	5

表3-4-2 医药商品盘点表

单位：　　　　　　　年　　　月　　　日　　　　　盘点人：

货位号	品名	规格	单位	上市许可持有人	生产企业	产品批号	零售价（元）	有效期至	库存数量	实盘数量	差异

表3-4-3 医药商品报损/报溢单

门店：　　　　　　日期：　　年　　月　　日　　　　填表人：

货号	品名	规格	单位	零售价（元）	库存数量	实盘数量	盘盈		盘亏		盈亏合计	差异原因	
							数量	金额	数量	金额	金额	说明	对策

（二）操作过程

序号	步骤	操作方法与说明
1	做好盘点准备	确定盘点人员，划分盘点区域或盘点医药商品。分工要明确，准备要充分 对拟盘点区域和拟盘点的医药商品做好整理，准备好盘点工具，打印好医药商品库存清单和盘点表

续表

序号	步骤	操作方法与说明
2	实施盘点操作	依次核对拟盘点医药商品的品名、规格、生产厂家、上市许可持有人、数量等信息。注意医药商品的计量单位，以防因单位不同而造成数量清点时出错
		将库存数量与实盘数量进行比较，若有数量差异，立即进行复盘和抽盘
		盘点时应同时检查医药商品的有效期，过期、破损医药商品应取下，并做好记录
		如实并即时填写盘点表，并签字。填写时字迹要清晰，尤其是数字书写要准确
3	盘点后处理	对盘点后医药商品资料等进行整理
		对盘点存在差异的医药商品进行分析，查找原因，按照报损报溢处理程序，填写报损/报溢单
		将损溢情况进行上报，经审批通过后，在计算机系统中填写报损或报溢信息，确保账货相符

（三）注意事项

1. 充分认识盘点工作的重要性。
2. 盘点工作要秉承严谨认真、实事求是的工作态度。
3. 要注重沟通交流，加强团队合作。

任务情境
参考答案

（四）学习评价

门店盘点评价表

序号	评价内容	评价标准	分值（总分100）
1	学习态度	态度端正，能听从安排、遵守纪律，每一个阶段任务能按时完成，积极发言，积极表现	10
2	盘点操作	能完整完成每个医药商品的盘点，不遗漏	5
		盘点时能对每个医药商品的品名、规格、厂家、上市许可持有人、数量等信息进行核对	10
		能完成所有盘点流程，操作完整	5
3	盘点表填写	能完整、准确、规范地填写每项内容	36
4	报损报溢处理	能正确分析报损报溢及其原因	14
		能提出正确的策略	20

二、相关知识

（一）盘点的含义

　　盘点就是针对门店全部或者部分库存医药商品及其他医药商品进行定期或不定期的清点活动，以了解门店医药商品损坏、滞销、存货积压或缺货等真实情况，切实掌握店内的经营业绩，并据此加以改善，加强管理。

　　根据GSP要求，企业应当对库存药品定期盘点，做到账、货相符。

（二）盘点的目的

　　1. 控制库存　全面掌握目前门店的库存医药商品品种、数量和金额，以指导门店日常经营业务。

　　2. 掌握损溢　比较实盘金额与账面金额的差异，确切掌握所有医药商品的调整状况，以便店长把握经营绩效，并及时采取防漏措施。

3.商品结构调整　计算并分析各类商品的毛利率、销售比率、存销比等，调整商品结构，以实现更高的利润。

4.了解医药商品效期情况　发现并清理近效期医药商品、过期医药商品、破损医药商品和滞销医药商品等，及时登记上报、下架。

（三）盘点内容

门店应当定期对全部库存医药商品进行盘点，以确保实货和计算机系统记录的一致性。

1.盘点范围　包括门店处方药区、非处方药区、非药品区、阴凉柜（区）、冷藏柜（区）、拆零柜（区）、待验库（区）等区域陈列或存放的全部医药商品。

2.盘点内容　应全面核对医药商品的名称、上市许可持有人、生产企业、规格、剂型、批号、数量等信息，检查账货符合情况，发现账货不一致时，应及时查找原因并做相应处理。

（四）盘点方法和周期

企业可根据实际情况制定盘点制度，对盘点方法、盘点频次、处理流程进行规定。

1.常见的盘点方法

（1）动碰货盘点　在规定的时限内，对发生过购进、销售、退货的商品进行核对，优点是效率高、针对性强，缺点是不够全面。该方法适用于短期、高频率的盘点。

（2）对账式盘点　根据电脑系统内的账目逐一核对实物，优点是操作性强、相对全面，缺点是出现账外商品则无法监控。该方法适用于周期性、时间要求短的盘点。

（3）地毯式盘点　根据货物的摆放位置逐一清点数量，再与计算机系统内的账目逐一核对，优点是盘点完全、无遗漏，缺点是耗时长、人工成本高。该方法适用于需彻底清点数量、核对账目的盘点。

2.盘点周期　根据盘点周期的不同，盘点分为包括定期盘点和不定期盘点。

（1）定期盘点　是指按照一定的时间间隔对库存医药商品进行清点，可分为每日盘点、月盘点、季度盘点和年终盘点。其中，日盘点的医药商品主要是门店中贵重药品，月盘点、季度盘点和年终盘点涵盖的是门店中的所有医药商品。各企业定期盘点的规定时限会有不同，一般开业六个月以上的门店，每两个月盘点一次；开业六个月以内的门店即新店，每个月盘点一次，连续盘点六个月后，调整为每两个月盘点一次。

（2）不定期盘点　亦称临时盘点，是指事先未规定日期，而是根据需要临时对门店医药商品所进行的盘点。例如当药店员工调动或离职时，为确保交接过程中库存数量和信息的准确性而进行的盘点，或者当药品需要被召回时而进行的盘点。

（五）盘点作业流程

流程见图3-4-1。

1.盘点准备工作　门店盘点工作必须要有充分的准备。盘点前，门店要告知供应商，以免供应商在盘点时送货，造成不便。如果采用的是停业盘点，门店还必须贴出告示告知顾客，以免顾客在盘点时前来购物。除了这两项门店盘点作业的准备外，盘点前还要明确分工，确定好盘点人员，划分好盘点区域和盘点商品，每位参加盘点人员要明确自己的盘点责任区。另外，盘点的准备工作还包括环境整理和医药商品整理。

（1）环境整理　门店一般应在盘点前一日做好环境整理工作，主要包括：检查各个柜组的医药商品陈列和编号是否正确，并给出明显标识；划分非盘点区域，清除门店作业场的死角，将非盘点物品转移至非盘点区域。将各项设备、工具、备用品存放整齐。

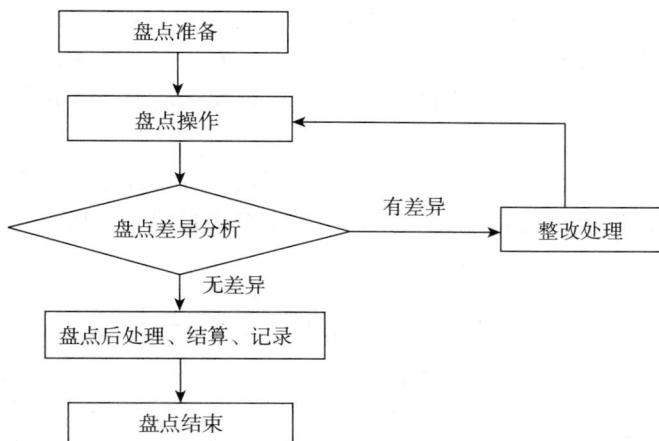

图3-4-1　药品盘点作业流程图

（2）医药商品整理　在实际盘点开始前两日，对医药商品进行整理，这样会使盘点工作更有序、更有效。医药商品整理主要包括中央陈列架及端头的医药商品整理、附壁陈列架医药商品的整理、库存医药商品的整理。整理过程中，要注意每一种商品中是否混杂了其他品种。另外，一般在盘点前两个小时，要对医药商品进行最后的整理。这时要特别注意，陈列在货架上的医药商品，其顺序是绝对不能改变的，即盘点清单上的商品顺序与货架上的顺序是一致。如果顺序不一致，盘点记录就会对不上号。

（3）盘点工具准备　准备有关的盘点工具与用品。若使用盘点机盘点，需先检验盘点机是否可以正常操作；如采用人员填写的方式，要准备盘点表及红、蓝圆珠笔。

知识链接：盘点机

（4）单据整理　为了尽快获得盘点结果（即盘亏或盘盈），盘点前应整理好如下单据：①进货单据；②变价单据；③报废品单据；④赠品汇总单据；⑤其他单据。

2.盘点操作　门店正式盘点前，先由盘点负责人对门店所有盘点人员进行培训，简要说明门店药品盘点工作的重要性、具体要求、注意事项及异常情况的处理等。门店药品盘点按阶段可分为三种：初点作业、复点作业及抽点作业。

（1）初点作业（初盘）　一般是两人一组，一人负责清点，一人负责记录，由初点人和复点人配合完成。由初点人对门店货架医药商品进行盘点，应按照负责的区位，由左向右、由上而下展开盘点；利用盘点表盘点时，按盘点表顺序依次读货号、品名、规格单位、数量、零售价、金额、复点、抽点、差异。复点人作为填表人，如实根据初点人的读数进行记录或核对。不同特性的医药商品盘点，应注意查看计量单位是否存在不同。盘点时应注意医药商品的有效期，过期药品应随即取下，并做记录。

（2）复点作业（复盘）　可在初点作业进行一段时间后再进行。由复点人对货架医药商品展开盘点，手持初点人盘点过的盘点表，依序读货号、品名、规格、单位、数量、零售价、金额、复点、抽点、差异。此时，初点人作为填表人，如实根据复点人的读数进行记录或者核对。复盘之后，核对初点人和复点人两次盘点数据是否一致。如不一致，两人再次核实盘点数量。确认盘点数量后，对差异进行修改填写，并签名确认。

动画：门店盘点

（3）抽点作业（抽盘）　通常在盘点和复盘结束后，由门店店长或盘点负责人对盘点结果进行抽盘。抽盘的前提是每一类医药商品都已盘点出数量和金额，并有签名。抽盘时，重点抽查盘点表的书写是否符合规范、抽点容易漏盘的医药商品、抽盘有异议的医药商品、抽盘单价较高的医药商品。同时，做好复核过期医药商品和包装破损医药商品的处理工作。

（4）门店店长的盘点作业检查　在整个盘点作业进行过程中，门店店长还需填写总部设计的门店盘点操作规范检查表（表3-4-4），该表是店长检查门店是否按照盘点操作规范进行的重要依据。

表3-4-4　门店盘点操作规范检查表

项目	内容		执行情况	
			是	否
盘点前	是否告知顾客			
	是否告知供应商			
	人员分配是否到位			
	盘点单是否发放			
	是否做好环境整理			
	是否准备好盘点用具			
盘点前	单据整理	进货单		
		销货单		
		报废品单		
		赠品单		
		其他单据		
	商品整理	货架上商品是否排列整齐		
		不允许上架商品是否已经撤下		
		是否一物一价、物价相符		
		待处理商品是否专属存放		
		通道是否有商品		
盘点中	盘点顺序是否按照区位逐架逐排、从左至右、从上至下			
	盘点清单是否为一初点、一复点			
	复点时是否更换责任人			
	每一商品是否盘出数量和金额			
盘点后	盘点单是否全部回收			
	检查盘点单是否全部签名			
	检查盘点单上商品数量是否正确			
	营业现金、备用金是否清点			
	盘点结果是否集中输入计算机			
	是否进行正常的营业准备			
	盘点完毕后是否清扫地面			
	对盘点损溢结果是否说明			

3.盘点后管理

（1）差异分析处理　盘点结束后，实际盘点数量与计算机系统中的库存数量不一致称为盘点差异。出现盘点差异，应当查明原因，并按制度要求对盘点差异进行确认、调整和处理。报损、报溢是差异调整的常见方式。当盘点实物数量或者价值小于账面数量或者价值，称为盘亏，需要做报损处理；当盘点实物数量或者价值大于账面数量或者价值，称为盘盈，需要做报溢处理。

出现盘亏的原因可能有：①医药商品已销售但未录入系统；②医药商品转赠品或医药商品转内用的情况未进行结算出库；③医药商品出现破损、过期失效等问题，处理后未记录；④医药商品失窃；⑤医药商品进货与销售时单位不一致等。

出现盘盈的原因可能有：①赠品当医药商品销售但赠品未入库；②销后退回医药商品未记录；③购销医药商品时，发生误差的长期积累；④医药商品进货与销售时单位不一致等。

报损报溢的程序如下。

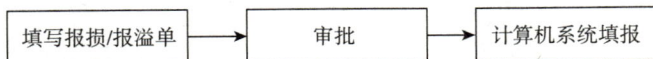

填写报损/报溢单 → 审批 → 计算机系统填报

报损报溢具体的审批设置会因规模、组织架构和管理政策的不同而有所差异，门店报损报溢审批一般会涉及质量管理部、财务部。质量管理部主要是负责对于药品质量问题导致的报损进行审核，以确保符合药品质量标准和法规要求。财务部主要是负责报损报溢对财务方面影响的审核，确保相关操作符合财务规定和流程。

（2）盘点后资料的整理　将盘点表全部收回，检查是否都有签名、有无遗漏，并加以汇总。

（3）医药商品的还原归位　全部盘点表核实完毕，按陈列要求将医药商品还原归位，并做好卫生打扫。

（4）根据盘点结果实施奖惩措施　医药商品盘点的结果通常都是盘损，根据制度要求，盘损在规定范围内应视为正常。根据医药商品盘损情况，总部可对当事门店予以奖罚。盘损率计算公式为：盘损率＝盘损金额÷（期初库存＋本期进货）。当实际盘损率超过标准盘损率时，门店各类人员都要负责赔偿；反之，则予以奖励。

即学即练

三、技能训练

情景：某连锁大药房门店店长对门店的盘点作业安排如下：门店营业员王兰负责每月部分柜组的全面盘点，需进行以下3个品种（见王兰负责的品种）盘点记录的填写；门店营业员张红负责贵重药品品种的盘点，需进行以下2个贵重品种（见张红负责的品种）盘点记录的填写。

技能训练-医药商品实物信息

王兰负责的品种：

货位号	品名	规格	库存数（盒）
0001	阿莫西林颗粒	0.125g*30袋/盒	9
0002	非洛地平缓释片	5mg*10片/盒	5
0003	马来酸依那普利片	5mg*16片/盒	11

张红负责的品种：

货位号	品名	规格	库存数（盒）
0007	非那雄胺片	5mg*10片/盒	10
0008	艾司奥美拉唑镁肠溶片	20mg*7片/盒	7

任务要求：

1.请分析：王兰和张红负责的盘点操作任务分别属于哪种盘点方式？

2.假设你是王兰，请对所负责的3个品种进行药品实物盘点，扫描"医药商品实物信息"二维码，完成医药商品盘点表填制。

技能训练
参考答案

医药商品盘点表

单位：　　　　　　　　　　　　　　年　　月　　日　　　　　盘点人：

货位号	品名	规格	单位	上市许可持有人	生产企业	产品批号	零售价（元）	有效期至	库存数量	实盘数量	差异
							—				
							—				
							—				

任务3-5　货款结算

🏛 任务情境

假如你是A医药企业的一名会计，月底，按照工作要求收集并审核原始凭证，填制记账凭证并编制相关报表。

任务要求：

1.核对采购部门提供的调拨单内容是否齐全：商品名称、规格、单位、剂型、批号、生产日期、有效期、数量、零售价、批准文号、上市许可持有人等信息。

2.审核原始凭证（外来原始凭证与自制原始凭证），填制应收与应付的记账凭证。

3.根据调拨单信息，计算应付的总金额。

一、任务实施

（一）工作准备

1.调拨单　见表3-5-1。

2.记账凭证　见表3-5-2。

表3-5-1　调拨表

商品名称	规格	生产企业	上市许可持有人	批号	有效期至	单位	数量	零售价（元）	批准文号	仓库
多潘立酮片	10mg	江苏××药业集团有限公司	—	******	****年**月**日	盒	300	37.4	国药准字H200202**	常温库

续表

商品名称	规格	生产企业	上市许可持有人	批号	有效期至	单位	数量	零售价（元）	批准文号	仓库
甘露醇注射液	250ml：50mg	山东××药业股份有限公司	—	******	****年**月**日	瓶	40	21.5	国药准字H200310**	常温库
八珍颗粒	3.5g	四川××药业有限公司	—	******	****年**月**日	盒	150	41.8	国药准字Z200802**	常温库
佐匹克隆片	3.75mg	吉林××制药股份有限公司	—	******	****年**月**日	盒	300	12.9	国药准字H200402**	特殊管理库
复方血栓通胶囊	0.5g	广东××药业股份有限公司	—	******	****年**月**日	盒	300	104.4	国药准字Z201003**	阴凉库
聚桂醇注射液	10ml：100mg	陕西××制药有限公司	—	******	****年**月**日	盒	100	62.3	国药准字H200804**	阴凉库

表3-5-2 记账凭证

年　　　月　　　日

摘要	总账科目	明细科目	借方金额											贷方金额										
			亿	千	百	十	万	千	百	十	元	角	分	亿	千	百	十	万	千	百	十	元	角	分
合计																								

会计主管　　　　　记账　　　　　出纳　　　　　复核　　　　　制单

（二）操作过程

序号	步骤	操作方法与说明
1	填制审核原始凭证	审核外来原始凭证（调拨单）
		填制原始凭证，包括物料单、收款收据等
2	填制审核记账凭证	按照原始凭证的时间先后顺序，根据借贷记账原理，编制会计分录，填制并审核记账凭证
3	记账	根据记账凭证登记入账：日记账、明细账、总账
4	编制会计报表	根据总账科目余额填列：可直接根据有关总账科目的余额（如：应收票据）填列；有些则需根据几个总账科目的余额计算填列，如"货币资金"，需根据"库存现金""银行存款""其他货币资金"三个科目的余额的合计数填列
		根据明细科目余额计算填列：如"应付账款"，需根据"应付账款"和"预付账款"相关明细科目的期末贷方余额计算填列
		根据总账科目和明细科目余额分析计算填列。如"长期借款"，需根据"长期借款"总账科目余额扣除"长期借款"明细科目中将在一年内到期限的长期借款部分分析计算填列
		备查登记簿记录：会计报表附注中的某些资料，需要根据备查登记簿中的记录编制

续表

序号	步骤	操作方法与说明
5	纳税申报	增值税、消费税、企业所得税等
6	存档和备份	将对账过程中的相关文件存档，确保财务数据的安全性和完整性
		定期进行数据备份，防止数据丢失和意外损失

（三）注意事项

1.工作人员需诚实可靠，遵守行业规范，守住道德底线。

2.对账记录要详细，便于随时查阅和核对，保证账目清晰可查。

3.明确责任人，监督到位。

任务情境
参考答案

（四）学习评价

货款结算评价表

序号	评价内容	评价标准	分值（总分100）
1	结算的流程	能准确说出结算的过程	40
2	结算的操作	能核对调拨单的内容，确保清晰、正确	45
3	规范性	记账凭证书写规范，字迹工整	5
4	学习态度	能准确计算调拨单总价	5
5	岗位职责	遵守行业规范，能守住道德底线	5

二、相关知识

（一）应收账款管理

应收账款是企业在正常经营过程中因销售商品、提供劳务等业务而应向购买单位收取的款项，包括应由购买单位或接受劳务单位负担的税金、代购买方垫付的各种运杂费等。对于企业而言，其应收账款的构成具有一定的特殊性，主要涉及以下几个方面。

1.医保款 随着医疗保险制度的普及，药店通过医保结算方式为患者提供药品，因此会产生与医保相关的应收账款。

2.其他支付结算平台 药店可能通过与其他支付结算平台合作，为消费者提供便捷的支付方式，这些合作也会产生相应的应收账款。

知识链接：药店
现场检查

3.批发款 药店从药品批发商采购药品，因赊销、部分付款等方式形成的应收账款也是其重要组成部分。

这些应收账款的管理对于药店的资金流动性和财务状况具有重要影响。因此，药店需要定期对应收账款进行审计和跟踪，以确保其及时回收和降低坏账风险。

（二）应付账款管理

应付账款是公司的负债之一，指企业未支付的货款、劳务费、外包费用等，也是企业日常经营中的重要组成部分。因此，对企业应付账款进行科学有效的管理，对于保证公司健康、稳定发展具有重要的作用。①建立应付账款的分类管理体系，及时排查、核对应付账款的来源和用途，以保证数据的准确性。同时，加强与供应商的沟通，及时处理交易中的疑难问题，避免出现拖欠情况。②企业应根据实际情况制定应付账款的支付计划，对重

要供应商及时支付，并设立专门的财务人员来负责应付账款的管理工作。财务人员应该随时掌握应付账款的余额及每日资金的使用情况，确保企业经营的正常运转。③建立完善的应付账款审核制度，包括对供应商和采购订单的审批、对账、收票、付款及稽核等，防止重复开票、虚假开票等问题的出现，避免因为核算错误导致公司财务损失。④在企业采购活动中，应遵循基本合理原则，加强合同的监督和管理，确保供应商按照合同规定履行合同义务。同时，企业要提高对供求市场情况、行情变化的敏感度，制定合理的议价策略，以降低实际采购成本。

（三）记账、对账和结账

1.记账　记账就是依据凭证登记账簿，是柜组核算实现全面、连续、完整记录和反映柜组经营活动过程的重要工作内容之一。由于药店的柜组核算属于简易性、群众性的经济核算，不需要设置系统的账簿，一般只登记商品账。

商品账是对商品进行分类，按类别设置库存商品明细账（表3-5-3），登记数量和商品余额，同时以数量和余额的量度反映不同类别商品购销存情况。

表3-5-3　库存商品明细账

时间	摘要	增加	减少	结存	结存金额

2.对账　为了确保柜组账册记录和核算资料的真实可靠，柜组要认真执行对账、清账制度。柜组在每一个会计核算期末，要认真做好对账工作。对账就是将账簿所反映的资料进行内部核对（柜组内部）、内外核对（柜组之间），做到账证相符（账簿与凭证）、账账相符（总账与所属明细账）、账实相符（账面数与实物数），现金账要每天盘对现金与账面余额是否相符。在对账中发现差错和疑问，应及时查明原因，加以更正与处理。

供应商结算应付账款前，首先要与采购部门核对应付账。采购部门或门店应查对退货、票到货未到、短缺、质量拒收等供应商送货差错，检查有否冲红，确定应结算货款，然后与财务账核对，确认应付款，最后由企业负责人决定付款。

3.结账　为了总结柜组某一时期（月、季、年度）的经营业绩，必须按期进行结账。所谓结账，就是把一定时期内所发生的经济业务全部登记入账后，结算出各账户本期发生额和期末余额，结束本期账簿记录（表3-5-4）。结账基本要求如下：①确保账簿记录完整性；②门店核实柜组全部库存商品，并计算总余额；③按规定支付供应商应付账款，并按规定方法做好结账记录。

表3-5-4　月账簿记录表

城市	催款日期	销售员	客户名称	应收款额	回款额	汇款时间	本次开发票金额	发票号	款去向签字

（四）货款回收

1.预防债务发生的方法

（1）调查客户信用度　可以收集多方资料对客户信用度进行分析。客户信用调查的方法主要有：通过金融机构调查、通过专业资信机构调查、对客户或行业组织进行调查、对客户经营者个人进行调查、对客户企业进行调查等。

（2）确定客户信用额度　　根据客户的资信情况给予相应的信用额度。

唯有在所确定金额限度内的信贷，才是安全的；也只有在这一范围内的信贷，才能保证客户业务活动的正常开展。确定信用额度的方法主要有销售测定法、周转资产分割法、流动比率法、净资产分割法、综合判断法等。

2.货款回收技巧　　①借助行政干预手段；②借助金融机构的监督职能；③利用经济抗衡手段。

表3-5-5　商品货款回收单

文件名								商品货款回收单			
电子文件编码		****		页码				1-1			
实收金额								流水号		币种	
十	万	千	百	十	元	角	分				
实收金额（大写）　　拾　　万　　仟　　佰　　拾　　元　　角　　分											
收款人：　　　　　　　　　　签名：											

即学即练

1+X 证书制度试点药品购销证书配套教材

医药行业职业技能培训教材

药品购销综合实践与训练

药品储存与养护

（初级）

组织编写　第四批职业教育培训评价组织——上海医药(集团)有限公司1+X药品购销办公室

　　　　　中国医药教育协会职业技术教育委员会

主　审　蒋忠元

主　编　王晓梅　覃　琳

副主编　张勋琦　谭银平

编　者　（以姓氏笔画为序）

　　　　王晓梅（上海市医药学校）　　　　　　　成　龙（上海市医药学校）

　　　　朱伟娜（上海康恩贝医药有限公司）　　　刘　杨（成都铁路卫生学校）

　　　　刘晓燕（晋中市卫生学校）　　　　　　　孙志安（广州市医药职业学校）

　　　　杜小红（四川省食品药品学校）　　　　　杜旭升（揭阳市卫生学校）

　　　　宋师花（山东省临沂卫生学校）　　　　　张勋琦（山东省济宁卫生学校）

　　　　张清华（山东省青岛卫生学校）　　　　　张建宝（山东港通深度智能科技有限公司）

　　　　胡龙英（广西桂中大药房连锁有限责任公司）高永杰（国药集团成都西部医药经营有限公司）

　　　　覃　琳（广西科技大学附属卫生学校）　　谭银平（佛山市南海区卫生职业技术学校）

　　　　滕　晟（上海新嘉万序医疗供应链管理有限公司）潘　凯（济宁任城永康医院）

　　　　魏剑峰（北海市卫生学校）

中国健康传媒集团

中国医药科技出版社

内 容 提 要

　　本教材为《药品购销综合实践与训练：初级》的"药品储存与养护"分册，属于"1+X证书制度试点药品购销证书配套教材"。本教材以1+X药品购销中储存与养护所需的职业技能要求为依据，以现行版《药品经营质量管理规范》（GSP）为准绳，将GSP管理要求与仓储实际有机结合，梳理相关知识和技能，融入新法规、新技术和新方法，构建了收货与验收、陈列与储存、在库养护、出库管理共4个项目，以收货员、验收员、保管员、养护员、拣货员、复核员的真实岗位要求为具体任务，共构建17个任务。学习者通过完成真实的药品储存与养护工作，能树立守护健康、依法合规的法治观念，胜任药品购销工作，具有严谨细致、精益求精的工匠精神以及规范意识和服务意识，从而保障人民用药安全有效。本教材同时配有数字化教学资源，使教材内容立体化、生动化，便教易学。

　　本教材适用于1+X药品购销职业技能等级考核（初级）培训，也可作为职业院校医药类相关专业教学参考、医药行业职业技能培训教材及社会人员自学之用。

图书在版编目（CIP）数据

　　药品购销综合实践与训练：初级. 药品储存与养护 /
第四批职业教育培训评价组织——上海医药(集团)有限公司
1+X药品购销办公室，中国医药教育协会职业技术教育委
员会组织编写；王晓梅，覃琳主编. —— 北京：中国医
药科技出版社，2025.2.——（1+X证书制度试点药品购销
证书配套教材）. —— ISBN 978-7-5214-5196-2

　　Ⅰ. F763

　　中国国家版本馆CIP数据核字第2025CX2728号

美术编辑　陈君杞
版式设计　友全图文

出版　**中国健康传媒集团**｜中国医药科技出版社
地址　北京市海淀区文慧园北路甲22号
邮编　100082
电话　发行：010-62227427　邮购：010-62236938
网址　www.cmstp.com
规格　787×1092mm $\frac{1}{16}$
印张　16 $\frac{1}{2}$
字数　397千字
版次　2025年3月第1版
印次　2025年3月第1次印刷
印刷　北京印刷集团有限责任公司
经销　全国各地新华书店
书号　ISBN 978-7-5214-5196-2
定价　**48.00**元（全书3册）

获取新书信息、投稿、为图书纠错，请扫码联系我们。

出版说明

近年来，我国职业教育改革取得了巨大的进展与成就，尤其是《国家职业教育改革实施方案》《关于深化现代职业教育体系建设改革的意见》等指导性文件的出台，为职业教育的发展指明了道路与方向。

本丛书为"1+X证书制度试点药品购销证书配套教材"，由上海医药（集团）有限公司1+X药品购销办公室、中国医药教育协会职业技术教育委员会组织编写。上海医药（集团）有限公司被教育部授权为1+X证书制度试点第四批职业教育培训评价组织之一，承接药品购销职业技能等级证书试点项目的组织实施工作，旨在通过培训和考核，提升医药行业从业人员的专业技能和知识水平，以适应医药行业的发展需求。

本丛书的编写和出版旨在贯彻落实《关于在院校实施"学历证书＋若干职业技能等级证书"制度试点方案》等相关文件精神，更好地开展1+X药品购销职业技能等级证书制度试点工作。本丛书依据《1+X药品购销职业技能等级标准3.0》编写，分为初级、中级两个系列。初级包括药品服务（初级）、药品购销（初级）、药品储存与养护（初级）3个分册。中级包括药品服务（中级）、药品营销（中级）、药品储存与养护（中级）3个分册。各分册又依次分为若干项目、任务，并根据教学实际设置学习目标、任务情境、任务实施、相关知识、即学即练、技能训练等内容，条理清晰、内容丰富，能充分满足职业技能的学习需求。

本丛书适用于1+X药品购销职业技能等级考核（初级、中级）培训，可供职业院校医药类相关专业教学参考；也可作为医药行业职业技能培训教材，助力药品流通企业高效开展员工培训，提升员工职业素养；还可作为自学者医药职业技能系统化学习的路径参考。

　　本教材依据《1+X药品购销职业技能等级标准3.0》的要求，对接药品购销中储存与养护的工作岗位，纳入《药品经营质量管理规范》及相关法律条例的新要求编写而成。本教材以工作领域岗位需求为出发点，以药品储存与养护工作任务及职业技能为主线，针对学生认知规律和特点，确立收货与验收、陈列与储存、在库养护、出库管理共4个项目内容；同时融入安全意识、规范意识、法律意识和服务意识，注重学生劳动精神、工匠精神的培养，将知识、能力和正确价值观的培养有机结合，突出实践性和可操作性。

　　本教材以药品储存与养护岗位所对应的工作任务为基本编写单位，基于新型教材的编写理念和体例进行编写。本教材以一个任务为教学单元，根据教学实际设置任务情境、任务实施、相关知识、即学即练、技能训练等教学内容。在"任务实施"中设置企业真实任务操作流程，学生通过学习，依据相关知识熟练完成药品收货、药品验收、药品陈列、药品储存、药品养护、药品出库等企业实际工作中的具体任务，辅以"即学即练"练习题目进行巩固，达成学习目标，真正成为药品储存与养护的专业技能人才。

　　本教材内容编排合理、逻辑结构清晰，注重思想性、科学性、先进性、启发性和适用性，供1+X药品购销辅导教学之用。本教材具有以下特点。①结构合理：按照工作领域、工作任务、职业能力三级递进，合理设置教材结构。②利教易学：以工作任务为基础组织教材内容，将医药法律法规及相关条例、办法与企业实际相结合转化为易懂的操作步骤，以方便学习。③注重实效：设计时以工作任务为单元，使用时可由教师根据实际自行设计教学方案，有利于师生教学互动，提升教与学的有效性。

编　者
2024年10月

项目一

收货与验收

学习目标

1. 能根据GSP及附录细则，完成药品收货作业。
2. 能根据GSP及附录细则，完成药品验收作业。
3. 能根据GSP及附录细则，填制收货验收记录。
4. 通过入库管理把好质量第一关，牢固树立药品质量意识，培养精益求精的工作态度。
5. 遵守冷链药品相关规定，确保达到冷链温度全程、无间断符合规定的要求，树立"守护药品质量就是守护生命健康"的使命意识。

任务1-1 药品收货

任务情境

X年Y月Z日A医药有限公司收到B医药有限公司根据采购计划送达的药品，其中普通药品（整箱）1箱，冷藏药品（零货）10盒。

任务要求：

1. 根据GSP及企业具体制度文件，作为A医药有限公司收货员完成收货操作。
2. 根据GSP及企业具体制度文件，作为A医药有限公司收货员填制收货记录。

一、任务实施

（一）工作准备

1. 物品准备（以一个工位为例）

序号	物品名称	单位	数量	备注
1	普通整箱药品	箱	1	真实药箱（盒）并含有药品说明书，说明书内容完整，整箱及药盒外包装无破损
2	冷藏药品（中包装）	盒	10	真实药盒并含有药品说明书，说明书内容完整，药盒无破损
3	单据	张	8	随货同行单（2张）、采购记录（1张）、在途温度记录（1张）、冷链药品运输交接单（1张）、检验报告书（2张）、收货记录（1张）
4	模拟运输车辆	辆	1	冷藏车或封闭厢式货车或手推车

1

续表

序号	物品名称	单位.	数量	备注
5	保温箱	只	1	适当型号的保温箱、冰排（适当数量）
6	温度记录仪	只	1	温度记录仪（数据可以导出）或温度计
7	托盘	只	1	标准尺寸托盘
8	区域标识牌	套	1	按照GSP要求制定（冷库、阴凉库、收货区、待验区、待处理区、不合格品区）

2.环境和人员准备

序号	环境和人员	备注
1	真实仓库环境	以真实阴凉库和冷库环境为模拟场景，分别设置收货区、待验区、待处理区、不合格品区等
2	仓库收货员	应符合仓库工作人员的服装要求

（二）操作过程

微课

序号	步骤	操作方法及说明	质量标准
1	核查收货资料	（1）检查随货单据是否齐全：随货同行单（票）、药品合格证明文件及冷链药品运输交接单等 （2）检查随货同行单（票）的合法性 （3）核对随货同行单（票）与采购记录	依据GSP及附录细则，随货同行单据完整、合法，与采购记录一致
2	检查运输工具和运输状况	（1）普通药品：检查车厢是否密闭 （2）冷藏药品 ①检查是否为冷藏车、冷藏箱或保温箱送货，检查冷藏箱或保温箱的密闭性 ②查看到货时温度数据，导出、保存并查验运输过程的温度记录；对采用冷藏箱或保温箱运输的，迅速将药品放至冷库收货区查验 ③检查、核对、填写冷链药品运输交接单	依据GSP及附录细则，运输工具和运输状况检查项目齐全、无遗漏，冷链药品运输交接单填制正确、清晰
3	核对随货同行单（票）与实物	在收货区，依据随货同行单（票）核对药品实物的品名、规格、批号、生产日期、有效期等信息	依据GSP及附录细则，核对内容无遗漏
4	拆除运输防护包装，检查外包装	拆除运输防护包装，检查整箱药品的外包装，在冷库收货区检查冷库零散药品的中包装	依据GSP及附录细则，六个面检查无遗漏
5	药品放置于待验区，签字交接	将核对无误的药品放置于待验库（区），在随货同行单上签字确认，将单据交至验收人员	药品放置区域正确，随货同行单上书写清晰
6	制作收货记录	根据收货实际情况制作收货记录	收货记录填制正确、清晰

（三）注意事项

1. 收货时注意查看单据的合理、合法性。
2. 药品卸货时，注意轻拿轻放，药品不可落地。
3. 冷藏药品收货时，特别注意查看过程温度、到货温度，尽快完成收货操作。
4. 依据GSP及附录细则仔细核对单据与药品实物，确保信息一致。

（四）学习评价

药品收货评价表

序号	评价内容	评价标准	分值（总分100）
1	核查收货资料	能核查随货单据是否齐全、合法并与采购记录一致	20
2	检查运输工具和运输状况	能检查运输工具、运输状况	5
3	核对随货同行单（票）与实物	能依据随货同行单（票）核对实物	30
4	拆除运输防护包装，检查外包装	能拆除运输防护包装 能检查药品的外包装	10
5	药品放置于待验区，签字交接	能将核对无误的药品放置到相应的待验区 能在单据上签字并交接	5
6	录入信息，制作收货记录	能正确填制收货记录	30

二、相关知识

药品收货是指药品经营企业对到货药品，通过票据的查验，对货源和实物进行检查和核对，并将符合要求的药品按照其特性放入相应待验区的过程。药品收货包括运输方式和运输条件的检查、票据之间核对、票据与实物核对及放入待验区等操作。

（一）收货资料

1. 采购记录　企业内部生成，内容包括：药品的通用名称、剂型、规格、生产企业、供货单位、数量、价格、购货日期等内容。

2. 随货同行单（票）　由供货单位提供，随货物同行并与货物一起到达收货单位。其主要内容包括：供货单位、生产企业、药品的通用名称、剂型、规格、批号、数量、收货单位、收货地址、发货日期等内容，并加盖供货单位药品出库专用章原印章。

（1）**原印章**　是指企业在购销活动中，为证明企业身份在相关文件或者凭证上加盖的企业公章、发票专用章、质量管理专用章、药品出库专用章的原始印记，不能是印刷、影印、复印等复制后的印记。

（2）**随货同行单（票）的合法性**　随货同行单（票）检查时应该与备案的格式及印章进行对比，确保一致。随货同行单（票）可能存在的问题有：内容不全，无原印章，手写，样式过期；品名、规格、数量、批号与实物不符等。

3. 药品检验报告书（单）　即通常所说的药品质量检验结果，是药品检验机构对抽验药品质量出具的技术鉴定，具有法律效力。

4. 冷链药品运输交接单　是在冷藏、冷冻药品运输交接过程中用于记录运输过程温度情况的单据。收货时重点检查启运时间、启运温度，并与运输过程温度记录进行核对；填写冷链药品运输交接单的收货部分，包括到货温度、到货时间、接收人员。

（二）运输工具与运输状况

运送药品所采用的运输工具应密闭，运输工具内不得有雨淋、腐蚀、污染等可能影响药品质量的现象。运输单据所载明的启运日期，应符合协议约定的在途时限。

供货方委托运输药品的，企业采购部门要提前向供货单位索要委托的承运方式、承运单位、启运时间等信息，并将上述情况提前通知收货人员，上述内容应与到货资料的内容相一致。

冷链药品到货时，检查运输药品的冷藏车或冷藏箱、保温箱是否符合规定。同时应查看冷藏车或冷藏箱、保温箱到货时温度数据，导出、保存并查验运输过程的温度记录，确认运输全过程温度状况是否符合规定。

（三）收货记录

收货记录是将收货情况进行统一记录的单据，内容包括：通用名称、规格、批号、数量、生产企业、生产日期、有效期至、收货人员等。冷链药品收货记录除上述内容外，还包括启运时间、运输工具、到货时间、到货温度等信息。收货员做好收货记录，记录及凭证应当至少保存5年。

（四）收货异常情况

1. 企业收货员核查收货资料时，如果出现资料不全、不一致的情况，应做相应处理。

（1）无随货同行单（票）或采购记录：拒收。

（2）随货同行单（票）内容不齐全或者无出库专用章：通知采购部门处理，资料补齐无误后方可收货。

（3）随货同行单（票）出库专用章与备案章不一致：报质量管理部门处理，更换备案资料后方可收货。

2. 企业收货员检查运输工具与运输状况时，发现异常、不一致的情况，应做相应处理。

（1）发现车厢内有雨淋、腐蚀、污染等现象，应当通知采购部门并报质量管理部门处理。

（2）根据运输单据所载明的启运日期和在途时限，发现不符合协议约定的在途时限，应当报质量管理部门处理。

（3）供货方委托运输药品时，收货员核对委托的运输方式、承运方式、承运单位、启运时间等信息内容时发现与供货方提供的信息不一致，应通知采购部门并报质量管理部门处理。

3. 企业收货员发现随货同行单（票）或到货药品与采购记录的有关内容不相符时，由采购部门负责与供货单位核实和处理。

（1）对于随货同行单（票）内容中，除数量以外的其他内容与采购记录、药品实物不符的，经供货单位确认并提供正确的随货同行单（票）后，方可收货。

（2）对于随货同行单（票）与采购记录、药品实物数量不符的，经供货单位确认后，应当由采购部门确定并调整采购数量后，方可收货。

（3）供货单位对随货同行单（票）与采购记录、药品实物不相符内容不予确认的，应当拒收，存在异常情况的，报质量管理部门处理。

4. 企业收货员发现药品外包装出现破损、污染、标识不清等情况的，应当拒收。

5. 冷链药品到货时，对未采用规定的冷藏设备运输或温度不符合要求的，应当拒收，同时对药品进行控制管理，做好记录并报质量管理部门处理。

即学即练

任务1-2　药品验收

任务情境

A医药有限公司从B医药有限公司采购的药品到货，包括普通药品（整箱）1箱、冷藏药品（零货）10盒。收货员已收货完毕，将药品和随货同行单交接给验收员，验收员对到货药品进行验收。

任务要求：

1.根据GSP及企业具体制度文件，作为A医药有限公司验收员完成验收操作。

2.根据GSP及企业具体制度文件，作为A医药有限公司验收员填制验收记录。

一、任务实施

（一）工作准备

1.物品准备（以一个工位为例）

序号	物品名称	单位	数量	备注
1	普通整箱药品	箱	1	真实药箱（盒）并含有药品说明书，说明书内容完整，整箱及药盒外包装无破损
2	冷藏药品（中包装）	盒	10	真实药盒并含有药品说明书，说明书内容完整，药盒无破损
3	单据	张	5	随货同行单（2张）、检验报告书（2张）、验收记录（1张） 验收单据
4	刀具	把	1	剪刀、美工刀等
5	标识贴纸	套	1	绿色验收合格标识
6	封箱工具	套	1	"封条专用"胶带
7	文具	套	1	笔、纸等
8	区域标识牌	套	1	按照GSP要求制定（待验区、待处理区、不合格品区、阴凉库、冷库、整库、零库）

2.环境和人员准备

序号	环境和人员	备注
1	真实仓库环境	以真实阴凉库和冷库为模拟场景，分别设置待验区、待处理区、不合格品区、整库、零库
2	仓库验收员	应符合仓库工作人员的服装要求

微课

（二）操作过程

序号	步骤	操作方法及说明	质量标准
1	核对药品	依据随货同行单（票）核对药品实物的品名、规格、批号、生产日期、有效期等信息	核对内容无遗漏，货票一致
2	查验合格证明文件	（1）按照药品批号，查验同批号的检验报告书 （2）检查检验报告书印章 （3）核对药品实物与检验报告书	（1）检验报告书检查项目无遗漏，与药品实物核对内容无遗漏 （2）印章与备案印章一致
3	抽取样品	（1）根据抽样原则计算抽样数量 （2）选取上、中、下抽样位置 （3）整件抽取3个最小包装，零散抽取1个最小包装	依据GSP及附录细则抽取样品，数量、位置正确
4	检查样品	对抽检样品的外观、包装、标签、说明书等逐一检查： （1）检查药品运输储存包装和最小包装 （2）检查药品标签和说明书 （3）检查药品外观性状	检查内容无遗漏
5	还原封箱贴签	（1）将检查后的完好样品放回原包装 （2）封箱并在抽样的整件包装上标明抽验标识	依据GSP及附录细则，进行样品还原并标识
6	填写验收记录	（1）验收完毕，根据检查结果逐项填写药品验收记录，并填写验收结论、签署姓名和验收日期 （2）将验收后的药品置于正确货位	（1）验收记录填制正确、清晰 （2）药品放置区域正确
7	整理资料	将收到的随货同行单（票）和检验报告书等文件分别进行整理、存档	文件完整无遗漏

（三）注意事项

1. 药品抽样开箱，使用刀具时注意人身安全。
2. 药品验收过程中要保证药品包装完好性。
3. 冷藏药品在冷库待验区完成验收操作。

（四）学习评价

药品验收评价表

序号	评价内容	评价标准	分值（总分100）
1	核对药品	能依据随货同行单（票）核对实物	5
2	查验合格证明文件	能查验检验报告书上的批号与实物是否一致，查验印章是否规范	20
3	抽取样品	能抽样、开箱，上、中、下抽取3个最小包装；零散药品抽取1个最小包装	15
4	检查样品	能对抽样药品的外观、包装、标签、说明书以及相关的证明文件等逐一进行检查、核对	20
5	还原封箱贴签	能将抽样样品复原、封箱并贴上相应标签	10
6	填写验收记录	能做好验收记录并签署姓名和验收日期	25
7	整理资料	能对随货同行单（票）和检验报告书等文件分别进行整理、存档	5

二、相关知识

药品验收是指验收人员依据现行版《中华人民共和国药典》（以下简称《中国药典》）标准、相关法律法规和有关规定以及企业验收标准对采购药品的质量状况进行检查的过程。药品验收包括查验合格证明文件、抽样、记录药品质量状况等。验收的目的是检查到货药品的质量，确保购进药品质量符合相关药品标准，有效防止假劣药入库。

（一）核对药品

验收人员按照随货同行单（票）再次核对药品实物。核对内容包括：品名、规格、批号、有效期至、数量、生产企业等。

（二）查验合格证明文件

验收人员应按照批号逐批查验药品合格证明文件是否齐全、是否符合规定的要求。

1.检验报告书上的批号应与实物一致。对从生产企业购进的药品，查验药品检验报告书中是否有加盖供货生产企业质量检验专用章原印章的检验报告书原件或复印件；对从批发企业购进的药品，查验药品检验报告书中是否有加盖供货批发企业质量管理专用章原印章的检验报告书复印件。印章应与备案样章一致。从批发企业采购药品的，检验报告书的传递和保存可以采用电子数据形式，但应当保证其合法性和有效性。

2.在查验实施批签发管理的生物制品时，需查验其《生物制品批签发证明》的复印件是否加盖有供货单位的药品检验专用章或质量管理专用章的原印章。

3.查验进口药品相关证明文件。对进口药品进行验收时，需查验是否有加盖供货单位质量管理专用章原印章的相关证明文件。

（三）抽取样品

验收人员应按照验收规定的方法，对每次到货药品进行逐批抽取样品，抽取的样品应该具有代表性，能准确地反映被验收药品的总体质量情况。验收抽样原则与方法如下。

1.对同一批号的整件药品，按照堆码情况随机抽取样品。整件数量在2件及以下的，要全部抽样检查；整件数量在2件以上至50件以下的，至少抽样检查3件；整件数量在50件以上的，每增加50件，至少增加抽样检查1件，不足50件的，按50件计。

2.对抽取的整件药品需开箱抽样检查，从每整件的上、中、下不同位置随机抽取3个最小包装进行检查，对存在封口不牢、标签污损、有明显重量差异或外观异常等情况的，应当加倍抽样检查。

3.对整件药品存在破损、污染、渗液、封条损坏等包装异常的，要开箱检查至最小包装。

4.对到货的非整件零货、拼箱的药品要逐箱检查，对同一批号的药品，至少随机抽取1个最小包装进行检查。

5.对外包装及封签完整的原料药、实施批签发管理的生物制品，可不开箱检查。

（四）检查样品

验收人员应对抽样药品的外观、包装、标签、说明书等逐一进行检查、核对，确认是否符合规定的验收标准。

1. 检查药品运输储存包装和最小包装

（1）检查运输储存包装的封条有无损坏，包装上是否清晰注明药品通用名称、规格、生产企业、批号、生产日期、有效期、批准文号、贮藏、包装规格及储运图示标识，以及特殊管理的药品、外用药品、非处方药的专有标识等标记。

（2）检查最小包装的封口是否严密、牢固，有无破损、污染或渗液，包装及标签印字是否清晰，标签粘贴是否牢固。

（3）检查运输储存包装上标识的药品信息与最小包装上标识的药品信息是否一致。

（4）整件药品的每件包装中应有产品合格证。合格证的内容一般包括药品的通用名称、规格、生产企业、批号、检验单号、出厂日期、包装人、检验部门和检验人员签章。

2. 检查药品标签和说明书 检查每一最小包装的标签、说明书是否符合相关规定（《药品经营质量管理规范》附录4）。

3. 检查药品外观性状 按有关标准与规定对药品外观进行非破坏性的外观检查，根据药品外观有无变色、沉淀、分层、吸潮、结块、熔化、挥发、风化、生霉、虫蛀、异臭、污染等情况，判断药品质量是否符合规定。

（五）抽样药品封箱复原

验收结束后，验收人员将抽样检查后的完好样品放回原包装，用专用封箱带和封签进行封箱，并在抽验的整件包装上标明抽验标识。

（六）填写药品验收记录与验收药品处置

1. 填写验收记录 验收记录包括药品的通用名称、剂型、规格、批准文号、批号、生产日期、有效期、生产企业、供货单位、到货数量、到货日期、验收合格数量、验收结果、验收人员姓名和验收日期等内容。

2. 验收药品处置

（1）对已经验收完毕的药品，应当及时调整药品质量状态标识。

（2）在计算机系统中输入药品验收信息后确认，计算机系统按照药品的管理类别，自动分配库位，仓库保管员根据计算机系统的提示，经复核确认后将验收合格药品入库至指定位置。

（七）资料整理

验收人员将每日收到的随货同行单（票）和检验报告书等合格证明文件分别进行整理，按月装订，存档。保存不得少于五年，且不少于药品有效期满后一年。

即学即练

项目二
陈列与储存

🎓 **学习目标** ....○

1. 能根据管理要求和陈列规范，对药品进行分类陈列。
2. 能根据陈列原则，完成保健食品及医疗器械陈列。
3. 能根据 GSP 及企业实际，正确划分库区与货位。
4. 能根据药品质量特性，对在库药品进行合理储存。
5. 能按照盘点要求，完成盘点作业并根据盘点结果填写盘点差异表。
6. 牢固树立药品质量意识，培养科学严谨的工作态度及为人民服务的精神。

任务2-1 医药商品陈列

🏛 **任务情境** ....○

X 年 Y 月 Z 日 A 药店从 B 医药公司采购了一批医药商品，包含处方药、非处方药以及保健食品和医疗器械。

任务要求：

根据 GSP 及企业具体制度文件，作为 A 药店营业员完成该批医药商品的陈列。

一、任务实施

（一）工作准备

1. 物品准备（以一个工位为例）

序号	物品名称	单位	数量	备注
1	普通零货药品	盒	30	真实药盒并含有药品说明书，说明书内容完整，药盒外包装无破损
2	保健食品	盒	10	真实保健食品包装盒并含有说明书，说明书内容完整，外包装无破损
3	医疗器械	个	10	真实医疗器械外包装并含有说明书，说明书内容完整，外包装无破损
4	区域标识牌	套	1	按照 GSP 要求制作，包括处方药区、非处方药区、非药品区、收银区等
5	分类标识牌	套	1	按照 GSP 要求制作，如呼吸系统用药、消化系统用药、保健食品、医疗器械等

2.环境和人员准备

序号	环境和人员	备注
1	真实药店环境	以真实药店环境为模拟场景，设置处方药区、非处方药区、非药品区、收银区等
2	药店营业员	应符合药店工作人员的服装要求

（二）操作过程

微课　　　　药品分类陈列练习

序号	步骤	操作方法及说明	质量标准
1	清点医药商品	清点医药商品数量，确保其数量与采购数量一致	医药商品数量与采购数量一致
2	检查医药商品	检查医药商品的保质期、包装完整性	有效期符合规定，包装完整
3	清理陈列区域	清理陈列区域，确保整洁无杂物	陈列区域整洁
4	陈列医药商品	将处方药与非处方药分区陈列，将药品按剂型、用途以及储存要求分类陈列于货架（柜）上 将保健食品与医疗器械陈列至非药品区，并按功能分类陈列	分类陈列正确，摆放整齐有序，避免阳光直射
5	标识医药商品信息	在每个医药商品陈列位置标注其名称、规格、价格	字迹清晰、整洁，字体端正，放置整齐

（三）注意事项

1. 药盒正面应正立朝向顾客，不被遮挡。
2. 包装相似的不同药品应分开陈列。
3. 同类药品陈列时注意细分小类和剂型相对集中。
4. 电子类医疗器械应轻拿轻放。

（四）学习评价

医药商品陈列评价表

序号	评价内容	评价标准	分值（总分100）
1	清点医药商品	能正确清点医药商品	5
2	检查医药商品	能检查医药商品的保质期、包装完整性	15
3	清理陈列区域	能清理陈列区域，确保整洁无杂物	5
4	陈列医药商品	能正确陈列医药商品	60
5	标识医药商品信息	能正确标注每个医药商品的名称、规格、价格	15

二、相关知识

（一）药品陈列原则

药品陈列应符合以下原则。

1.分类陈列原则

（1）按剂型、用途以及储存要求分类陈列，并设置醒目标识，类别标签字迹清晰、放置准确。

（2）药品放置于货架（柜），摆放整齐有序，避免阳光直射。

（3）处方药、非处方药分区陈列，并有处方药、非处方药专用标识。

（4）处方药不得采用开架自选的方式陈列和销售。

（5）外用药与其他药品分开摆放。

（6）拆零销售的药品集中存放于拆零专柜或者专区。

（7）含麻醉药品复方制剂、含特殊药品复方制剂、曲马多口服复方制剂陈列于含特药品专柜。

（8）第二类精神药品、毒性中药品种和罂粟壳不得陈列。

（9）冷藏药品放置在冷藏柜中（2～10℃）。阴凉药品陈列于阴凉柜中（不超过20℃）。

（10）中药饮片存放于中药饮片专区。中药饮片柜斗谱的书写应当正名正字；装斗前应当复核，防止错斗、串斗；应当定期清斗，防止饮片生虫、发霉、变质；不同批号的饮片装斗应当清斗并记录。

（11）药品与非药品分开，非药品应当设置专区，与药品区域明显隔离，并有醒目标识。

2.易取易见原则　陈列要让顾客和店员很容易看到、找到、拿到药品。易取易见原则可以有效缩短顾客挑选药品和店员拿取药品的时间，加快交易完成，提高经营效率。在陈列过程中，应保证每一个陈列的单品均能符合这一基本要求。

（1）药品的正面应正立，或调整角度使正面朝向顾客。货架或柜台下层不易看到的药品应前进陈列或倾斜陈列，货架上层不宜陈列过高药品。单品陈列时遵守"能立不躺"原则，尤其超过50ml的液体制剂应正立放置，不能躺倒放置。

（2）同种药品陈列面应朝向一致，相邻两种药品之间的分界线应一目了然，严禁交叉混放。陈列药品的前端及左、右的分界处应呈成直线。

（3）包装相似的不同药品应分开陈列，避免混淆拿错药品。

（4）同类药品陈列时注意细分小类和剂型相对集中，作用机制相同的药品相对集中陈列，固体制剂与液体制剂相对集中陈列，这样则容易查找和拿取。如消化系统用药中，治疗胃病的药与肠道疾病用药相对集中陈列，治疗胃病的药中，中和胃酸药、抑制胃酸药、胃黏膜保护药、促胃动力药等再相对集中陈列。

3.满陈列原则　药品陈列的种类要丰富，数量要充足，所有陈列药品要前进陈列（靠前陈列），药品排列面整齐展开，大量药品陈列井然有序，给消费者带来视觉美感和丰富、优质的感觉，从而刺激购买欲望。防止货架缺货、及时补货是满陈列原则的保证。

4.同一品牌垂直陈列原则　将同一品牌药品沿上下垂直方向陈列在货架不同层次上，这样可以使每个药品平等享有每层货架位置，避免底层药品因位置原因滞销。人类观察的视觉习惯总是先上下移动再左右移动，因此，垂直陈列更方便顾客浏览药品，促进销售。品牌专柜多采用垂直陈列，可以通过垂直纵向陈列大量相同药品产生垂直量感视觉效果，吸引顾客，刺激购买欲望。

5.先进先出原则　药品按照有效期进行销售，近期先出、先产先出。同种药品陈列和补货时要先查看在架药品和补架药品的有效期，有效期近的药品放前排，有效期远的放后排，保证药品先产先出，防止因陈列位置不能及时更新而造成药品过期，产生损失。

6.关联陈列原则　关联陈列是按药品功能、使用对象、用法等关联关系，将药品组合起来陈列，就像日用品超市把牙膏和牙刷、洗发水和护发素相邻摆放，达到互补或延伸的效果。如皮肤科内服药与皮肤科外用药相近陈列，感冒用药与清热解毒药、呼吸系统用药相近陈列，维生素类药与矿物质类药组合陈列，儿童用药、妇科用药组合陈列。关联性药品相近陈列在通道的两侧或同通道、同方向的不同货架上，都可以方便店员介绍和顾客选购，起到促进销售的作用。

7.主辅结合陈列原则 主辅结合陈列主要是用高周转率的药品带动低周转率的药品销售。例如将江中健胃消食片和其他品牌的健胃消食片陈列在一起，前者属于大品牌，知名度高、顾客购买率高，属于高周转率药品，但这类药品推广费用高、毛利非常低。购进一些毛利高的其他品牌健胃消食片，与江中健胃消食片相邻陈列，陈列面大于江中健胃消食片，可以使顾客选购药品时有对比空间，也使店员推销有主力方向和说服力，同时也可增加药店收入和毛利。

8.季节性陈列原则 季节性陈列是在不同季节把当季的商品或药品陈列在醒目的位置，用来吸引顾客，促进销售。季节性陈列可以利用橱窗、端架、促销推车以及堆头等方式进行，陈列时注意陈列面、陈列量要大，并配挂POP广告，用花环、气球等装饰烘托季节气氛，吸引顾客注意，促进季节性商品销售。例如入冬后在橱窗里放置暖色系花环配上保暖大手套图案，用来宣传护手霜、防冻膏系列产品；夏季在店堂入口利用促销推车陈列大量防暑药品、用品，摆出造型和悬挂POP海报，吸引顾客，用于促销防暑商品。

此外，药品陈列还应注意以下几点。①处方药区：后柜，上大下小（大包装放上面，小包装放下面），正面朝外；前柜，下大上小（大包装放下面，小包装放上面），正面朝上。②同一层的药品尽量做到高低一致，如不能达到一致，则按正面柜台从左到右，从矮到高、颜色由浅到深摆放（以顾客面对柜台的方向为准），药品面对顾客的一面摆成一条直线。③药品之间不能留空，同一层不同品种的陈列宽度尽量保持一致。④酊剂、糖浆剂、玻璃瓶装药品等笨重、怕渗漏、怕摔的药品应尽量放在低层，避免倾斜或倒置。⑤不同批号的药品应分开摆放，摆放药品时前柜遵循新批号摆前、老批号摆后的原则，以便在销售时做到"先进先出""近效期先出"。⑥需冷藏、冷冻的药品放置于冰箱相应的冷藏、冷冻区内。

（二）保健食品及医疗器械陈列原则

保健食品及医疗器械陈列除了遵循分类陈列原则、易取易见原则、满陈列原则、关联陈列原则以外，还应注意以下方面。

1.保健食品的陈列

（1）同一节开架中，供应商的品种按照不同的消费人群进行陈列。例如：第一、二层陈列女性消费者的产品，第三层陈列中老年消费者的产品，第四层陈列男性消费者的产品，第五层陈列儿童的产品。

（2）大盒保健食品在陈列时尽量摆放在第二层至第四层，第一层选小包装的商品盒进行双层陈列。

（3）维生素、矿物质类产品按照供应商统一陈列在一节开架上，根据商品的颜色统一进行陈列。一般来讲，每个供应商的品种颜色属于同一个色系。此类产品也可采用一些特色陈列方式，如地推陈列和主题陈列。

2.医疗器械的陈列

（1）按管理类别或用途分类陈列，如三类医疗器械专区、医用电子类医疗器械、医用耗材类医疗器械、医用贴膏类医疗器械、计生用品、大型医疗设备等。

（2）陈列应当能够清晰地表明产品的名称、型号、生产企业、产品标准、生产日期和有效期等。

（3）陈列的数量与实际需求相符，不宜一次性大量陈列。

（4）陈列应具有良好的展示效果，可利用展架或展柜陈列。

（5）陈列应当遵守产品使用说明书的要求。

（6）陈列场所应当环境整洁、温度适宜、通风良好。

（三）常见处方药及非处方药

1.处方药

（1）激素及影响内分泌药　格列美脲片、盐酸二甲双胍肠溶片、格列吡嗪缓释片、瑞格列奈片、伏格列波糖胶囊、阿卡波糖胶囊、甲巯咪唑片。

（2）抗感染药　氟康唑片、伊曲康唑胶囊、阿莫西林胶囊、阿奇霉素干混悬剂、诺氟沙星胶囊、罗红霉素片、盐酸米诺环素胶囊、利巴韦林颗粒、盐酸伐昔洛韦片。

（3）外用药　氟比洛芬凝胶贴膏、复方酮康唑软膏、七叶洋地黄双苷滴眼液、甲硝唑凝胶、氧氟沙星滴耳液。

（4）消化系统用药　奥美拉唑镁肠溶片、肠胃宁片、西沙必利片、护肝片、胶体果胶铋胶囊、利胆片、泮托拉唑钠肠溶胶囊、碳酸氢钠片、消旋山莨菪碱片、熊去氧胆酸胶囊、盐酸洛哌丁胺胶囊。

（5）呼吸系统用药　硫酸沙丁胺醇吸入气雾剂、化痰消咳片、孟鲁司特钠咀嚼片、盐酸氨溴索片、乙酰半胱氨酸泡腾片。

（6）心血管系统用药　氨氯地平贝那普利片、参松养心胶囊、厄贝沙坦片、非洛地平缓释片、复方利血平片、酒石酸美托洛尔片、赖诺普利片、马来酸依那普利片、尼莫地平片、匹伐他汀钙片、硝酸甘油片、缬沙坦氢氯噻嗪片、吲达帕胺胶囊、珍菊降压片、脂必妥片。

（7）解热镇痛抗炎、抗风湿、抗痛风药　洛索洛芬钠胶囊、塞来昔布胶囊、非布司他片。

（8）神经系统用药　茴拉西坦片、盐酸苯海索片。

（9）抗过敏药　地氯雷他定糖浆、盐酸非索非那定片。

2.非处方药

（1）感冒类中成药　板蓝根颗粒、复方感冒灵颗粒、牛黄上清丸、藿香正气水、感冒灵胶囊、抗病毒口服液、感冒止咳颗粒、风寒感冒颗粒、维C银翘片、感冒清热颗粒。

（2）解热镇痛药　酚咖片、阿司匹林泡腾片、布洛芬缓释胶囊。

（3）呼吸系统用药　蛇胆川贝枇杷膏、咳喘宁口服液、痰咳净散、枇杷止咳颗粒、盐酸氨溴索片、乙酰半胱氨酸片、氢溴酸右美沙芬口服液。

（4）抗过敏药　氯雷他定糖浆、盐酸西替利嗪片、马来酸氯苯那敏片。

（5）维生素、矿物质类药　多维元素片、赖氨葡锌颗粒、维生素C泡腾片、碳酸钙D_3咀嚼片、葡萄糖酸钙锌口服液、维生素E软胶囊、叶酸片、维生素B_2片。

（6）消化系统用药　法莫替丁片、铝碳酸镁咀嚼片、奥美拉唑镁肠溶片、香砂养胃片、胃苏颗粒、三九胃泰颗粒、通便灵胶囊、维U颠茄铝分散片、酪酸梭菌活菌胶囊、胰酶肠溶胶囊、地衣芽孢杆菌活菌颗粒、蒙脱石散、枸橼酸铋钾胶囊、多潘立酮片。

（7）外用药　洁尔阴泡腾片、开塞露、麝香痔疮栓、麝香跌打风湿膏、关节止痛膏、伤湿止痛膏、酮康唑乳膏、克林霉素甲硝唑搽剂、硝酸咪康唑乳膏、曲安奈德益康唑乳膏、莫匹罗星软膏、珍珠明目滴眼液、水杨酸苯酚贴膏、双氯芬酸二乙胺乳胶剂。

（8）调节水电解质及酸碱平衡药　口服补液盐散。

（四）常见保健食品及医疗器械

1.保健食品　阿胶核桃糕、碧生源常润茶、蜂胶软胶囊、钙尔奇氨糖软骨素加钙片、维生素C含片、芦荟大豆膳食纤维西洋参荷叶胶囊、脑白金、纽斯葆牌蛋白质粉、汤臣倍健蛋白粉、通秘茶、西瓜霜喉口宝含片、叶酸营养素软胶囊、益生菌固体饮料、鱼油牛磺酸软胶囊、藻油软胶囊。

2.医疗器械　臂式电子血压计、创口贴、弹性绷带、检查手套、暖宫贴、听诊器、通气鼻贴、透气创可贴、血糖试纸、氧气袋、一次性使用酒精片、医用冷敷贴、医用退热贴、胰岛素笔式数显注射器、远红外人体测温枪。

即学即练

任务2-2　医药商品库区与货位规划

🏛 任务情境

A医药有限公司库区设有药品常温库、药品常温库（外用药品区）、药品阴凉库、药品阴凉库（外用药品区）、药品阴凉库（含特殊药品复方制剂区）、药品冷库、中药饮片库、中药材库、危险化学品库、医疗器械库、非药品（保健食品区）、非药品（外用品区）。以下为新采购的10种商品，均已验收合格，基本信息如下。

序号	医药商品名称	单位	数量	贮藏条件
1	零货药品A	盒	10	2～8℃避光干燥处保存
2	整箱外用药品B	箱	1	密闭，置阴凉处保存
3	整箱注射剂C	箱	1	2～8℃避光保存，不可冷冻
4	整箱药品D	箱	1	密封，置阴凉处保存
5	整箱药品E	箱	1	密封，置干燥处保存
6	整箱95%乙醇消毒液F	箱	1	常温
7	整箱保健食品G	箱	1	常温、避光，置干燥通风处
8	整箱中药饮片H	箱	1	阴凉通风处存放
9	整袋中药材I	袋	1	阴凉通风处存放
10	整箱医用防护口罩J	箱	1	避光储存于相对湿度不高于80%、温度为-5～40℃的干燥、通风处，不可与化学品混放，远离火源

任务要求

1.根据GSP及企业制度文件，按照库房分类原则，作为A医药有限公司仓库保管员，根据商品的储藏条件将已验收合格的10种商品放到正确的库区。

2.根据《危险化学品安全管理条例》等文件，作为A医药有限公司危险化学品仓库保管员对上述某危险化学品进行储存管理。

一、任务实施

（一）工作准备

1.物品准备

序号	物品名称	单位	数量	备注
1	零货药品A（中包装）	盒	10	真实药盒并含有药品说明书，说明书内容完整，药盒无破损
2	整箱药品B、C、D、E	箱	4	真实药箱（盒）并含有药品说明书，说明书内容完整，整箱及药盒外包装无破损
3	整箱95%乙醇消毒液F	箱	1	真实商品，包装完好
4	整箱保健食品G	箱	1	真实保健食品箱（盒）并含有药品说明书，说明书内容完整，整箱及盒外包装无破损
5	整箱中药饮片H	箱	1	真实药箱（盒）并含有质量合格标识，整箱及药盒外包装无破损
6	整袋中药材I	袋	1	真实药材，包装完好
7	整箱医药防护口罩J	箱	1	真实商品，包装完好
8	托盘	只	1	标准尺寸托盘
9	区域标识牌	套	1	按照GSP要求制定
10	单据	张	10	验收记录（10张）

2.环境和人员准备

序号	环境和人员	备注
1	真实仓库环境	以真实仓库环境为模拟场景，设置药品常温库、药品常温库（外用药品区）、药品阴凉库、药品阴凉库（外用药品区）、药品阴凉库（含特殊药品复方制剂区）、药品冷库、中药饮片库、中药材库、危险化学品库、医疗器械库、非药品（保健食品区）、非药品（外用品区）
2	仓库保管员	应符合仓库工作人员的服装要求

（二）操作过程

微课

序号	步骤	操作方法及说明	质量标准
1	核查验收记录	检查验收记录中的商品信息与实物是否符合	依据GSP及附录细则，验收记录填写应完整、合法并与实物一致
		检查验收记录的"验收结论"一栏是否标示为合格	

续表

序号	步骤	操作方法及说明	质量标准
2	放置医药商品	将医药商品放置在搬运工具上	根据贮藏条件，医药商品放置正确，无差错
		根据贮藏条件，将其分别运送到相应的库区	
		放置正确货位，整箱放在相应库区的整库货位，零货放在相应库区的零库货位	
3	放置危险化学品并进行储存管理	放置危险化学品	依据相关条例、规则，正确放置危险化学品并进行储存管理
		储存管理	

（三）注意事项

1. 在入库上架前，应注意查看验收记录，确保商品验收合格。

2. 对冷藏、冷冻药品，应在冷库的待验区验收，入库时应放入冷藏、冷冻库的合格品区。

3. 危险化学品入库时，注意应在危险化学品库完成验收，入库时应放入危险化学品库。

（四）学习评价

医药商品库区与货位规划评价表

序号	评价内容	评价标准	分值（总分100）
1	核查验收记录	能检查验收记录中"验收结论"为"合格"，商品的信息是否与实物相符合	10
2	放置医药商品	能将医药商品放置在正确的库区、货位	60
3	放置危险化学品并进行储存管理	能正确放置危险化学品，并按要求合规进行储存管理	30

二、相关知识

药品库区与货位规划是规范药品库存管理，提高库存管理效率，保证储存药品安全、有效和质量稳定的重要措施。企业应按照GSP要求，结合企业自身实际，对本企业的药品库区与货位进行合理的规划。

（一）药品库区规划

药品库区规划的要求是多方面的，涉及仓库面积、布局、温湿度控制、设施与设备、管理等多个方面。只有全面考虑这些要求，才能确保药品在储存过程中的管理效率和质量安全。

1.药品库区规划的含义　药品库区规划是指在一定区域或库区内，对仓库的平面布局、数量、规模、地理位置和仓库内设施设备等各要素进行科学的规划和整体设计。

2.药品库区的选址及环境

（1）药品库区的选址　根据GSP的要求，药品仓库的选址应当符合药品储存的要求，其总体应满足以下要求：远离居民区；远离严重污染源，四周卫生整洁；地势高且平坦；地质坚固干燥；交通方便；用水用电充足。

（2）药品库区的环境　根据GSP的要求，库房的规模及条件应当确保药品的合理、安全储存，并应达到以下要求，以便于开展储存作业：①库房内外环境整洁，无污染源，库区地面硬化或者绿化；②库房内墙、顶光洁，地面平整，门窗结构严密；③库房有可靠的安全防护措施，能够对无关人员进入实行可控管理，防止药品被盗、替换或者混入假药；④有防止室外装卸、搬运、接收、发运等作业受异常天气影响的措施。

3.药品库区分布规划 根据GSP的要求，药品储存作业区、辅助作业区应当与办公区和生活区分开一定距离或者采取隔离措施。

（1）储存作业区 是仓库的主体部分与主要业务场所，包括库房、货场以及整理、分类、包装等的场地。储存作业区根据药品的存放管理和作业而有以下分类。

1）按药品温度管理要求分类 按药品温度管理要求，仓库可分为常温库（10～30℃）、阴凉库（不超过20℃）、凉暗库（避光且温度不超过20℃）、冷库（2～10℃）。

2）按商品管理的特殊性分类 根据GSP管理相关规定，按商品管理的特殊性可将库区分为普通药品库、外用药品库，非药品库（食品、保健食品区）、非药品库（外用品区）、非药品库（医疗器械区）。

根据GSP相关规定，经营中药材、中药饮片的，应当有专用的库房和养护工作场所，直接收购地产中药材的应当设置中药样品室（柜）。

企业经营危险化学品的，应设立专库，并按照危险化学品相关法律法规的规定储存。

企业经营麻醉药品、精神药品、医疗用毒性药品、放射性药品的，应设立专库，经营蛋白同化制剂、肽类激素的要求设立专库或专柜。根据GSP相关规定，特殊管理的药品应当按照国家有关规定储存。

3）按商品存在的形式分类 分为整件库和零货库。①整件库：仓库中专门用于存放整件商品的区域。商品通常以完整包装、未拆封的形式存在，便于批量存储和管理。②零货库：仓库中专门用于存放零散商品的区域。商品通常是以拆包、拆分或单个形式存在，便于满足小批量、多品种的需求。

（2）辅助作业区 是药品储存保管业务服务的场所，包括验收养护室、中药标本室、中药饮片分装室以及存放衬垫用品、包装物料、搬运装卸机具等的场所。辅助作业区的设置应靠近储存作业区，以便及时供应；但辅助作业区应与储存作业区相隔一定距离，以防止辅助作业区发生事故而危及存货区域。

（3）办公区和生活区 是仓库的行政管理机构和生活服务设施的所在地，包括办公室、警务室、汽车队、食堂、浴室、休息室等。行政生活区一般应与库区的作业场所隔开，设有隔离设施并设置单独的出入口，以减少人员往来对仓储作业的影响和干扰，保证作业安全和药品储存安全，并且便于收发药品、办理手续；警务室应设在库区的出入口，以利于履行检查手续。行政生活区应与储存作业区分隔开一定的距离，防止污染储存作业区。

（二）药品仓库的货位规划

在库区规划的基础上，应进一步对仓库货位进行布置。灵活合理的货位规划可便于收货、发货、检查、包装及装卸车，提高仓容利用率。

1.货位编码的含义 货位编码是指将仓库范围的房、棚、场以及库房的楼层、仓间、货架、走支道等按地点、位置顺序编列号码，并做出明显标示，以便商品进出库可按号存取。货位编码便于迅速、方便地查找药品，有利于提高作业效率和减少差错。

2.货位编码的方法

（1）四号定位法　是药品仓库中比较常用的货位编码方法。该方法是用四组数字来表示药品存放的位置，即库房号、区号、层号、货位顺序号。

（2）六号定位法　是在四号定位法的基础上增加更多的细节，如增加货架的列号和层内格号等，以提供更精确的货位信息。

（3）坐标式　使用X、Y、Z等坐标轴来定位货位，通常在高层货架式仓储中使用较多。

（三）危险化学品的储存

1. 危险化学品的概念　根据《危险化学品安全管理条例》的规定，危险化学品是指具有毒害、腐蚀、爆炸、燃烧、助燃等性质，对人体、设施、环境具有危害的剧毒化学品和其他化学品。交通运输部发布的《危险货物道路运输规则》（JT/T 617）是我国第一套完整的关于危险货物运输的标准，按危险货物具有的危险性或最主要的危险性将其分为9个类别。

2. 危险化学品的储存要求　根据《危险化学品安全管理条例》的规定，危险化学品的储存要求应满足以下要求。

（1）生产、储存危险化学品的单位应当根据其生产、储存的危险化学品的种类和危险特性，在作业场所设置相应的监测、监控、通风、防晒、调温、防火、灭火、防爆、泄压、防毒、中和、防潮、防雷、防静电、防腐、防泄漏以及防护围堤等安全设施、设备或者进行隔离操作，并按照国家标准、行业标准或者国家有关规定对安全设施、设备进行经常性维护、保养，保证安全设施、设备的正常使用。生产、储存危险化学品的单位应当在其作业场所和安全设施、设备上设置明显的安全警示标志。

（2）生产、储存危险化学品的单位应当在其作业场所设置通信、报警装置，并保证装置处于适用状态。

（3）生产、储存危险化学品的企业应当委托具备国家规定的资质条件的机构，对本企业的安全生产条件每3年进行一次安全评价，提出安全评价报告。

（4）生产、储存剧毒化学品或者国务院公安部门规定的可用于制造爆炸物品的危险化学品的单位，应当如实记录其生产、储存的剧毒化学品、易制爆危险化学品的数量、流向，并采取必要的安全防范措施。

（5）危险化学品应当储存在专用仓库、专用场地或者专用储存室内，并由专人负责管理。

（6）储存危险化学品的单位应当建立危险化学品出入库核查、登记制度。

（7）危险化学品专用仓库应当符合国家标准、行业标准的要求，并设置明显的标志。

（8）生产、储存危险化学品的单位转产、停产、停业或者解散的，应当采取有效措施，及时、妥善处置其危险化学品生产装置、储存设施以及库存的危险化学品，不得丢弃危险化学品。

即学即练

任务2-3　药品合理储存

🏛 任务情境

　　X年Y月Z日A医药有限公司仓库收到贮藏条件分别为2~8℃、不超过20℃以及10~30℃的药品，经收货验收合格，需要搬运入库放置于指定货位。同时仓库还有其他质量状态的药品，包括退回药品（未验收）、经确认在库的不合格药品、待验收的药品（已收货），需要放置在相应区域。

任务要求

　　1.根据GSP及企业具体制度文件，作为A医药有限公司仓库保管员完成合格药品的搬运入库上架。

　　2.根据GSP及企业具体制度文件，作为A医药有限公司仓库保管员完成其他质量状态药品的放置。

一、任务实施

（一）工作准备

1.物品准备（以一个工位为例）

序号	物品名称	单位	数量	备注
1	冷藏药品（中包装）	盒	10	真实药盒并含有药品说明书，说明书内容完整，药盒外包装无破损（2~8℃）
2	普通整箱药品	箱	5	真实药箱，整箱外包装无破损（≤20℃）
3	普通整箱药品	箱	5	真实药箱，整箱外包装无破损（10~30℃）
4	普通整箱药品	箱	3	真实整件药箱，整箱外包装无破损，贴签分别代表退货药品退回验收合格前、在库药品中确认为不合格的药品、待验收的合格药品
5	托盘	只	3	标准尺寸托盘
6	区域标识牌	套	1	按照GSP要求制定，三色五区标识牌

2.环境和人员准备

序号	环境和人员	备注
1	真实仓库环境	以真实仓库环境为模拟场景，设置收货区、待验区、待处理区、不合格品区、合格品区等，设置常温库、阴凉库、冷库，每一库房内又分设整库与零库
2	仓库保管员	应符合仓库工作人员的服装要求

（二）操作过程

微课

序号	步骤	操作方法及说明	质量标准
1	清理货架（托盘）等设施设备	清理储存药品的货架、托盘等设施设备	按GSP要求，应当保持清洁，无破损和杂物堆放
2	搬运合格药品	将贮藏条件为2~8℃的药品搬运至冷库的零库货位	搬运药品应当严格按照外包装标示要求规范操作，避免损坏药品包装
		将贮藏条件为不超过20℃的药品搬运至阴凉库整库货位	
		将贮藏条件为10~30℃的药品搬运至常温库整库货位	
3	堆码合格药品	冷库内制冷机组出风口100cm范围内以及高于冷风机出风口的位置，不得码放药品	堆码药品应当严格按照外包装标示要求规范操作，避免损坏药品包装
		堆码高度符合包装图示要求	
		按药品批号堆码，不同批号不得混垛	
		垛间距不小于5cm，与库房墙、顶或其他突出设施的间距不小于30cm，离地间隙不小于10cm	
4	搬运其他质量状态的药品	贴有"退回药品验收合格前"的药箱，放置于退货区	依据GSP及附录细则，企业应按要求设置相应区域
		贴有"库存中已确认不合格的药品"的药箱，放置于不合格品区	
		贴有"待验收的药品"的药箱，放置于待验区	
		贴有"已验收的药品"的药箱，放置于合格品区	

（三）注意事项

1. 搬运和堆码药品应当严格按照外包装标示要求规范操作，堆码高度符合包装图示要求，避免损坏药品包装。

2. 储存药品的货架、托盘等设施设备应当保持清洁，无破损和杂物堆放。

3. 未经批准的人员不得进入储存作业区，储存作业区内的人员不得有影响药品质量和安全的行为。

（四）学习评价

药品合理储存评价表

序号	评价内容	评价标准	分值（总分100）
1	清理货架（托盘）等设施设备	能清理货架等，保持清洁，无破损和杂物堆放	10
2	搬运合格药品	能将药品按照贮藏条件正确放置于指定货位	40
3	堆码合格药品	能正确堆码药品	20
4	搬运其他质量状态的药品	能正确放置于相应区域	30

二、相关知识

药品的合理储存是指根据药品的理化性质、稳定性要求以及储存条件限制，采取科学、规范、有效的措施，确保药品在储存过程中保持其原有的质量和疗效，避免药品变质、污染或失效的过程。企业应当按照GSP的要求对药品进行合理储存，这对于保障药品质量、延长药品有效期以及确保患者用药安全至关重要。

（一）药品在库储存

1.库房温湿度要求　　仓库管理人员应按包装标示的温度要求合理储存药品。包装无具体温度要求的，按《中国药典》规定的贮藏要求进行储存："阴凉处"指不超过20℃；"凉暗处"指避光且不超过20℃；"冷处"指2~10℃；"常温"指10~30℃；冷冻库温度一般为-25~-10℃。除另有规定外，贮藏项下未规定贮藏温度的系指常温。储存药品库房内的相对湿度应为35%~75%。应避免药品直接暴露在阳光下，尤其是对光敏感的药品，应采取避光或遮光的储存措施。冷库需要验证，并按验证确认的条件合理使用。

2.库房色标管理　　按照GSP的要求，在人工作业的库房储存药品，按质量状态实行色标管理。医药企业仓库通常设置五个区域，分别是退货区、待验区、发货区、合格品区、不合格品区，以便进行更有效的管理和控制。

（1）绿色标识　　发货区、合格品储存区为绿色。绿色标识区域表示该区域为合格药品存放区域，出库复核区、经营中药饮片企业的中药饮片零货称取区也用绿色色标。

（2）红色标识　　不合格品区为红色。红色标识区域表示该区域为不合格药品存放区域。

（3）黄色标识　　待验区、退货区为黄色。黄色标识区域表示该区域为有质量疑问、质量不明确等状态待确定药品存放区域，收货区、库区的待处理区也应用黄色色标。

3.药品堆码要求　　药品堆码应遵循合理、牢固、定量、整齐、节约、方便等方面的基本要求。应根据入库药品的性质，结合仓库的实际情况合理堆放。药品堆垛时，必须在保证安全的前提下尽量做到"三个用足"，即面积用足、高度用足、荷重定额用足，充分发挥仓库使用效能。根据GSP的规定，企业药品堆码的具体要求如下。

（1）企业应按外包装标示规范操作，如包装上标注的易碎、轻拿轻放、禁止倒置、堆垛高度要求等。无高度要求的，堆垛一般不超过2m，要注意保证药品包装完好。

（2）企业应按品种、批号堆码，不同批号的药品不得混垛。

（3）垛间距不小于5cm，与库房内墙、顶、温度调控设备及管道等设施的间距不小于30cm，与地面间距不小于10cm，主通道宽度不小于200cm，辅通道宽度应不小于100cm，照明灯具垂直下方与储存物品水平间距不得小于50cm。

（4）药品码放高度不应阻挡温度调控设备出风风道，避免影响温度调控效果。

4.分类存储

（1）药品与非药品分开存放，药品与食品、保健品、医疗器械等分开存放。

（2）外用药应单独存放，与其他药品分库或分区储存。

（3）中药材、中药饮片应分库存放。中药材、中药饮片库房一般要求干燥通风，避免阳光直射，室内温度不超过20℃，相对湿度35%~75%，饮片含水量控制在13%以下（特殊饮片除外）。

（4）拆除外包装的零货药品应当集中存放。零货药品由于在储存过程中容易遗漏、造成混乱，同品种、同批号的零货药品需集中存放，放置于零货区并有明显标识。

（5）容易串味、性质相互影响的药品应分开存放。品名、外包装相似容易混淆的药品需分开存放。

5.特殊管理药品的储存　根据GSP的规定，特殊管理的药品应当按照国家有关规定储存。

（1）麻醉药品和第一类精神药品　应当设置储存麻醉药品和第一类精神药品的专库或专柜。

1）专库　应当符合下列要求：①安装专用防盗门，实行双人双锁管理；②具有相应的防火设施；③具有监控设施和报警装置，报警装置应当与公安机关报警系统联网。

2）专柜　应当使用保险柜。应当配备专人负责管理工作，并建立储存麻醉药品和第一类精神药品的专用账册。药品入库双人验收，出库双人复核，做到账物相符。专用账册的保存期限应当自药品有效期期满之日起不少于5年。

（2）第二类精神药品　应当在药品库房中设置独立的专库或者专柜储存第二类精神药品，并建立专用账册，实行专人管理。专用账册的保存期限应当自药品有效期期满之日起不少于5年。

（3）医疗用毒性药品、放射性药品、危险品　分别设立专库或专柜存放。

（4）放射性药品　必须采取有效的安全、防护措施。

（5）蛋白同化制剂（胰岛素除外）、肽类激素　应设立专库或专柜储存，专人负责管理。

6.防护措施

（1）储存药品应当按照要求采取避光、遮光、通风、防潮、防虫、防鼠等措施。

（2）储存药品的货架、托盘等设施设备应当保持清洁，无破损和杂物堆放。企业应有保障药品储存质量的设施设备，如经过验证的冷库、冷藏箱、温湿度自动监测系统等，相应的设施设备应当保持清洁。

（3）未经批准的人员不得进入储存作业区，储存作业区内的人员不得有影响药品质量和安全的行为；应采用门禁系统、人员登记等方式对库房进出人员实行可控管理，防止药品被盗、替换或者混入假药。储存作业区内的人员不得有吸烟、饮酒、就餐、洗漱、嬉戏、打闹以及碰撞、踩踏、污染药品等行为。

（4）药品储存作业区内不得存放与储存管理无关的物品。

（二）库房设施设备

企业应当按照GSP的要求，配备相应的设施设备，并对设施设备进行维护管理。具体包括：①药品与地面之间有效隔离的设备；②避光、通风、防潮、防虫、防鼠等设备；③有效调控温湿度及室内外空气交换的设备；④自动监测、记录库房温湿度的设备；⑤符合储存作业要求的照明设备；⑥用于零货拣选、拼箱发货操作及复核的作业区域和设备；⑦包装物料的存放场所；⑧验收、发货、退货的专用场所；⑨不合格药品专用存放场所；⑩经营特殊管理的药品有符合国家规定的储存设施。

经营中药材、中药饮片的，应当有专用的库房和养护工作场所；直接收购地产中药材的，应当设置中药样品室（柜）。

企业应当按照GSP的要求，配备相应的冷藏、冷冻设施设备及温湿度自动监测系统，并对设施设备进行维护管理。具体包括：①有与其经营规模和品种相适应的冷库，储存疫苗的应当配备两个以上独立冷库；②有用于冷库温度自动监测、显示、记录、调控、报警的设备；③有冷库制冷设备的备用发电机组或者双回路供电系统；④对有特殊低温要求的药品，应当配备符合其储存要求的设施设备；⑤有冷藏车及车载冷藏箱或者保温箱等设备。

即学即练

任务2-4　在库药品盘点

🏛 任务情境

临近月底，A医药有限公司物流管理部门下发月度盘点工作通知，仓储部保管员收到盘点任务，于X年Y月Z日参与盘点工作。

任务要求：

1.根据盘点操作规程，作为A医药有限公司保管员完成盘点操作。

2.根据盘点情况，作为A医药有限公司保管员填制盘点差异表和盘点盈亏汇总表。

一、任务实施

（一）工作准备

1.物品准备（以一个工位为例）

序号	物品名称	单位	数量	备注
1	零货药品	盒	若干	真实药盒（含中包装、小包装），药品20种（属于同一库房），每种药品数量若干
2	单据	张	4	药品盘点单（1张）、药品库存记录（1张）、盘点差异表（1张）、盘点盈亏汇总表（1张） 盘点单据
3	货架	组	1	至少含20个货位，标有货位编号
4	区域标识牌	个	1	标识库房区域
5	垫板与笔	套	1	—

2.环境和人员准备

序号	环境和人员	备注
1	真实仓库环境	以真实仓库环境为模拟场景
2	仓库保管员	应符合仓库工作人员的服装要求

（二）操作过程

序号	步骤	操作方法及说明	质量标准
1	接收盘点任务	按照工作任务分配，索要指定区域盘点单和盘点工具	盘点单拿取正确，盘点工具准备齐全
2	核对药品信息	按照盘点单指示找到待盘点区域及货位，拿出货位上的药品，与盘点单上的药品信息进行核对	核对动作明显，核对信息无遗漏，核对完成药品整齐放回原位
3	清点药品数量	药品信息核对无误后清点该货位上药品的数量，在盘点单"数量"一栏填写数字	填写区域正确，书写规范、清晰
4	签字确认	按照盘点单顺序指示逐一盘点全部货位，完成后在盘点单上签署盘点人姓名与盘点日期	书写规范、清晰
5	核对库存记录	核对盘点单与库存记录中的药品信息和数量，找出盘点单与库存记录的差异，并前往存在差异的货位再次盘点	核对动作明显，核对信息无遗漏，核对完成药品整齐放回原位
6	填写盘点差异表	对于盘点单与库存记录中药品信息及数量确实不一致的情况，填写盘点差异表	如实填写，书写规范、清晰
7	差异分析	配合区域负责人查明盘点差异原因，协助处理差异	差异原因如实上报
8	填写盘点盈亏汇总表	根据差异处理情况填写盘点盈亏汇总表，并按单据要求交由审核人签字	填写规范、准确、清晰

（三）注意事项

1. 药品盘点过程中轻拿轻放，避免掉落。
2. 遇药品损坏及时上报，请勿擅自处理。
3. 盘点中若发现非盘点区域的货物，递交盘点组织部门。
4. 若发现实际有库存的药品在盘存表上未列出的情况，据实登记。

（四）学习评价

在库药品盘点评价表

序号	评价内容	评价标准	分值（总分100）
1	接收盘点任务	能索要指定区域盘点单和盘点工具	5
2	核对药品信息	能核对实物与盘点单上的药品信息	20
3	清点药品数量	能清点数量并在盘点单"数量"一栏填写数字	10
4	签字确认	能逐一盘点全部货位，并在盘点单上签名和日期	5
5	核对库存记录	能核对并找出差异，就存在差异的货位进行再次盘点	15
6	填写盘点差异表	能正确填写盘点差异表	20
7	差异分析	能配合查明盘点差异原因，协助处理差异	10
8	填写盘点盈亏汇总表	能正确填写盘点盈亏汇总表，并按单据要求交由审核人签字	15

二、相关知识

盘点是对储存物品进行清点和账物核对的活动。为了掌握药品的流动情况（入库、在库、出库），对库房现有药品的实际数量与保管账上记录的数量进行核对，确保实物与信息记录相符，加强库存管理和物料控制。

（一）盘点的分类

1.按照盘点方法分类

（1）账簿盘点　通过对每一种货品设立"存货账卡"，将每一种货品的出入库数量及有关信息记录在账面上，逐笔汇总出账面库存结余数。这种随时可以从电脑或账册中查悉货品的出入库信息及库存结余量的方式即为账簿盘点法。

（2）实地盘点　通过实际调查库房内库存数量，再与账簿记录数量进行核对的方式称为实地盘点法，又称现货盘点法。

2.按照盘点频次分类

（1）日常盘点　每日工作结束时进行的盘点，其目的是确认一天的工作结果，以便发现问题，及时纠正。

（2）月度盘点　每月底停产时安排的盘点，以便与仓库每月的结账时间保持一致，方便查找账目与库存的差异。一般盘点全部库存。

（3）年度盘点（或半年盘点）　每年或每半年集中盘点，一般是在停产时进行。一般盘点全部库存。

（4）循环盘点　每天、每周清点小部分货物，在一个循环周期内将每种货物至少清点一次。

（5）临时盘点　客户指定的或者因其他特殊情况安排的盘点。

3.按照盘点方式分类

（1）明盘　盘点人员在盘点时能看到账面库存。一般情况下，循环盘点和临时盘点等情况下使用明盘。

（2）盲盘　盘点人员看不到或不显示账面库存甚至是货品信息。一般情况下，年度/半年度、月度盘点采用盲盘。

（二）盘点内容

1. 货物数量检查　通过点数计数查明货物在库的实际数量，核对账面库存与实际库存数量是否一致。

2. 货物质量检查　检查在库货物质量有无变化，有无超过有效期和保质期，有无长期积压等现象。

3. 保管条件检查　检查库房的保管条件是否与各种货物的保管要求相符合，如堆码是否合理稳固、库内温湿度是否符合要求等。

4. 库存安全状况检查　检查各种安全措施和消防器材是否符合安全要求，仓储设施和设备是否处于安全运行状态。

（三）实地盘点流程

以月度盘点为例，盘点流程大致可分为四个阶段，即盘前准备、实地盘点、盘点差异分析与处理、盘后总结。

1.盘前准备

（1）制订盘点计划　盘点计划是针对盘点工作开展的周详考虑，包括盘点时间、盘点人员安排、盘点地点、职责、管理制度、违规扣罚标准等相关注意事项。盘点计划完成后，盘点组织部门按照既定流程审核并提前下发盘点通知。

（2）盘点人员培训　盘点不仅是仓储部门的事情，其他各部门都应参与检查，一是为了提高盘点的准确度，二是为了相互监督，避免作假。因此，盘点前需要根据盘点计划的安排，组织对参加盘点人员的培训。具体培训事项包括认识不同种类的货品培训、盘点方法培训、盘点表使用培训、盘点点数技巧培训、盘点责任培训等。

（3）客户告知　若因特殊情况确需停业盘点的，应至少提前一天通知送货厂商和提货单位，并在库房外面张贴停业通告，以便送货厂商和提货单位提前做好准备。

（4）准备盘点工具　盘点所需的各种工具，由盘点组织部门统一配齐。若使用盘点机盘点，需先检查盘点机是否可正常操作、电量是否充足等；如采用人员填写方式，需准备红色水笔、黑色水笔、垫板、桌椅以及叉车等存取设备。

（5）打印盘点单据　盘点前一天作业结束后，盘点组织部门打印各区域盘点表、盘点差异表、盘点盈亏汇总表、库存记录表、签到表等，并将盘点表按照盘点人员安排进行装订。

（6）环境整理　盘点前，组织各区域做好环境整理工作，包括对已验收入库的货物进行整理归入储位、对需要出库的货物及时出库、对退货货品及时处理、整理货架清除作业死角等，做到货垛、货架整齐有序，对尚未办理入库手续、不在盘点之列的货物予以标明。

2. 实地盘点

为了保证盘点工作的有效性，确保盘点数据的真实性和库存的准确性，实地盘点通常包含初盘、复盘、抽盘三个环节。

（1）初盘　初盘人员对负责区域内货位上货品的信息进行核对，对货品数量进行清点，根据货位实际情况填写初盘表。

（2）复盘　根据企业实际情况，可以安排专门的复盘人员再次对负责区域进行盘点，盘点完成，与初盘人员的盘点结果进行核对，找出盘点差异。或者复盘人员根据账面的库存情况核对初盘人员的盘点表，对账实不符的货位，与初盘人员一起再次核查，确认是否存在账实不符情况。

（3）抽盘　在初盘和复盘结束后，抽盘人员对负责区域货位进行抽样盘点，保证前期盘点工作的有效性。

3.盘点差异分析与处理

（1）填写盘点差异表　实地盘点完成后，根据盘点结果及差异情况，制作盘点差异表。根据盘点结果，当账面数量大于实际数量时，为盘亏（或盘损），将账面数量减去实际数量的值填入"盘亏数量"一列；当账面数量小于实际数量时，为盘盈（或盘溢），将实际数量减去账面数量的值填入"盘盈数量"一列。填写完成，将差异表汇总至各区域负责人。

（2）盘点差异分析　各区域负责人收到盘点差异表后，负责找出造成盘点差异的原因，完成盘点差异表。差异的原因可以从以下几方面追究。①账目错误：如出入库作业登录数据发生错登、漏登等情况；账务处理系统管理制度和流程不完善，导致数量不准确等。②储存作业错误：盘点前数据未结清，使账面数量不准确；由于盘点人员不尽责导致货物损坏、丢失。③盘点方法不当：盘点时发生漏盘、重盘、错盘等计数错误。

（3）盘点差异处理　根据盘点情况，汇总盘点差异表，计算盘点结果，完成盘点盈亏汇总表并报相关领导审批后，提交至相关部门进行库存账面调整，最终保证账实一致。盘点差异结果可从侧面反映出相关岗位人员的工作质量，反映的盘存差异可以作为月末相关岗位人员的考核依据。

4. **盘后总结**　盘点工作完成后，相关责任人员及时总结盘点全过程，撰写盘点报告。盘点报告需要概括盘点作业时间、类型、各部门执行情况，分析仓库各区域库存数据，分析盘点结果，针对盘点差异情况提出改进办法；根据各区域库存数据，对库存情况进行分析，优化仓库库存管理。

即学即练

项目三

在库养护

🎓 **学习目标** ⋯⋯⋯⋯⋯⋯⋯⋯⋯⋯⋯⋯⋯⋯⋯⋯⋯⋯⋯⋯⋯⋯⋯⋯⋯○

1.能根据GSP及附录细则，完成药品温湿度管理和调控操作。

2.能根据GSP及附录细则，完成基本的养护检查工作，并根据药品剂型的不同实施合理的养护措施。

3.能根据GSP及附录细则，判断中药常见质变现象并完成相关的养护工作。

4.能根据GSP及附录细则，完成其他药品的养护，特别是重点药品的确认及养护工作。

5.能根据GSP及附录细则，填制养护记录、温湿度记录等相关单据。

6.坚持"预防为主"的原则，本着严谨的态度认真工作，保证药品在库的养护质量。

7.严格遵守药品养护检查要求，树立"保证药品质量就是护佑生命""生命至上"的使命意识。

任务3-1 温湿度管理及调控

🏛 **任务情境** ⋯⋯⋯⋯⋯⋯⋯⋯⋯⋯⋯⋯⋯⋯⋯⋯⋯⋯⋯⋯⋯⋯⋯⋯⋯○

X年Y月Z日上午10点10分，A医药有限公司养护员正在检查储存区的温湿度，他来到计算机房查看自动监控系统，检查仓库温湿度是否处于规定范围内。在检查中，系统提示常温库的温度为28℃，湿度为73%，温湿度都超过设定的预警线，发出警报提示。

任务要求：

1.根据GSP及企业具体制度文件，作为A医药有限公司养护员完成温湿度检查工作。

2.根据GSP及企业具体制度文件，作为A医药有限公司养护员根据出现的问题进行温湿度调控。

一、任务实施

（一）工作准备

1.物品准备（以一个工位为例）

序号	物品名称	单位	数量	备注
1	计算机	台	1	装配有模拟温湿度监控系统或模拟系统制图，显示温湿度的变化
2	模拟空调	台	1	普通空调，带遥控和数显

续表

序号	物品名称	单位	数量	备注
3	除湿机	台	1	普通除湿机，带遥控和数显
4	模拟石灰粉	箱	1	为避免危险，可用滑石粉或其他代替模拟
5	单据	张	1	温湿度记录表（1张）
6	区域标识牌	套	1	按照GSP要求制定

温湿度单据

2.环境和人员准备

序号	环境和人员	备注
1	真实仓库环境	以真实仓库环境为模拟场景，设置常温库、阴凉库和冷库
2	仓库养护员	应符合仓库工作人员的服装要求

微课

（二）操作过程

序号	步骤	操作方法及说明	质量标准
1	查看温湿度监控系统	打开计算机，呈现出温湿度异常图示 判断温湿度是偏高还是偏低 明确要采取的具体措施	依据GSP及附录细则监测温湿度
2	解决温度超标问题	分析温度为偏高 对空调控制系统进行操作，调低温度，采取降温措施 观察温度的变化	针对温度超标采取具体措施和调控方法
3	解决湿度超标问题	分析湿度为偏高 对控制系统进行操作，调低湿度，采取除湿措施；同时可以采取其他辅助除湿方法，通常采用干燥剂（如石灰粉）进行吸潮除湿 观察湿度的变化	针对湿度超标采取具体措施和调控方法
4	解除预警	自动监控系统显示温湿度正常 自动监控系统解除预警报警	满足解除预警的条件
5	备份温湿度数据	下载温湿度数据曲线图进行备份 分析汇总一周的温湿度记录	数据完整无缺失

（三）注意事项

1. 温湿度预警值的设定一般低于GSP规定的临界值，从而有效预防超标风险。
2. 针对药库温湿度超标，应根据实际情况采取相应的措施。
3. 冷链药品对温湿度管理的要求更高，要同时做好设备验证。

（四）学习评价

温湿度管理及调控评价表

序号	评价内容	评价标准	分值（总分100）
1	查看温湿度监控系统	能检查并判断温湿度是偏低还是偏高	20
		能明确工作的流程	
2	解决温度超标问题	能正确对空调控制系统进行操作	20
		能观察温度的变化	
3	解决湿度超标问题	能正确采取除湿措施	20
		能观察湿度的变化	
4	解除预警	能判断自动监控系统显示的温湿度是否正常	20
		能操作自动监控系统解除预警报警	
5	备份温湿度数据	能下载温湿度数据曲线图并备份	20
		能填写一周的温湿度记录表	

二、相关知识

（一）温湿度常识

1.温度 是表示空气冷热程度的物理量，空气温度简称气温。库房温度会随着气温的改变而变化，但仓库温度的变化相比于外界较慢，库房内温度的变化通常要比气温晚1~2小时，同时温度变化幅度相应减小。

2.湿度 是指空气中水蒸气含有量的大小。空气中水蒸气含量越大，相应地，湿度越大；反之，湿度就越小。目前，空气湿度的量值常采用两种表示方法。

（1）饱和湿度（最大湿度） 系指在一定温度下，每立方米空气中所含水蒸气的最大量（单位为 g/m^3）。

（2）相对湿度 系指空气中实际含有的水蒸气量（绝对湿度）与同温度同体积空气的饱和水蒸气量（饱和湿度）的百分比。相对湿度是衡量空气中水蒸气饱和程度的一种量值。相对湿度小表示干燥，水分容易蒸发；相对湿度大表示潮湿，水分不容易蒸发。经验表明，在相对湿度60%的条件下适宜储存药品。

（二）药品仓库温湿度监测设备与系统

1.组成 《药品经营质量管理规范》明确规定，药品批发、零售企业储存药品的仓库应采用温湿度自动监测系统。温湿度自动监测系统主要由测点终端（探头）、管理主机、不间断电源以及相关软件等组成，同时还配置显示温湿度的采集器，其本身具有数据存储功能。该系统能对大面积的多点的温湿度进行监测记录，针对在库药品储存环境的温度、湿度进行24小时不间断的监测和管理。

2.管理要求

（1）测点终端的设置　根据仓库建筑结构特点的不同，具体设置要求见表3-1-1。

表3-1-1　不同药品仓库测点终端的设置要求

仓库的类型		基础面积以下安装数量	每增加1个基础面积，增加的数量	安装位置
平面库（基础面积300m²）		2	1	均匀分布，不得低于药品货架或药品堆码垛高度的2/3位置
高架库（基础面积300m²）	4.5~8m	4	2	均匀分布在货架的上、下位置
	8m以上	6	3	均匀分布在货架的上、中、下位置
冷藏、冷冻药品仓库（基础面积100m²）		2	1	均匀分布，不得低于药品货架或药品堆码垛高度的2/3位置

测点终端的安装布点位置应当考虑仓库的结构、出风口、门窗、散热器分布等因素，防止因安装位置不合理而影响环境温湿度监测的准确性。

（2）系统的监测、记录要求　系统能在药品储存过程中进行温湿度环境自动监测和数据采集，对库房温湿度实行24小时不间断监测和记录。要求至少每隔1分钟更新一次测点温湿度数据，每隔30分钟自动记录一次实时温湿度数据。当监测的温湿度值超出规定范围时，系统应当至少每隔2分钟记录一次实时温湿度数据。测定的温湿度数据的准确度应符合温度 ±0.5℃，相对湿度 ±5%。企业应当对监测数据按日备份，数据要存放在安全场所，且要求每年至少进行一次校准，对系统设备进行定期检查、维修、保养，并建立档案，记录保存应不少于5年。

（3）系统的管理　当监测的温湿度值达到设定的临界值或者超出规定范围，系统能就地完成中央监控器屏幕报警和在指定地点进行声光报警，同时采用短信通信的方式向至少3名指定人员发出报警信息。当发生供电中断的情况时，系统应当采用短信通信的方式向至少3名指定人员发出报警信息。该系统应能通过互联网或局域网实现远程的实时监测、数据采集和记录、设备控制以及异常状况报警等功能。

（三）药品仓库温湿度调控措施

对药品储存仓库的温湿度进行调控和监测是养护环节最核心的要求。温湿度对药品质量的影响很大，无论温湿度过高还是过低，都会对药品质量产生不良影响，特别是生物制品、抗生素、疫苗血清制品等对温湿度要求更严格。因此，必须掌握必要的温湿度调控措施，有针对性地进行超标处理。常见的温湿度调控措施见表3-1-2。

表3-1-2 常见的温湿度调控措施

超标情况		可采取的措施	常用的设备设施	注意事项
温度	温度偏高（降温措施）	开启空调	制冷空调	各大、中型药库主要的降温措施
		通风换气	换气风机	不宜用于危险品仓库
		遮光避光	窗帘、窗纸	
		加冰强吹	风扇	易引起湿度升高
	温度偏低（升温措施）	开启空调	制热空调	
		开启暖气	暖气片	注意距离，防止漏水情况
		火墙供暖	火墙	离火墙1m以上，远离其他库房
		安装保温层	双层门窗	
湿度	湿度偏高（降湿措施）	通风换气	换气风机	注意通风条件
		开启除湿	除湿机	
		化学吸湿	化学吸湿剂	
		芬潮密封	双层门窗	
	湿度偏低（加温措施）	地面洒水	喷壶	
		空气喷雾	喷雾器	
		自然蒸发	盛水容器	

特别需要注意的是，由于相对湿度和温度之间有着直接的关系，采用通风措施调控湿度时，应结合仓库内外的温湿度差进行综合考虑，具体操作条件如下：①当库内温湿度均高于库外时（内>外），可全部开启门窗，长时间通风，能使库内的温湿度均有一定程度的降低；②当库内温湿度均低于库外时（内<外），应密闭门窗，不可通风；③当库外相对湿度高于库内时，虽库外温度低于库内，亦不能通风，否则会带进潮气；④当库外温度略高于库内（3℃以内），且相对湿度低于库内时，则可通风；⑤当库外温度高于库内（3℃以上）时，虽相对湿度低于库内，此时亦不能通风，因为热空气进入库内后，由于热空气温度降低可使室内相对湿度立即增加，药品更易潮湿。

即学即练

任务3-2 养护工作计划与实施

🏛 任务情境

初春2月，A医药有限公司养护组组长正在制定一年的养护计划，同时养护员将对公司储存在库的药品进行第一季度的养护检查安排。

任务要求：

1.根据GSP及企业具体制度文件，作为A医药有限公司养护组长完成养护检查工作。

2.根据GSP及企业具体制度文件，作为A医药有限公司养护员填制药品养护检查表。

一、任务实施

（一）工作准备

1.物品准备（以一个工位为例）

序号	物品名称	单位	数量	备注
1	普通整箱药品	箱	1	真实药箱（盒）并含有药品说明书，说明书内容完整，整箱及药盒外包装无破损
2	普通零货药品（中包装）	盒	10	真实药盒并含有药品说明书，说明书内容完整，药盒无破损
3	单据	张	3	温湿度记录表（1张）、药品养护检查记录表（1张）、药品养护档案表（1张）
4	遮光窗帘	副	1	具备遮光功能
5	托盘	只	1	标准尺寸托盘
6	区域标识牌	套	1	按照GSP要求制定

养护工作单据

2.环境和人员准备

序号	环境和人员	备注
1	真实仓库环境	以真实仓库环境为模拟场景，设置常温库、阴凉库和冷库
2	仓库养护员	应符合仓库工作人员的服装要求

（二）操作过程

微课

序号	步骤	操作方法及说明	质量标准
1	制定养护计划，确定养护重点品种	打开计算机，登录药品养护管理界面，对库存药品按期自动生成养护工作计划 对库存药品进行分类：一般养护药品和重点养护药品 确定重点养护品种：按年度制定及调整，报质量管理部审核后实施，计算机系统会自动生成重点养护计划	依据企业规定确定一般养护品种和重点养护品种
2	在库药品的检查与养护	保管员日常检查：按照检查内容完成日常检查，分为上午和下午两次检查，要求口头报告时间和现场温湿度，并记录登记 养护员季度检查：春季第一个月，安排养护员到库巡查，按规定完成总库存的30%，同时按检查内容完成相应检查，包括药品、间距、设施设备等。每次进入不同库区，检查相应温湿度是否符合标准，要求口头报告	检查内容无遗漏，单据如实填写，书写规范、清晰
3	做好养护记录，汇总并建立养护档案	制表汇总，养护员检查工作应有记录，包括：药品养护检查记录表、药品养护档案表、外观质量检查记录、养护仪器的使用记录以及养护仪器的检查、维修、保养、计量检定记录	核对汇总的材料无遗漏

（三）注意事项

1. 明确重点养护品种的确定依据。
2. 遵守日常养护检查的时间要求。
3. 养护检查记录的填写应属实。

（四）学习评价

养护工作计划与实施评价表

序号	评价内容	评价标准	分值（总分100）
1	制定养护计划，确定养护重点品种	能判断库存药品是一般养护药品还是重点养护药品，完成计划的制定	30
2	在库药品的检查与养护	能按检查内容完成相应检查，包括药品、间距、设施设备等	40
		能准确说出不同库区温湿度范围	
		能正确填写温湿度记录表	
3	做好养护记录，汇总并建立养护档案	能完成养护检查材料汇总，无错漏	30

二、相关知识

（一）药品养护工作的实施

药品养护是一项综合性工作，涉及质量管理、仓储保管、业务经营等方面，要求各相关岗位必须相互协调与配合，保证药品养护工作的有效开展。药品的在库养护，应贯彻"以防为主"的原则。药品养护的各项工作内容都围绕保证药品质量这一目标，其主要工作内容包括检查控制在库药品的储存条件、对药品进行定期质量检查、对发现的问题及时采取有效的处理措施等。养护工作的实施流程如下。

1. 制定养护计划，确定重点养护品种 通常为一年制定一次养护计划，企业根据上一年度养护工作存在的问题和薄弱环节，突出重点，制定适合自身的养护计划。药品批发企业系统对库存药品按期自动生成养护工作计划，同时确定重点养护的药品品种。一般养护品种，每三个月（季度）检查一次；重点养护品种，每个月检查一次。

重点养护品种没有国家统一目录，每个企业根据实际情况确定本单位的重点养护品种。我国药品流通企业确定的重点养护品种至少包括：①性质不稳定的药品；②储存时间长的药品；③近效期的药品；④已发现质量问题药品的相邻产品批号的药品（如近期内发生过质量问题的品种、药品监督管理部门重点监控的品种）；⑤首营品种；⑥主营品种；⑦特殊管理药品（毒、麻、精、放），包括易制毒、戒毒、肽类制剂、蛋白同化制剂等国家药品监督管理局规定的必须严加保管的药品；⑧疫苗、生物制品、血液制品等需要冷藏的药品；⑨贵重药品；⑩危险品。

2. 在库药品的检查与养护

（1）检查的方式及时间 根据药品的性质及其变化规律，结合季节气候、储存环境和储存时间等因素，决定药品的养护检查的时间，一般分为以下四种。

1）日常检查 由仓库保管员每天进行检查，一天两次，分别是上午（9：30—10：30）

和下午（3：30—4：30），并填写温湿度记录表。

2）月份检查　对重点养护的品种要重点进行检查，每个月至少一次。零售企业应每个月对陈列药品进行全面检查。

3）季度检查　一年四个季度，每个季度完成一次全面检查，即第一个月检查30%，第二个月检查30%，第三个月检查40%，使库存药品每个季度能被全面检查一次（月查季轮），也称为"三三四"循检法。

4）动态检查　一般是在汛期、梅雨季、高温、严寒或发现药品有变质倾向时，临时组织工作组进行全面或局部检查。

（2）检查的内容和要求　检查的内容包括：药库内的温、湿度是否符合规定要求；药品储存条件及药品是否按库、区、排、号分类存放；货垛堆码、垛底衬垫、通道、墙距、货距等是否符合规定要求；药品的外观性状是否正常，包装有无损坏等；库房的防潮、防尘等安全养护措施；养护设备、仪器及计量器的运行情况。

库存药品的检查，要求常规检查与定期检查、员工检查与专职检查、重点检查与全面检查结合起来进行。检查过程中填写药品养护检查记录表，要求每查一个品种、规格就记录一次，并建立药品养护档案表。

3.做好养护记录，汇总并建立养护档案　按照GSP规定，药品养护人员应定期汇总、分析和上报养护检查、近效期或长时间储存的药品的质量信息，以便质量管理部门和业务部门及时、全面地掌握储存药品的质量信息，合理调节库存药品的数量，保证经营药品符合质量要求。药品养护检查情况汇总的内容包括：药品养护档案表、药品养护检查记录表、台账、检验报告书、查询函件、质量报表等。对于重点养护品种还要建立重点药品养护档案，从而保证药品养护质量信息系统的有效运行。

（二）影响药品稳定性的因素

1.影响药品稳定性的内在因素

（1）影响药品化学稳定性的因素

1）水解性　一些具有苷键、酯键或酰胺键等的药物以及一些盐类药物，在条件适宜的情况下，均能水解而引起药品变质。如青霉素、阿司匹林等。

2）氧化性　一些具有氧化性的药物，遇光易被还原而变质。如过氧化氢、硝酸银、呋喃西林等。

3）还原性　一些具有还原性的药物，易被空气中的氧或化学氧化剂所氧化。

4）其他因素　药物的异构化、脱羧、聚合、碳酸化以及霉变，都可以影响药品的稳定性。

上述因素往往同时存在，反应交错发生，相互伴随，相互促进。如维生素C在一定条件下可促使内酯环水解，并进一步发生脱羧反应生成糠醛，然后聚合呈色。

（2）影响药品物理稳定性的因素

1）吸湿性　是药物的重要特性。药物吸湿后可发生结块、胶黏、潮解、稀释甚至发霉、分解变质等现象。如氯化钙易吸湿潮解，胃蛋白酶易吸湿发霉。

2）风化性　许多含有结晶水的药物都易风化。例如芒硝（$Na_2SO_4 \cdot 10H_2O$）等。药物风化后，药效虽未改变，但因失水量不定，往往影响使用剂量的准确性。

3）挥发性　一些沸点较低的药物成分在常温下就能变为气体扩散到空气中。如乙醇、挥发油、樟脑等，它们在常温下即有很强的挥发性。

4）升华性　有些固态药物不经过液态而直接变为气态，这种性质称为药物的升华性。例如碘、冰片、樟脑、薄荷脑、麝香草酚等均具有升华性。

5）熔化性　某些药物在一定温度下即开始熔化。例如以香果脂或可可豆脂作基质的栓剂，在夏季往往由于库温过高而发生熔化。

6）冻结性　某些以水或稀乙醇作溶剂的液体药物当温度过低时往往发生冰冻，导致体积膨胀而引起容器破裂。

2.影响药品稳定性的外在因素

（1）温度　对储存药品的质量影响较大，温度过高或过低都可能导致药品变质失效，尤其是生物制品、脏器生化药物、抗生素及中药对温度要求更严。这里所指温度一般指仓库温度。温度升高可以加快药物的化学反应或物理反应速度；利于害虫、霉菌的生长繁殖；使有挥发性的药物加速挥发，造成损失。但温度过低也可以使一些药品产生沉淀、冻结、凝固甚至变质失效，有的则使容器破裂而造成损失。

（2）湿度　是指空气中水蒸气的含量。湿度对药品质量的影响很大。湿度过大可以使药品吸湿而发生潮解、稀释、变形、水解、发霉，如氯化钙易潮解、单糖浆易稀释、胶囊易变形、阿司匹林易水解等。湿度过小又容易使某些药品风化或干裂，如芒硝易风化。

（3）空气　空气的组成很复杂，其中对药品质量影响较大的是氧气和二氧化碳。氧气的化学性质很活泼，易使某些药物发生氧化反应而变质。此外，氧气还有助燃性，还利于易燃药品的燃烧。空气中的二氧化碳可使某些药品发生碳酸化而变质，如磺胺类药物的钠盐。

（4）光线　可以导致药品变色，许多药物遇光能加速其氧化过程，如苯酚、磺胺类、维生素C等。有些药物受光线作用后，可发生分解，如过氧化氢溶液。

（5）时间　有些药品因性质或效价不稳定，即使在适宜的储存条件下，也会因时间过久而变质失效。因此，《中国药典》对某些药品如抗生素等，根据其不稳定程度规定了不同的有效期，要求在规定的期限内使用。

另外，微生物、昆虫、药品包装材料的选择等都可影响药品的稳定性。

即学即练

任务3-3　液体制剂养护

🏛 **任务情境**

在A医药有限公司仓库中，存放着一批液体制剂，包括精蛋白重组人胰岛素混合注射液、葡萄糖注射液、复方门冬维甘滴眼液和氯雷他定糖浆等。养护员在日常巡检时，发现部分注射液出现了浑浊现象，部分眼药水有异味散发出来，还有一些口服液出现了沉淀。

任务要求：

1.根据GSP及企业具体制度文件，作为A医药有限公司养护员完成以上液体制剂的检查、确定质变现象，对问题药品进行处置。

2.根据GSP及企业具体制度文件，作为A医药有限公司养护员填制药品养护记录。

一、任务实施

（一）工作准备

1.物品准备（以一个工位为例）

序号	物品名称	单位	数量	备注
1	普通零货液体制剂药品（中包装）	盒	10	药品放在不同库区货位
2	区域标识牌	套	1	按照GSP要求制定
3	多层货架	个	1	存放药品用
4	温湿度监测设备	套	1	模拟仓库环境用
5	单据	张	3	药品质量复查通知单（1张）、药品养护档案表（1张）、药品养护检查记录表（1张） 养护单据

2.环境和人员准备

序号	环境和人员	备注
1	仓库环境	以真实仓库环境为模拟场景，设置常温库、阴凉库和冷库
2	仓库养护员	应符合仓库工作人员的服装要求

（二）操作过程

微课

步骤	操作方法及说明	质量标准
计算机锁定	将出现异常现象的液体制剂在计算机系统中锁定	系统锁定，禁止出库
可疑药品转移	可疑药品撤架，移至暂停销售货架，挂黄色标	药品撤架及时
原因调查	填写药品质量复查通知单，报质量管理员确认	上报及时
汇总分析	根据质量管理部门反馈信息，填写药品养护档案表和药品养护检查记录表	单据如实填写，书写规范、清晰，养护措施具有针对性
	总结液体制剂常见的变异现象	
	根据质量变异现象，采取有针对性的储存养护措施	

（三）注意事项

1. 填写药品信息时，需要仔细核对药品名称、规格、生产企业、数量、批号、有效期等详细信息。

2. 针对液体制剂常见的质量变异问题，采取正确有效的养护措施，确保储存过程中药品的质量。

3. 加强药品养护专业知识及技能的积累，准确完成液体制剂养护工作。

（四）学习评价

液体制剂养护评价表

序号	评价内容	评价标准	分值（总分100）
1	隔离措施	能够采取正确的隔离措施	20
2	记录填写	能准确判断质量可疑品种并规范填写记录，不漏项	30
3	原因分析	能正确判断制剂变异的原因	20
4	液体制剂的养护要点	能够针对制剂变异的原因采取恰当的应对措施	30

二、相关知识

（一）液体制剂概述

液体制剂系指药物以液体形态应用于临床的各种剂型，可供内服或外用。液体制剂的溶剂，对溶液剂来说可称为溶剂；对溶胶剂、混悬剂、乳剂来说，药物并不溶解而是分散，因此称为分散介质或分散媒。溶剂对液体制剂的性质和质量影响很大。

（二）液体制剂常见变异现象及原因（表3-3-1）

表3-3-1 液体制剂常见变异现象、原因及举例

常见变异现象	原因	举例
变色	制剂受空气、温度、光的影响而氧化分解	盐酸肾上腺素溶液受光和空气的影响极易氧化，从粉红色变成棕色再变成棕褐色并产生沉淀
发霉	储存环境温度过高、湿度过大，有利于霉菌的生长繁殖；包装容器密封不严，导致外界的霉菌孢子进入制剂	止咳糖浆，糖分是霉菌良好的营养源，若包装破损或储存环境潮湿温热，容易滋生霉菌
析出结晶或沉淀	储存条件不当，温度降低使药物溶解度下降，光照可能引发化学变化，导致溶解度改变；包装破损与外界空气接触，发生氧化、水解等反应，从而析出结晶	胰岛素注射液若储存温度不当，尤其是温度过低时，可能会析出结晶，影响药效；黄体酮注射液长期储存且环境不稳定时，可能会有结晶析出
冻结	制剂储存温度过低	5%葡萄糖注射液在-5～-4℃时可发生冻结现象

（三）液体制剂的储存养护要点

液体制剂一般应密闭避光保存，贮存于阴凉、干燥处。此外，该类药品还应根据各自剂型特点，采取适当的保管方式，具体如下。

1.水针剂的储存养护 应根据其药品的理化性质，结合其溶剂的化学特点和包装材质的具体情况综合考虑。

（1）避光 一般注射剂应避光储存。遇光易变质的注射剂（主要指含有易被氧化结构的药品）如肾上腺素、盐酸氯丙嗪、维生素C等的注射剂，在储存养护过程中必须采取各种遮光避光措施，以防紫外线照射。以油为溶剂的注射剂要注意避光、避热储存。

（2）防热 遇热易变质的注射剂如抗生素注射剂、生物脏器制剂或酶类注射剂、生物制品等，应在规定的温湿度条件下储存养护，同时注意防潮、防冻。

（3）防冻 水针剂要注意防冻、防裂，冬季库房温度一般应经常保持在10℃以上。

（4）防横卧倒置 大输液剂、代血浆等属于大体积注射剂，在储存过程中切不可横卧、倒置，否则会使药液长时间与橡胶塞接触，橡胶塞中的一些杂质会进入药液，形成小白点，储存时间越长，澄明度变化越大。另外，在储存和搬动过程中不可扭动、挤压和碰撞瓶塞，以免漏气造成污染。

2.滴眼剂的储存养护 滴眼剂是无菌制剂，以水溶液或水混悬液居多，大多不稳定，易受空气、二氧化碳、光、温度等影响而分解变质。若包装容器的封口不严或储存环境不清洁卫生，还易引起铜绿假单胞菌、霉菌、金黄色葡萄球菌等致病性微生物的污染，若再用于患者眼部，会引起严重危害。因此，滴眼剂应密闭保存在避光阴凉处，注意有效期，掌握"先产先出，近期先出"的原则，不宜久储，冬季还应防冻。

3.合剂、口服液的储存养护 合剂、口服液的保管养护方法主要为密闭保存在阴凉处。某些药品（如复方甘草合剂）遇光会变质，药效降低，应避光保存。含有发挥性成分的口服液，受热则药物分散，含量下降，储存时还须注意防热。合剂、口服液一般不宜久存，要注意"先产先出"。

4.混悬剂的储存养护 温度对混悬剂的储存很重要，它能影响混悬剂分散媒的黏度，从而影响药物微粒的沉降速度。因此，除按液体制剂的要求外，特别要注意气温变化情况和地区温度差异的影响。

5.乳剂的储存养护 乳剂的性质不稳定，易发生分层（乳析）、破裂、油类酸败等。最初的分层经振摇后，仍可恢复原来的均匀状态；若分层进一步发展，往往会引起乳剂的破裂，即乳剂的分散相合并而形成油水两层的分离现象，此时，虽经振摇也不能恢复原有乳剂的状态。

温度对乳剂的储存也很重要，它是影响乳剂稳定性的主要因素。温度过高可使乳剂黏度下降而促使其发生分层，温度过低可使乳剂析出结晶而破坏乳化层。空气、光线对乳剂也有影响，含植物油的乳剂若包装不严，在遇光受热过久的情况下易酸败。此外，乳剂还易被微生物污染而霉变、发酵或有乳剂破坏的现象。因此，该类药在保存时应严密封口，存于阴凉避光处。冬季还应注意防冻。

6.糖浆剂的储存养护 糖浆剂容易发生霉变、酸败、沉淀、变色等质量变异。因此，糖浆剂应密封，避光置干燥处贮存。含糖80%以上的糖浆剂，微生物在其中不易繁殖，本身具有一定的防腐作用；但如果储存温度太低，易析出蔗糖结晶，所以糖浆仍需保持清洁，预防污染。含糖50%以下的糖浆剂，微生物容易滋生，一般加有防腐剂。

糖浆剂储存时需特别注意防止药品因受热发生霉变、因包装不严发生污染，炎热季节应将糖浆剂置于阴凉通风处，必要时采取降温措施；梅雨季加强检查包装封口，若发现瓶盖长霉，用医用棉签蘸取75%乙醇擦洗，同时按出库原则加速流通。尤其是含糖量低的糖浆剂在寒冷的季节和地区容易发生冻结，冻结时其质地比较松软，不易冻裂容器，放置在室温时可自己解冻。如不能解冻，可用温水浴解冻，但不得破坏其标签。一般含糖量在60%以上的糖浆剂无须防冻。

即学即练

任务3-4 固体制剂养护

🏛 任务情境

在 A 医药有限公司仓库中，存放着硝苯地平缓释片、龙牡壮骨颗粒、酪酸梭菌二联活菌散、小儿布洛芬栓等固体药品。养护员在检查时发现：硝苯地平缓释片包装有轻微破损，龙牡壮骨颗粒有受潮迹象，部分栓剂有变形现象。

任务要求：

1.根据 GSP 及企业具体制度文件，作为 A 医药有限公司养护员进行以上固体制剂的检查、确定质变现象，对问题药品进行处置。

2.根据 GSP 及企业具体制度文件，作为 A 医药有限公司养护员填制药品养护记录。

一、任务实施

（一）工作准备

1.物品准备（以一个工位为例）

序号	物品名称	单位	数量	备注
1	普通零货固体制剂药品（中包装）	盒	10	放置在不同库区货位
2	区域标识牌	套	1	按照 GSP 要求制定
3	多层货架	个	1	存放药品用
4	温湿度监测设备	套	1	模拟仓库环境用
5	单据	张	3	药品质量复查通知单（1张）、药品养护档案表（1张）、药品养护检查记录表（1张）

养护单据

2.环境和人员准备

序号	环境和人员	备注
1	仓库环境	以真实仓库环境为模拟场景，设置常温库、阴凉库和冷库
2	仓库养护员	应符合仓库工作人员的服装要求

（二）操作过程

微课

步骤	操作方法及说明	质量标准
计算机锁定	将出现异常现象的固体制剂在计算机系统中锁定	系统锁定，禁止出库
可疑药品撤架	可疑药品撤架，移至暂停销售货架，挂黄色标	药品撤架及时

续表

步骤	操作方法及说明	质量标准
原因调查	填写药品质量复查通知单，报质量管理员确认	上报及时
汇总分析	根据质量管理部门反馈的信息，填写药品养护档案表和药品养护检查记录表	单据如实填写，书写规范、清晰，养护措施具有针对性
	总结固体制剂常见的变异现象	
	根据质量变异现象，采取有针对性的储存养护措施	

（三）注意事项

1. 填写药品信息时，需要仔细核对药品名称、规格、生产企业、数量、批号、有效期等详细信息。

2. 针对固体制剂常见的质量变异问题，采取正确有效的养护措施，确保储存过程中药品的质量。

3. 加强药品养护专业知识及技能的积累，准确完成固体制剂养护工作。

（四）学习评价

固体制剂养护评价表

序号	评价内容	评价标准	分值（总分100）
1	隔离措施	能够采取正确的隔离措施	20
2	记录填写	能准确判断质量可疑品种并规范填写记录	30
3	原因分析	能正确判断制剂变异的原因	20
4	固体制剂的养护要点	能够针对制剂变异的原因采取恰当的应对措施	30

二、相关知识

（一）固体制剂概述

固体剂型在药物制剂中所占比重最大，约为70%。常用的有散剂、颗粒剂、片剂、胶囊剂、滴丸剂、膜剂等。固体制剂的共同特点是：与液体制剂相比，物理、化学性能稳定性好，生产制造成本较低，服用、携带方便。

（二）固体制剂常见变异现象及原因（表3-4-1）

表3-4-1　固体制剂常见变异现象、原因及举例

常见变异现象		原因	举例
片剂	裂片	片剂受到外力或内部应力的影响	三七片：由于中药成分的复杂性和片剂制备工艺的特点，可能导致硬度过大，在搬运时易裂片
	变色	药物受光照、氧化、湿度等因素的影响容易发生变色现象	碱式碳酸铋片受光线影响发生变色，碘化钾片易受空气中氧气影响发生变色
	析出结晶	贮存过程中药物发生化学变化	阿司匹林片：吸潮后易分解产生醋酸和水杨酸，而针状结晶的水杨酸常黏附在片剂表面和包装内壁
		含有挥发性成分的片剂受热后，药物易挥发，挥发出来的蒸气遇冷析出结晶	

续表

常见变异现象		原因	举例
片剂	粘连溶（熔）化	具有吸湿性或受热易溶（熔）化的药物可发生粘连和溶（熔）化	复方甘草片吸潮后粘连成团，颜色变黑；含糖成分较多的片剂受潮受热后易溶（熔）化粘连，如氯化铵片极易吸潮而部分溶化等
	霉变虫蛀	包装密闭不严或储存环境湿度过大	含有党参、黄芪等药材提取物的片剂，这些中药成分本身可能带有微生物，若储存条件不佳，容易发生霉变和虫蛀
	褪色	包衣片受潮，或长时间暴露于光线下	维生素C包衣片：因维生素C具有较强的还原性，在某些条件下容易发生氧化，可能导致包衣褪色
	龟裂与爆裂	储存条件不当，如温度过高、湿度过大等	茶碱缓释包衣片：由于特殊结构和成分，在储存条件不当（如温度过高、湿度过大）时，可能导致包衣龟裂或爆裂
	片面不够光亮	储存条件不当，如湿度过大	阿司匹林肠溶片：肠溶包衣材料对湿度较为敏感，湿度过大可能使其失去原有光泽
	片芯变色	某些包衣片的主药性质不稳定，片芯容易被氧化发生变色，而药片表面无变化	硫酸亚铁片的片芯变为棕黄色，对氨基水杨酸钠片的片芯变为红褐色
胶囊剂	漏粉	硬胶囊剂在储存过程中若太干燥，易引起胶囊脆裂而漏粉；运输过程中发生剧烈振动，可能使胶囊脆裂而漏粉	三七粉胶囊：若胶囊壳的结合处存在缺陷，运输过程中发生剧烈振动可能导致粉末泄漏
	漏液	储存环境的温度过高可能使胶囊壳变软，湿度大可能导致胶囊壳吸湿变形；在储存、运输或搬运过程中，受到外力挤压或碰撞，使胶囊壳受损	维生素E胶囊：通常为油状液体，在胶囊封装存在问题或储存条件不佳时可能漏液
	黏软变形霉变生虫	硬胶囊或软胶囊若包装不严或储存不当，均易吸潮、受热而黏软变形、发霉变质；装有生药、生物脏器及蛋白质类成分的胶囊吸潮、受热后更易霉变生虫，产生异臭	蜂胶胶囊：因为蜂胶在高温环境下可能变软，会导致胶囊变形
			胶原蛋白胶囊：在湿度较大的环境中，胶囊容易吸湿变软
颗粒剂	吸潮	包装不严密或者贮存环境湿度过大	氨溴索颗粒：药物成分的化学性质使得其在一定条件下易吸潮
	变色	有些颗粒剂遇光、热、空气或吸潮易被氧化分解而变色	含磺胺类药物颗粒剂：变质变色后不能再供药用
	霉变	含有蛋白质、淀粉、胶质、糖或生化药品等的颗粒剂吸潮后除发生结块、变色外，还可发生霉变生虫或产生异臭	胃蛋白酶颗粒
栓剂	软化变形	由于栓剂基质影响，栓剂遇热、受潮后均可引起软化变形	甘油栓剂：在高温环境下易软化变形
	出汗	储存环境温度和湿度变化较大	可可豆脂栓剂：在储存环境温度和湿度变化较大时，可能出现出汗现象
	干化	环境过于干燥、储存时间过长的栓剂，其基质的水分容易蒸发，使栓剂出现干化现象	聚乙二醇栓剂：如果在干燥环境中储存时间过长，可能会出现干化现象
	外观不透明	不当的储存条件，如温度过高或过低、湿度过大等	维生素A栓剂：高温可能会影响维生素A的稳定性和物理状态，导致相变，从而导致外观不透明
	霉变	栓剂在储存时放置太久，因微生物繁殖而霉变、腐败，使其产生刺激性	含有维生素类成分的栓剂：在潮湿且卫生条件不佳的环境中容易霉变

续表

常见变异现象		原因	举例
粉针剂	粉末粘瓶	盛装容器干燥不彻底、密封不严、受光和热的影响	胰岛素粉针剂：如果未按要求低温保存，可能会溶化萎缩

（三）固体制剂的储存养护要点

1.片剂的储存养护

（1）防潮

1）普通片剂　除另有规定外，片剂都应密封储存，防止受潮、霉变、变质。储存片剂的仓库，其相对湿度应达到要求，如遇梅雨季或在潮热地区应该采取防潮防热措施。

2）包衣片　吸潮、受热后，包衣片容易产生包衣褪色、失去光泽、粘连、溶化、霉变甚至膨胀脱壳等现象。因此，包衣片的储存养护要求较一般片剂更严格，特别注意防潮、防热。

3）含片　除含有片剂的一般赋形剂外，含片还加有大量糖粉，吸潮、受热后能溶（熔）化粘连，严重时易发生霉变，故应置于密封、干燥处储存。

4）含有生药、动物脏器及蛋白质类成分的片剂　易受潮、松散、生霉、虫蛀，应注意防潮、防热、密封，在干燥阴凉处储存。

5）易吸潮的片剂　吸潮后易变色、变质及潮解、溶化、粘连，要特别注意防潮。应在包装容器内放入干燥剂或在瓶口下和各片之间的空隙部位填塞棉花、吸水纸等，并密封在干燥处储存。

（2）防热　含挥发性成分的片剂受热后易挥发，有效成分损失，含量降低而影响疗效。如薄荷喉片、西瓜霜含片、人丹等应注意防热。

（3）避光　主药对光敏感的片剂，如磺胺类药物的片剂、盐酸氯丙嗪片、对氨基水杨酸钠肠溶片等必须盛装于遮光容器内，注意避光储存。

（4）其他　抗生素类药品、生物制品的片剂有严格的储存条件要求，必须按其规定的条件储存养护，如生物制品应在2~8℃储存。内服片剂、外用片剂必须分开储存，以免混淆错发。

2.胶囊剂的储存养护

（1）防潮、防热　吸潮可使胶囊发软粘在一起，产生松散、变色甚至出现严重的色斑，遇热则胶囊易软化。一般胶囊剂应密封，存放温度不高于30℃，注意防潮、防热。但也不宜过分干燥，以免胶囊脆裂，相对湿度以70%为宜。胶囊剂一般储存1年后需要检查溶出度。生物制品胶囊剂应在2~8℃储存。抗生素类胶囊剂吸潮、受热后易使效价下降。

（2）避光　装有对光敏感药物的胶囊剂除储存于干燥处外，还应注意遮光、避光。如吲哚美辛胶囊、维生素E软胶囊等。

3.颗粒剂的储存养护

（1）防潮　颗粒剂一般都用薄塑料袋包装。如果塑料袋太薄而透湿，库房的相对湿度过高可能使药品发生吸潮、结块、软化、生霉、虫蛀等现象，故颗粒剂应密封储存于干燥处，防止受潮。

（2）防热 含挥发药品的颗粒剂须注意温度和湿度，应置于阴凉、干燥处密封储存；含结晶水药物的颗粒剂应该保持库房的相对湿度达到规定的要求，以免失去结晶水，影响药品的正确取量。

（3）避光 遇光易变质药品的颗粒剂要防止日光直接照射，应遮光密封在干燥处储存。

4.栓剂的储存养护

（1）栓剂一般置于30℃以下密闭储存，避免重压。油脂性基质的栓剂应格外注意避热，炎热的夏季最好贮于冰箱或冷库冷藏，注意防热和防潮。

（2）受热易熔化、遇光易变质的栓剂应密闭、避光，置阴凉处储存。

（3）甘油明胶基质的栓剂要注意清洁卫生，防止异物、微生物污染，既要防止其受潮软化、变形、霉变、变质，又要避免其干化、变硬或收缩，所以封口要严密，应密闭、阴凉处储存。

（4）储存时间不宜过长，储存过程中不得出现软化、变色、变形、熔化、腐败、酸败、霉变现象。

5.粉针剂的储存养护
粉针剂在储存过程中应注意防潮，保持瓶盖的严密熔封，以免引起粘瓶结块。

即学即练

任务3-5 半固体制剂养护

📖 任务情境

在A医药有限公司仓库中，存放着复方醋酸地塞米松乳膏和氨来呫诺糊剂等半固体制剂。管理员在巡检时发现：批号为20****05的10支复方醋酸地塞米松乳膏质地变得不均匀，有油水分离现象；氨来呫诺糊剂，有的包装有轻微挤压变形的情况。

任务要求

1.根据GSP及企业具体制度文件，作为A医药有限公司养护员进行以上半固体制剂的检查、确定质变现象，对问题药品进行处置。

2.根据GSP及企业具体制度文件，作为A医药有限公司养护员填制药品养护记录。

一、任务实施

（一）工作准备

1.物品准备（以一个工位为例）

序号	物品名称	单位	数量	备注
1	普通零货半固体制剂药品（中包装）	盒	10	药品标签、外包装无破损
2	区域标识牌	套	1	按照GSP要求制定
3	多层货架	个	1	存放药品用

续表

序号	物品名称	单位	数量	备注
4	温湿度监测设备	套	1	模拟仓库环境用
5	单据	张	3	药品质量复查通知单（1张）、药品养护档案表（1张）、药品养护检查记录表（1张） 养护单据

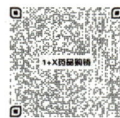

2.环境和人员准备

序号	环境和人员	备注
1	仓库环境	以真实仓库环境为模拟场景，设置常温库、阴凉库和冷库
2	仓库养护员	应符合仓库工作人员的服装要求

（二）操作过程

微课

步骤	操作方法及说明	质量标准
计算机锁定	将出现异常现象的半固体制剂在计算机系统中锁定	系统锁定，禁止出库
可疑药品转移	可疑药品撤架，移至暂停销售货架，挂黄色标	药品撤架及时
原因调查	填写药品质量复查通知单，报质量管理员确认	上报及时
汇总分析	根据质量管理部门反馈的信息，填写药品养护档案表和药品养护检查记录表	单据如实填写，书写规范、清晰，养护措施具有针对性
	总结半固体制剂常见的变异现象	
	根据质量变异现象，采取有针对性的重点储存养护措施	

（三）注意事项

1. 填写药品信息时，需要仔细核对药品名称、规格、生产企业、数量、批号、有效期等详细信息。

2. 针对半固体制剂常见的质量变异问题，采取正确有效的养护措施，确保储存过程中药品的质量。

3. 加强药品养护专业知识及技能的积累，准确完成半固体制剂养护工作。

（四）学习评价

半固体制剂养护评价表

序号	评价内容	评价标准	分值（总分100）
1	隔离措施	能够采取正确的隔离措施	20
2	记录填写	能准确判断质量可疑品种并规范填写记录，不漏项	30
3	原因分析	能正确判断制剂变异的原因	20
4	半固体制剂的养护要点	能够针对制剂变异的原因采取恰当的应对措施	30

二、相关知识

（一）半固体制剂概述

半固体制剂是药物制剂中的重要类型，它是指具有一定黏性和半固体形态的制剂。这类制剂通常包括软膏剂、乳膏剂、糊剂等。半固体制剂中的药物通过分散或溶解在适宜的基质中发挥作用，其剂型特点使得药物在局部作用部位能长时间停留，有利于药物的缓慢释放和吸收，从而达到治疗疾病的目的。

（二）半固体制剂常见变异现象及原因（表3-5-1）

表3-5-1　半固体制剂常见变异现象、原因及举例

变异现象	原因	举例
酸败异臭	植物油或脂肪性基质制成的软膏剂在接触空气、光线和温度较高的条件下容易氧化，产生酸败和异味	鱼肝油软膏：富含油脂成分，储存条件不当则容易发生酸败
油水分离	含不溶性药物的油脂性基质制成的软膏剂温度过高时，基质会熔化变稀，药物易沉于底部而分离；乳膏剂是乳剂型基质，久储、受冻、剧烈振动后易因乳析或破裂而出现油水分离	硝酸咪康唑乳膏：储存温度不当或长时间放置后，可能出现油水分离
发硬	储存温度过低会使含油脂性基质的软膏剂变硬；水溶性基质制成的软膏剂久储或温度过高水分蒸发，会使软膏发硬	尿素软膏：若储存环境温度过低，可能会发硬
霉变	水溶性基质制成的软膏剂含水量较多，若储存环境湿度过大，易发生霉变	复方蛇脂软膏：在潮湿环境中易霉变

（三）半固体制剂的储存养护要点

半固体制剂对温度较为敏感。一般来说，适宜的储存温度通常在2~25℃。部分需要冷藏的半固体制剂，如某些生物制剂制成的凝胶，应储存在2~8℃的环境中。高温可能导致制剂中的基质融化、药物分解或活性成分失活；低温则可能使制剂质地变硬，影响使用时的均匀性和药效释放。

相对湿度应控制在35%~65%。湿度过高可能导致半固体制剂吸收水分，引起基质稀释、药物析出或微生物滋生；湿度过低则可能使制剂失水干燥，影响其质量和药效。

不同半固体制剂由于特点不同，养护措施也各有特点，具体要求如下。

1.软膏剂储存的温度越低，软膏内的微生物、酶的活动性越小；接触的空气越少，软膏的分解过程也进行得越慢。故软膏剂应避光密封储存于凉爽、干燥处。

2.锡管软膏已具备遮光和密封条件，在30℃以下储存即可，避免受压。塑料管软膏因具有透气性，若系亲水性和水溶性基质的软膏，应避潮湿、避光储存，并避免重压和久储。玻璃瓶软膏若是无色瓶，必要时应考虑采用遮光外包装，一般应密封在干燥处储存，不得倒置，避免重摔。扁盒（金属盒、塑料盒、纸板盒）已达到避光要求，仅须密封，储存于干燥处，防止重压，纸盒装不宜久储。

3.具有特殊气味的软膏剂应注意其封口的密封性，隔离储存于阴凉处。

4.眼用软膏剂的包装已经过灭菌处理，不能随便启封，以防微生物污染。

5.所有软膏剂在储存过程中不得出现变色、油水分离、发硬、异臭、酸败、霉变等现象。

6.乳膏剂应避光密封、置25℃以下储存，不得冷冻。储存过程中不得出现酸败、异臭、油水分离、变色、变硬、胀气等现象。

7.糊剂应避光密闭、置25℃以下储存，不得冷冻。储存过程中不得出现酸败、异臭、变色、变硬等现象。

任务3-6　中药饮片养护

🏛 任务情境

在A医药有限公司中的药仓库中，存放着金银花、枸杞子、山药、黄芩、党参等一批中药饮片。仓库养护员在检查时发现：中药饮片有走油等现象。

序号	药品名称	单位	数量	生产企业	生产批号
1	黄芪		1	******	******
2	当归		2	********	********
3	金银花		4	******	******
4	红花		3	********	********
5	枸杞子	kg	10	******	******
6	莲子心		5	********	********
7	麻黄		10	******	******
8	桃胶		2	********	********
9	僵蚕		4	********	******
10	海马		3	********	********

任务要求：

1.根据GSP及企业具体制度文件，作为A医药有限公司养护员进行以上中药饮片的检查、确定质变现象，对问题中药饮片进行处置。

2.根据GSP及企业具体制度文件，作为A医药有限公司养护员填制药品养护记录。

一、任务实施

（一）工作准备

1.物品准备（以一个工位为例）

序号	物品名称	单位	数量	备注
1	单据	张	2	重点养护中药饮片确认表（1张）、质量可疑中药饮片报告表（1张） 中药养护单据
2	中药饮片	袋	10	中药药品标签、外包装无破损

续表

序号	物品名称	单位	数量	备注
3	区域标识牌	套	1	按照GSP要求制定
4	多层货架	个	1	存放中药饮片用
5	温湿度自动监测设备	套	1	模拟仓库环境用

2.环境和人员准备

序号	环境和人员	备注
1	仓库环境	以真实仓库环境为模拟场景，设置常温库、阴凉库和冷库
2	仓库养护员	应符合仓库工作人员的服装要求

（二）操作过程

微课

步骤	操作方法及说明	质量标准
环境检查	监测储存环境的温度和湿度，检查光照条件	温湿度在规定范围内，避免强光直射
药品外观检查	对中药饮片进行分类，明确其不同类型发生的质量变异现象的特点	外观检查全面，单据如实填写、书写规范、清晰
	逐一对中药饮片进行外观检查，查看有无虫蛀、发霉、变色、走油等现象	
	填写重点养护中药饮片确认表	
记录与标识	将检查和检测结果详细记录在养护记录表格中，包括中药饮片品名、规格、产品批号、生产日期、药材产地、等级及贮藏等	单据如实填写，书写规范、清晰
	对异常的中药饮片进行标识，注明问题和处理建议，填写质量可疑中药饮片报告表	
处理异常	登录计算机，锁定发现有问题的中药饮片	按照企业操作规程处理及时、准确
	报告和处理，按照规定的程序进行黄色标识并移位	

（三）注意事项

1. 填写中药饮片信息时，需要仔细核对中药饮片品名、规格、产品批号、生产日期、药材产地、等级及贮藏等详细信息。

2. 认真贯彻执行企业制定的质量管理制度，坚持"预防为主"的原则，按照不同中药饮片的特点，准确确定重点养护品种，以便于采取正确有效的养护措施，确保储存中药饮片的质量。

3. 加强中药饮片养护专业知识及技能的积累，正确完成重点养护品种确定工作。

（四）学习评价

中药饮片养护评价表

序号	评价内容	评价标准	分值（总分100）
1	环境检查	能正确报读出仓库温湿度	10
2	药品外观检查	能判断中药饮片的分类	40
		能根据中药饮片的类型特点，确认常见的质变现象	
		能结合常见质变现象，确认重点养护品种	
3	记录与标识	中药饮片名称填写正确，报告表填写规范，表格填写完整，表后签署姓名和日期，不漏项	30
4	处理异常	按规范流程完成	20

二、相关知识

中药是指在中医理论指导下，用于预防、治疗、诊断疾病并具有康复与保健作用的物质。中药主要来源于天然的植物、动物、矿物及其加工成的部分化学、生物制品类药物，其成方及剂型是经过数百年逐渐演变和发展而来的成果，是人类长期与自然界、疾病作斗争的过程中不断发现与积累的智慧结晶。因此，中药不仅包括中药材、中药饮片，还包括中成药、民族药。

（一）中药储存中常见的质量变异现象

1. 虫蛀　指害虫侵入中药内部所引起的破坏性作用。中药由于含有大量的营养成分，极易滋生害虫，发生虫蛀。经虫蛀后，会形成蛀孔，产生蛀粉，导致成分损耗，疗效降低。

2. 发霉　指在适当温度（20～30℃）和湿度（相对湿度75%以上）或中药饮片含水量足够（超过15%）的条件下，中药表面附着或内部寄生的霉菌繁殖滋生的现象。

3. 变色　指受温度、空气、日光的影响而引起中药自身原有色泽改变的现象。变色的原因主要是中药所含成分不稳定。在外界因素的影响下，植物体内的酶使植物内成分发生氧化、聚合、水解等反应，使中药原色发生改变或原色退化。

4. 走油　也称泛油，指含有脂肪、挥发油、黏液质、糖类等成分较多的中药，在温度和湿度较高的情况下，出现的油润、泛软、发黏、颜色变深等现象。

中药其他变异现象还包括气味散失、风化、潮解、粘连、溶化、升华、腐烂等。

（二）不同中药的养护措施

1. 中药材的分类储存与养护　中药材包括植物药、动物药和矿物药。我国医药商品企业通常按药用部位将中药材分为：根与根茎类，叶、花、全草类，果实与种子类，茎、皮类，菌类，树脂类，动物类，矿物类及其他类等。由于中药品种较多，化学成分复杂，储存要求也不尽相同。根据上述原则，企业通常按照性质和药用部位的不同进行分类储存保管。

（1）根与根茎类药材　个体肥大，干燥后多质地坚实，耐压性强。由于其来源不同，所含成分复杂，多易受外界因素影响而变异。因此，对根及根茎类药材的储存应选择阴凉干燥的库房，具备通风、吸湿等硬件设施。严格温湿度管理，温度一般控制在25℃以下，相对湿度在35%~75%。常检查货垛，防倾斜倒塌。易泛油药材的货垛，不宜过高过大，注意通风散潮；含淀粉、糖分和黏液质的药材，受潮受热易粘连结块甚至发酵，宜堆通风垛，保持空气流畅。如：地黄、天冬、黄精、玉竹、山药、天花粉等。

（2）花类药材　都含有花色素，呈不同颜色，具较强的亲水性，有芳香气味。若储存不当，可吸湿返潮发生霉变，久置空气中易发生变色、虫蛀、气味散失；质地疏松的花还易"散瓣"。鉴于上述情况，宜选用干燥阴凉的库房，设专库和容器按品种保管。用木箱或纸箱包装，分类储存，注意洁净，养护既要保持色香，又要防止串味。防止污染，避免火烤、曝晒。注意防潮，相对湿度控制在70%以下，温度不超过25℃。货垛不宜过高，应适当通风、避免重压、避免阳光直射，防止花朵受损。垛温升高，花类药材宜采用阴干或晾晒法干燥，避免火烤、曝晒。

（3）果实与种子类药材　组织结构变化大，成分复杂，性能各异，尤其浆果、核果等因富含糖分，易粘结、泛油、霉变和虫蛀；果皮含挥发油，易散失香气、变色，如橘皮；种子类药材含淀粉、蛋白质和脂肪等营养物质，易酸败泛油、生虫。根据本类药材性质的不同，储存保管应选干燥通风的库房，以防潮为主，避免高温火烤、曝晒，库温应在25℃以下，相对湿度控制在75%以下，货垛不宜过高。对枸杞子、瓜蒌、大枣、桂圆肉等质地软润、不耐重压的中药，宜使用硬质材料包装盛放，且要经常观察。

（4）全草类药材　常呈绿色，储存期间受温湿度和日光等影响，可发生变色。含挥发油的药材如薄荷、紫苏、藿香等，久储挥发油挥发，香气变淡，药效降低。此类药材不宜曝晒或高温干燥，储存的库房应干燥通风，光照勿过强。堆垛注意垫底防潮，保持清洁，避免重压破碎，定期检查，倒垛，散潮，以减少霉变和不必要损耗。

（5）树脂、干膏类药材　具有受热熔化、变软、粘结的特点，储存不当时不仅会使外观变形，而且易黏附包装或发生流失污染、生虫、发酵、变色等。综合该类药材的特点，应储存于干燥、阴凉、避光的库房或者选择防潮容器密封。库温应控制在30℃以下。阿魏等有浓烈气味的树脂品种宜单独存放或选防潮容器密封，避免与其他药材串味。定期检查包装，防止破损、受热外溢。

（6）动物类药材　来源复杂，主要为皮、肉、甲、角和虫体等，如蛤蚧、刺猬皮、鳖甲、金钱白花蛇、水牛角等，富含脂肪、蛋白质等营养物质。如果储存不当，极易发生虫蛀、发霉、泛油、酸败、异臭、脱足断尾现象，导致药材品质降低。该类药材价格偏高，一般宜专柜、专库存放，少储勤进。该类药材可采用带空调的专库存放，库温一般不超过20℃，相对湿度控制在70%左右。应储于专用容器中或利用对抗药材同储保存，避免与其他药材串味。

2.中药饮片的分类储存与养护　中药饮片品种繁多、加工炮制手段各异，规格复杂、形状多样，储存保管较中药材难度增加。仓储工作者应针对饮片质量变异的原因，采取有效的防治措施。

（1）不同切制类饮片　有薄片或厚片、丝、段、块等几类。饮片由于表面积增大，更易吸收水分，储存宜将饮片水分控制在"安全水分"范围内；与微生物接触增多更易污染，极易吸潮、霉变和虫蛀。

1）含淀粉较多的饮片　如山药、葛根、白芍等，切片后要及时干燥，防虫蛀、霉变，置通风阴凉干燥处。

2）含糖分及黏液质较多的饮片　如熟地黄、天冬、党参等，切片后不易干燥，若储存温度高、湿度大均易吸潮变软发黏、霉变和虫蛀，应密封储存，置通风干燥处。

3）含挥发油较多的饮片　如当归、川芎、木香、薄荷、荆芥等，切片后一般置阴凉处干燥，储存温度也不宜过高，防止香气散失或泛油，受潮则易霉变和虫蛀。宜置阴凉干燥处。

（2）不同炮制饮片　因炮制方法与手段的不同，可分为炒制类饮片，酒、醋、盐、蜜炙饮片，蒸煮类饮片，矿物加工类饮片等。

1）炒制类饮片　如炒莱菔子、麸炒薏苡仁、土炒山药等都可使饮片香气增加。若包装不严，易被虫蛀或鼠咬。宜贮干燥容器内，置通风干燥处。

2）酒、醋炙饮片　如酒大黄、酒黄芩等酒炙饮片，醋香附、醋元胡等醋炙饮片，不仅可使表面积增大，且因营养增加，易污染霉变或遭虫害。应贮于密闭容器中，置通风干燥处。

3）盐炙饮片　如盐知母、盐泽泻等，空气相对湿度过高时，易吸湿受潮；库温过高或空气相对湿度过低时，则盐分从表面析出。应贮密闭容器内，置通风干燥处，防潮。

4）蜜炙饮片　如蜜甘草、蜜黄芪等，因糖分大，难干燥，易吸潮发黏，营养增加，易污染霉变或遭虫害或发霉变质。通常贮于缸、罐内，密闭，置通风干燥处，防霉、防蛀、防潮。蜜炙品每次制备不宜过多，储存时间不宜过长。

5）蒸煮类饮片　如熟地、制黄精等，常含有较多水分，蒸煮后易受霉菌侵染。宜贮干燥容器内，密闭，置通风干燥处，防霉、防蛀。

6）矿物加工类饮片　如芒硝、明矾等，在干燥空气中易失去结晶水而风化，在湿热条件下又易潮解。宜贮缸、罐中，密闭，置阴凉处，防风化、潮解。

3.中成药的分类储存与养护　中成药通常采用分类储存，即把储存地点划分为若干区，每个区又划分为若干货位，依次编号，设立货位卡，保证卡、货、账相符。按剂型和药物自身特性要求，根据内服、外用的原则，尽可能将性质相同的药物储存在一起，然后根据具体储存条件，选择每一类中成药最适宜的货位，实行分类储存。中成药同样分为不同剂型，有片剂、胶囊剂、颗粒剂、栓剂、注射剂、软膏剂等，因在不同剂型养护相关内容中有叙述，此处不再赘述。

即学即练

任务3-7　性质不稳定及其他药品的养护

任务情境

在A医药有限公司的合格品区，部分库存品种如下。

序号	品名	规格	单位	数量	生产企业	生产批号	有效期	存储情况
1	硝酸甘油片	***	瓶	40	***	2023****	6个月	放于阴凉处
2	十滴水	***	盒	50	***	2023****	13个月	放于常温处
3	复方胃蛋白酶散	***	盒	70	***	2023****	16个月	放于凉暗处

续表

序号	品名	规格	单位	数量	生产企业	生产批号	有效期	存储情况
4	维生素C泡腾片	***	盒	20	***	2024****	14个月	放于常温处
5	氢氧化铝凝胶	***	瓶	20	***	2023****	8个月	放于阴凉处
6	双歧杆菌三联活菌散	***	盒	50	***	2024****	6个月	放于冷藏处

任务要求：

1.作为A医药有限公司养护员，确认需重点养护的品种，填写重点养护品种确定表和重点养护品种在库养护检查记录表等。

2.根据GSP及企业具体制度文件，作为A医药有限公司养护员完成重点养护品种的养护操作。

一、任务实施

（一）工作准备

1.物品准备（以一个工位为例）

序号	物品名称	单位	数量	备注
1	零货药品	盒	若干	真实药箱（盒）并含有药品说明书，说明书内容完整，整箱及药盒外包装无破损
2	单据	张	5	重点养护品种确认表（1张）、重点养护品种在库养护检查记录表（1张）、重点养护品种档案表（1张）、近效期药品登记表（1张）、近效期药品催销报表（1张）　　　重点养护单据
3	货架	个	2	普通货架
4	警示牌	个	1	近效期药品警示牌（黄色）　　　近效期警示

2.环境和人员准备

序号	环境和人员	备注
1	真实仓库环境	以真实仓库环境为模拟场景，设置合格品区、不合格品区
2	仓库养护员	应符合仓库工作人员的服装要求

（二）操作过程

序号	步骤	操作方法及说明	质量标准
1	确定重点养护品种	查看药品库存清单，确定重点养护品种（重点养护品种详见"任务3-2"），填写重点养护品种确定表	单据如实填写，书写规范、清晰

续表

序号	步骤	操作方法及说明	质量标准
2	在库养护重点养护品种	检查药品的外观质量、包装	按照企业规定，对重点养护品种进行重点养护
		检查库房温湿度是否符合规定要求	
		近效期药品的养护：及时发现近效期药品；填写近效期药品登记表、近效期药品催销报表，送至相应部门；将近效期药品堆放在最明显处，并且挂近效期药品警示牌，按失效期先后次序分开存放；主动与销售部门沟通，督促尽快销售；对每一最小存货单位的每个批号，每个月养护一次，直至其出库或过期转为不合格药品为止	
		近期发生过质量问题药品的养护：对现库存中发生质量问题的品种，除发生质量问题批号外的其他所有批号，每个月养护一次，直至其出库或转为不合格药品为止；发生质量问题后再购进同品种，连续养护四个购进批次	
		首营品种的养护：每一最小存货单位，随机抽取一个批号进行养护，需连续养护三次	
		性质不稳定药品、冷链药品、特殊管理药品的养护：每个月养护一次	
3	填写养护记录	填写重点养护品种在库养护检查记录表、重点养护品种档案表	单据如实填写，书写规范、清晰

（三）注意事项

1. 填写药品信息时，需要仔细核对药品名称、规格、生产企业、数量、批号、有效期等详细信息。

2. 坚持"预防为主"的原则，按照药品性能和储存条件的要求，准确确定重点养护品种，以便于采取正确有效的养护措施。

（四）学习评价

性质不稳定及其他药品的养护评价表

序号	评价内容	评价标准	分值（总分100）
1	确定重点养护品种	能规范填写重点养护品种确定表，不漏项	40
		能正确判断重点养护品种的确定理由	
2	在库养护重点养护品种	能正确养护重点品种	30
3	填写养护记录	能规范填写重点养护品种在库养护检查记录表、重点养护品种档案表	30

二、相关知识

（一）重点养护品种

重点养护品种是指在规定的储存条件下仍易变质的品种。对储存条件有特殊要求的或者有效期较短的品种，应当进行重点养护。对重点养护品种应每个月循环检查一次，并进行重点养护跟踪。养护期限从确定品种之日起为一年。发现有问题的药品，应当及时在计算机系统中锁定和记录，并通知质量管理部门处理。

（二）近效期药品的养护

近效期药品是指：①药品有效期在1年以上，距离失效期只有6个月的药品；②药品有效期为1年以下（含1年），距有效期截止日期小于或等于1/2有效期限的药品。GSP明确要求，企业应当采用计算机系统对库存药品的有效期进行自动跟踪和控制，采取近效期预警及超过有效期自动锁定等措施，防止过期药品销售。

（三）性质不稳定药品的养护

性质不稳定的药品主要如下。

1.易氧化的药品　如硫酸亚铁、叶酸、维生素A、维生素D、维生素C等。

2.易水解的药品　如阿司匹林、青霉素类、头孢菌素类、硝酸甘油等。

3.易吸湿的药品　如甘油、胃蛋白酶、淀粉酶、青霉素等。

4.易风化的药品　可待因、咖啡因等。

5.易挥发的药品　如麻醉乙醚、十滴水、乙醇等。

6.易升华的药品　如樟脑、薄荷脑、碘等。

7.易融化的药品　如以香果脂、可可豆脂为基质的栓剂等。

8.易冻结的药品　如鱼肝油乳、氢氧化铝凝胶等。

（四）冷链药品的养护

进入药库后，冷链药品应按药品品种、批号分类码放，并按照药品说明书规定的条件进行储存，贮存的冷藏药品要摆放整齐，冷藏药品与箱壁、冷藏药品与冷藏药品间应有1~2cm的间隙。冷链监控设备应有温湿度异常报警功能，保证24小时连续、自动进行温湿度记录和监控，监空间隔时间不得超过30分钟。若温湿度超出规定范围，应及时采取调整措施，并在1~2小时后再复查1次加以记录，出现问题应有专人及时处置，按要求做好温湿度超标报警处理和情况的记录。

（五）特殊管理药品的养护

国家对疫苗、血液制品、麻醉药品、精神药品、医疗用毒性药品、放射性药品、药品类易制毒化学品等实行特殊管理。特殊管理药品均需重点养护。

即学即练

项目四

出库管理

🎓 **学习目标** ───○

1.能根据GSP及附录细则，完成药品拣选配货作业。

2.能根据GSP及附录细则，完成药品出库复核装箱作业。

3.能根据GSP及附录细则，填制药品出库复核记录。

4.能根据GSP及企业相关合同、协议等文件，完成药品退换货的处理。

5.能以服务顾客为第一目标，确保药品准确、完好地送至顾客，强化规范意识、效率意识和服务意识。

任务4-1 出库药品拣选配货

🏛 **任务情境** ───○

X年Y月Z日，A医药有限公司要将以下常温库药品出库到B医药有限公司：普通药品（整箱）1箱，普通药品（零散）10盒。A医药有限公司根据销售订单和库存情况生成药品拣选单。

任务要求：

1.根据GSP及企业具体制度文件，作为A医药有限公司拣货员按药品拣选单完成整箱药品的拣选操作。

2.根据GSP及企业具体制度文件，作为A医药有限公司拣货员按药品拣选单完成零散药品的拣选操作。

一、任务实施

（一）工作准备

1.物品准备（以一个工位为例）

序号	物品名称	单位	数量	备注
1	普通整箱药品	件	1	真实药箱（盒）并含有药品说明书，说明书内容完整，整箱及药盒外包装无破损
2	普通零货药品（中包装）	盒	10	真实药盒并含有药品说明书，说明书内容完整，药盒无破损

续表

序号	物品名称	单位	数量	备注
3	单据	张	1	药品拣选单（1张） 拣选单据
4	托盘	只	2	标准尺寸托盘
5	区域标识牌	套	1	按照GSP要求制定（常温库、阴凉库、冷库、整库、零库等）
6	多层货架	个	1	货架按要求放置标识牌
7	拣货篮	个	1	尺寸根据实际需要

2.环境和人员准备

序号	环境和人员	备注
1	真实仓库环境	以真实仓库环境为模拟场景，设置发货区、复核区、集货区等
2	仓库拣货员	应符合仓库工作人员的服装要求

（二）操作过程

微课

序号	步骤	操作方法及说明	质量标准
1	核单	审核出库凭证的真实性，判断出库药品的属性，明确药品的储存条件要求，制订拣选单	拣选单制订正确
2	定位药品	手持药品拣选单，根据货位指示来定位需要拣选的药品	定位药品正确
3	核对信息并拣货	根据拣选单核查品名、规格、批号、厂家、效期等信息，核查无误后拣取对应数量的药品	核对内容无遗漏，拣选数量准确
4	初检药品质量	检查所拣药品的外包装	拣选药品外包装完好
5	移交复核	依次拣货完成后，在拣选单上签字，将整箱药品放置于集货区，将装有零散药品的拣货篮放到复核台边，并将药品转移至复核台	药品放置区域正确 拣选单上书写清晰
6	清场	清理拣选工作区域	拣选工作区域整洁

（三）注意事项

1.普通药品拣选在阴凉区域完成，冷链药品拣选在冷库专区完成。

2.拣选配货时注意轻拿轻放，注意保持货架整齐。

3.拣选配货过程有条不紊，检查药品外包装是否完好，有无破损、污染、标识模糊不清等现象。

4.仔细核对拣选单与药品实物，找到正确的货位，拣货数量要准确。

（四）学习评价

出库药品拣选配货评价表

序号	评价内容	评价标准	分值（总分100）
1	核单	能正确制作拣选单	10

序号	评价内容	评价标准	分值（总分100）
2	定位药品	能正确定位需要拣选配货的药品	20
3	核对信息并拣货	能确认被拣货物的品名、规格、数量等内容是否与拣选单一致	20
4	初检药品质量	能检查所拣药品的外包装	20
5	移交复核	能在拣选单上签字并将药品放置于复核区	20
6	清场	能对拣选工作区域进行清理	10

二、相关知识

药品出库是医药商品物流管理流程的重要环节。企业应当按照规定的程序和要求对出库药品进行拣选配货、复核装箱、发货，防止不合格药品流入市场。药品出库必须遵守《中华人民共和国药品管理法》和《药品经营质量管理规范》（GSP）的相关规定，保证出库药品质量，防止不符合检查标准或怀疑为假劣药的药品出库或流入市场。药品出库是确保患者用药安全的重要环节之一。

（一）药品出库的原则

药品出库验发是一项细致而繁杂的工作，必须严格执行出库验发制度，具体要求如下。

1.坚持"三查六对"制度　药品出库要进行"三查六对"。"三查"，即查核发票的货号、单位印鉴、开票日期是否符合要求；"六对"，即核对品名、规格、厂商、批号、数量及发货日期是否相符。

2.遵循"四先出"和"按批号发货"的原则　药品出库遵循"先产先出""先进先出""易变先出""近期先出"和"按批号发货"的原则。

（二）药品出库的管理要求

企业应按规定的程序和标准对药品进行拣选配货、复核，核实销售，并建立拣货、复核和运输记录。对药品拣货、复核和配送过程中出现的不符合规定的情况，应当交由质量管理部门按照有关规定进行处理，必要时上报药品监督管理部门。

（三）出库药品的拣选配货

出库药品的拣选配货主要包括核单和配货两部分，是医药物流配送中心运作的中间环节，是保障订单与医药商品数量和质量的重要环节之一。

1.核单　是为下一步配货做好准备，是确定拣货的依据。根据发货形式的不同，主要有出库凭证核对和拣选单核对两种情况。

（1）出库凭证核对　该审核主要用于客户凭业务部门开具的出库凭证自行到库提货的情况。对于来库自提的客户，凭出库凭证（提货单）即可完成发货，即保管员对用户所持的出库凭证（提货单）进行审核。审核的主要内容包括：客户信息是否相符；与提货单的样式是否相符；印鉴是否齐全；药品名称、货物编号、规格、批号、生产厂家、单位、应发数量是否正确，有无差错、涂改；开票日期是否符合要求等。以上内容有不符的情况，仓库有权拒绝发货，待更正并盖章后，才可继续发货。

（2）拣选单核对　对于仓库运输部门统一配送的发货形式，拣货员登录计算机管理系统，打印单据并核对，准备开始拣选配货。拣货员依据出库凭证或拣选单来判断出库药品的属性，按照药品的储存条件要求进行拣选。普通药品拣选在阴凉区域作业，冷链药品拣选在冷链专区完成，特殊管理药品（如麻醉药品、精神药品、医疗用毒性药品等）的拣选要严格遵守相关法规和管理制度进行，必须实行双人发货复核，发货单双人核对签字。

2.拣选配货

（1）拣选方式

1）单一拣选　又称摘果法拣选，是以每一张拣选单为单位进行拣选，拣货人员巡回各药品储位，直至该拣选单上所有品种配齐。

2）批量拣选　又称播种法拣选，是以某一个品种为单位，将多张拣选单合并统计、集中拣货，一次性拣出多张拣选单所需的某一药品总和，再按照每家客户需要的数量进行分货。

3）复合拣选　将单一拣选和批量拣选组合起来的复合拣选方式。

（2）拣货步骤

1）定位药品　拣货员根据药品拣选单的信息，到达药品储存区，定位需要拣选的药品。

2）核对信息并拣货　拣货员查看药品与拣选单的信息是否相符，主要包括：日期、收货单位、药品名称、规格、单位、数量、生产企业、产品批号、有效期、件数、零数、批准文号、货位等。如有不符，不能进行拣选配货，如需修改单据信息，需通知销售部门。

3）初检药品质量　检查所拣药品的外包装、效期等内容。包括：检查药品包装是否完好，是否出现破损、污染、封口不牢、衬垫不实、封条损坏等问题；检查包装内是否有异常响动或者液体渗漏；检查是否有标签脱落、字迹模糊不清或者标识内容与实物不符；核实药品是否在有效期内；检查是否有其他异常情况。若发现不合格药品，应在计算机系统中锁定并记录，然后联系养护员及质量管理部门进行处理。

4）移交复核　配货完成后，拣货员在拣选单上签字。将符合备货条件的药品按搬运要求移至复核区，与药品拣选单一并交由复核员进行药品出库复核。

5）清场　清理拣选工作区域，整理药品及其他物品，做好地面、台面等的卫生清洁工作。

（四）电子标签拣选系统作业流程

采用电子标签拣选系统是一种在配送中心经常被应用的拣货方式，其具体作业流程如下。

1.扫描拣货信息　利用无线手持终端扫描索取拣货任务，对应货架电子标签亮灯。

2.拣货　根据电子标签指示的货位及数量进行拣货。

3.拍灭指示灯　每拣一个药品后，拍灭对应货位电子标签的指示灯，重复拣货操作，直至亮灯区域所有药品拣货完毕。

4.拍灭订单结束指示灯　当该区域所有药品拣货完毕，拍灭订单结束指示灯。

5.周转箱放置于传送带　拣货员将周转箱放置于传送带上。

即学即练

任务4-2　普通药品出库复核装箱

任务情境

X年Y月Z日，A医药有限公司仓库复核区内放有拣选出来的普通零货药品：颗粒剂10盒、片剂5盒、糖浆剂8盒、注射剂20盒。销售单显示，该批药品将送到B医药有限公司。

任务要求：

1.根据GSP及企业具体制度文件，作为A医药有限公司复核员完成药品出库复核装箱作业。

2.根据GSP及企业具体制度文件，作为A医药有限公司复核员填制出库复核记录。

一、任务实施

（一）工作准备

1.物品准备（以一个工位为例）

序号	物品名称	单位	数量	备注
1	普通零货颗粒剂	盒	10	真实药盒并含有药品说明书，说明书内容完整，药盒无破损
2	普通零货片剂	盒	5	真实药盒并含有药品说明书，说明书内容完整，药盒无破损
3	普通零货糖浆剂	盒	8	真实药盒并含有药品说明书，说明书内容完整，药盒无破损
4	普通零货注射剂	盒	20	真实药盒并含有药品说明书，说明书内容完整，药盒无破损
5	单据	张	3	药品拣选单（1张）、药品出库复核记录单（1张）、装箱单（1张）
6	复核台	张	1	可移动组合桌椅
7	托盘	只	1	标准尺寸托盘
8	药品包装箱	个	2	两种规格
9	标贴	张	2	拼箱标贴、易碎标贴
10	辅助工具	个	1	封箱胶带、填充物、剪刀等
11	区域标识牌	套	1	按照GSP要求制定（阴凉库、复核区、发货区）

出库单据

2.环境和人员准备

序号	环境和人员	备注
1	真实仓库环境	以真实仓库环境为模拟场景，设置复核区、发货区等
2	仓库复核员	应符合仓库工作人员的服装要求

微课

（二）操作过程

序号	步骤	操作方法及说明	质量标准
1	核对单据与药品实物信息	根据拣选单和实物进行出库药品信息复核，内容包括：购货单位、品名、单位、剂型、规格、数量、批号、生产日期、有效期、生产厂商、发货日期	核对信息无遗漏
2	检查药品外观	检查药品外观质量，包括包装、标签、质量状况等	检查内容无遗漏
3	填写单据	填制药品出库复核记录单	记录填制正确、清晰
4	拼箱封装	选取适宜的包装箱及填充材料，按照拼箱要求和原则进行拼箱	符合拼箱要求和原则，装箱正确
		药品、填充物、装箱清单放入包装箱	药品、填充物、装箱清单放置正确
		封箱，在包装箱的正上方或左上角贴上拼箱标贴、易碎标贴	封箱牢固，标贴正确
5	放置于发货区	将包装箱放置于发货区	药品放置区域正确
6	清场	整理、清洁用于复核、拼箱、包装的作业区域和设备	整理有序、清洁到位

（三）注意事项

1. 复核和装箱过程要有条不紊、轻拿轻放、不损坏药品。
2. 装箱不能倒置、不能爆箱，药品封箱应确保牢固。
3. 药品拼箱的代用包装箱应当有醒目的拼箱标志，不得出现其他字迹和标识。
4. 对无效凭证或口头通知不得进行复核和发货。

（四）学习评价

普通药品出库复核装箱评价表

序号	评价内容	评价标准	分值（总分100）
1	核对单据与实物药品信息	能依据拣选单核对药品实物	20
2	复核药品	能正确复核药品外观质量	20
3	填写单据	能正确填写出库复核记录单	20
4	拼箱封装	能正确拼箱封装	20
5	放置于发货区	能将药品放置于正确区域，包装完整	10
6	清场	能将作业区域进行整理、清洁	10

二、相关知识

药品出库复核即复核人员按出库凭证对药品实物进行质量检查和数量、项目核对的过程。复核过程中若发现药品存在质量问题，立即停止发货，并通知相关部门处理。通过严格复核，保证出库药品的数量准确、质量合格。

药品出库包括整件出库、拼箱出库。拼箱是指医药商品在销售时，由于单笔订单订货品种较多而单品种数量较少，为便于出库运输而选用适宜的包装将不同品种、规格的零货药品集中拼装至同一包装箱内的过程。

普通药品应在阴凉库（区）内完成复核、拼箱工作，并将药品放置在阴凉库（区）发货区；冷链药品应在冷库内完成复核、拼箱工作，并将药品放置在冷库发货区；特殊管理药品在特殊药品规定的区域内由双人完成复核、出库工作，放入特殊药品专库内的发货区。

（一）复核

1. 核对单据与实物药品信息　复核员依据出库凭证和实物，进行出库药品信息复核。复核内容包括：购货单位、品名、单位、剂型、规格、数量、批号、生产日期、有效期、生产厂商、发货日期等。对于信息相符的，进行下一步检查；若信息不符，立即通知拣货员纠正处理。

2. 复核药品　主要检查的内容包括如下。①药品包装内是否有异常响动或液体渗漏。②外包装是否出现破损、污染、封口不牢、衬垫不实、封条损坏等问题。③包装标签是否脱落，是否字迹模糊不清或者标识内容与实物不符。④药品是否在有效期内。⑤是否有其他异常情况，包括：变质、虫蛀、鼠咬及淘汰药品；内包装破损的药品；怀疑质量发生变化，未出检验报告加以确认的药品；有质量变化，未经质量管理部门明确质量状况的品种等。

特殊管理药品的出库应当按照有关规定进行复核。对麻醉药品、第一类精神药品、医疗用毒性药品应建立双人核对、双人签字制度。

3. 出库复核记录　药品出库复核应当做好药品出库复核记录，以保证能快速、准确地进行质量跟踪。药品出库复核记录包括购货单位、药品的通用名称、剂型、规格、数量、批号、有效期、生产厂商、出库日期、质量状况和复核人员等内容。记录保存应不少于5年。

（二）出库装箱

完成对药品的复核后，根据药品发货的情况，对零货药品要进行进一步拼箱，拼箱后以整件包装出货；而未拆封的整件药品出货，则按要求复核完成后，码放出货。

1. 普通零货药品出库　零货药品出货时需要拼箱处理。根据药品的体积、重量、储存条件等选取适宜的包装箱及填充材料，按照拼箱要求和原则进行拼箱，保证配送过程中包装不易损坏或变形，防止包装内药品出现破碎、被污染等情形。药品和装箱清单装入包装箱后，要对包装箱进行外形固定，在封口处或者其他适当位置使用封签进行封口，并在包装箱上贴上拼箱标贴、易碎标贴。

（1）拼箱要求　非药品、外用药、液体药、易串味药、其他药品之间要分开摆放；若为多个品种，应尽量分剂型进行拼箱；若为多个剂型，应尽量按剂型的物理状态进行拼箱；尽量将同一品种的不同批号或不同规格的药品拼装于同一箱内；易串味药品尽量单独装箱，若需拼箱应采取密封措施。

常见易串味药品主要包括：①内服制剂，如人丹、藿香正气水（液、胶囊）、十滴水、速效救心丸、正露丸等；②外用贴膏，如狗皮膏、关节止痛膏、伤湿止痛膏、风湿膏、追风膏、骨痛膏等；③外用搽剂，如风油精、红花油、清凉油、风湿油等；④外用酊剂，如皮康王、皮炎宁酊、止痛酊、洁尔阴等。

（2）装箱　装箱时应遵循"大不压小""重不压轻""整不压零""正反不倒置""最小

受力面"的原则，以免在运输过程中造成医药商品破损。药品进行装箱时，可根据药品数量的多少、配送区域气候状况选择以下一种或多种方式进行装箱作业。

1）分开装箱　非药品、外用药、液体药、易串味药数量较多时，可单独装箱。

2）拼箱　非药品、外用药、液体药、易串味药数量较少时，可和其他药品一起混合装在一个箱体内，但非药品、外用药、液体药、易串味药、其他药品之间应用隔板分开。

一般情况下，装箱时首先放置长度较长或体积较大的药品，液体药品不能倒置，重不压轻。箱内空隙的地方应用符合规定的衬垫物塞紧，防止碰撞；包装箱未装满的情况下，在上面覆盖一层填充物，起保护作用，避免碰撞和挤压。非药品、外用药、液体药、易串味药、其他药品需要混合装在同一箱体内时，将液体药品用防护包装物缠绕并用胶带进行固定。对药品上下或左右缠绕均可，确保缠绕后药品防撞、不受挤压。将易串味药品用塑料袋装起来并用胶带封口，防止串味而影响其他药品质量。

3）防寒打包　对需要发运至严寒地区且必须防寒、防冻的，应按规定垫衬防寒物，严格做好防寒打包。

（3）拼箱注意事项

1）拼箱标签　拼箱药品包装完好无损，贴有拼箱标签，拼箱外面不得出现其他字迹和标识。使用其他药品包装箱作为零货药品的代用箱时，应将代用箱原标签内容覆盖或涂改。代用包装是指专用的包装纸箱或重复使用的其他包装纸箱。当重复使用其他包装纸箱作为代用包装纸箱时。应当加贴明显的药品拼箱标志，以防止代用包装原标识内容引起误导和错判。

2）拼箱装箱单　零货药品应逐批号核对无误后，由复核等相关人员进行拼箱加封，并将装箱清单放置在箱体内或封在箱体的正上方，注意不能遮挡箱体上的药品相关信息。

2.普通整件药品出库

（1）包装要便于运输　出库药品的包装必须完整，以保证药品质量和运输安全，凡包装破损、污染的药品须及时整理、调换，切实保证出库药品包装良好、牢固。

（2）包装要无污染　箱内衬垫物如纸条、隔板等均应清洁干燥，无霉变、虫蛀、鼠咬等现象。药品配装须准确无误，并附有装箱单。

（3）包装单位设定　药品每件包装的体积和重量应力求标准化，不应过大或过重，以便装卸和堆码。

（4）包装标签　用于运输的包装标签至少应当注明药品通用名称、规格、贮藏、生产日期、产品批号、有效期至、批准文号、生产企业，也可以根据需要注明包装数量、运输注意事项或者其他标记等必要的内容。

（5）包装标识　所发药品的包装上应加写鲜明的标识，注明收货单位，必要时还应注明"小心轻放""不要倒置""防潮""防热"等字样。有特殊携带要求的药品，须向提货人讲明注意事项、携带方法，确保药品和人身安全。

（三）出库交接

对完成复核的药品，应当由储运部门办理与运输部门的交接手续，并减掉相应库存。出库交接包括随货同行资料和药品的交接。

1. **随货同行资料交接** 保管员与运输员依据配送单认真交接各种随货同行资料，包括发票原件及发票签收单、同批号药品检验报告书并加盖企业质量管理专用章原印章、随货同行单加盖企业药品出库专用章原印章、进口药品注册证、药品注册证书等。

2. **交接药品** 运输员应仔细核对药品品名、规格，清点数量，查看包装是否完好、封箱是否牢固、有无异样。严禁包装有破损或包装未封口的药品出库。

即学即练

任务4-3 冷链药品出库复核装箱

🏛 任务情境

X年Y月Z日，A医药有限公司预将冷链药品（破伤风抗毒素注射液和赖脯胰岛素注射液）出库送至B医药有限公司，A医药有限公司根据销售订单和库存情况自动生成药品拣选单。

任务要求：

1. 根据GSP及企业具体制度文件，作为A医药有限公司拣货员完成药品拣选操作。

2. 根据GSP及企业具体制度文件，作为A医药有限公司复核员完成药品复核装箱并填制药品出库复核记录单。

一、任务实施

（一）工作准备

1. 物品准备（以一个工位为例）

序号	物品名称	单位	数量	备注
1	破伤风抗毒素注射液	盒	10	真实药盒并含有药品说明书，说明书内容完整，药盒无破损
2	赖脯胰岛素注射液	盒	10	真实药盒并含有药品说明书，说明书内容完整，药盒无破损
3	单据	张	3	药品拣选单（1张）、装箱清单（1张）、药品出库复核记录单（1张） 冷链出库单据
4	普通货架	个	1	明确标示出货位
5	拣货篮	个	1	标准尺寸
6	区域标识牌	套	1	按照GSP要求制定（冷库、复核区、发货区）
7	保温箱	个	1	内有保温箱使用说明书
8	冰排	块	2	保温箱专用冰排
9	隔热设施		适量	隔热板或瓦楞纸
10	填充物		适量	气泡膜

2.环境和人员准备

序号	环境和人员	备注
1	真实仓库环境	以真实仓库环境为模拟场景，设置冷库、复核区、发货区、待处理区、不合格品区等
2	仓库拣货员、复核员	应符合仓库工作人员的服装要求

（二）操作过程

微课

序号	步骤	操作方法及说明	质量标准
1	药品拣选	手持拣选单，分别准确定位两个品种冷链药品的货位	依据GSP及附录细则，在冷链药品专库拣选正确
		核对品名、规格、上市许可持有人等信息，按数量分别拣选两种药品	
2	药品复核	放置于冷库复核区	核对数量无误，包装信息正确
		依据拣选单检查药品外包装、数量及品名、规格、上市许可持有人、批号、生产日期、有效期等信息	
3	药品装保温箱	阅读保温箱使用注意事项	依据GSP及附录细则、保温箱使用流程等文件，冰排类型及数量选择正确、放置合理，药品及温度探头摆放正确
		保温箱预冷至包装标示的温度范围	
		选择适合的冰排类型及数量，按照要求放置于保温箱	
		在冰排的周围放置隔离装置	
		放置药品及温度探头，药品不能与冰排直接接触，温度探头放置于药品上	
		放入适量填充物，装箱单放置在最上面，启动温度监测设备，经检查确认设备运行正常后，将箱体密闭	
4	放置于待发区	将保温箱放置于冷库待发区	区域放置正确
5	清理复核台	将复核台上的工具整理好	工具归位正确
6	单据填写	填写出库复核记录单	单据内容填写正确、清晰

（三）注意事项

1. 拣选冷链药品要求在冷链药品专库作业；要找到正确的货位，拣货数量要准确；检查药品的外包装是否出现破损、标识模糊不清等。

2. 冷藏药品的装箱、封箱等操作，应由专人负责。装箱前，要将保温箱预冷至符合药品包装标示的温度范围内。要在冷藏环境下完成冷藏药品的装箱工作。

3. 药品装箱后，保温箱要及时启动温度监测设备。

（四）学习评价

冷链药品出库复核装箱评价表

序号	评价内容	评价标准	分值（总分100）
1	药品拣选	能按拣选单准确拣出药品	10
2	药品复核	能准确复核药品	20

续表

序号	评价内容	评价标准	分值（总分100）
3	药品装保温箱	能按保温箱装箱原则进行装箱操作	20
4	放置于待发区	能正确将保温箱放置于待发区域	10
5	清理复核台	能迅速清理复核台	10
6	单据填写	能正确填写出库复核记录单	30

二、相关知识

（一）冷链设施设备

1.冷库　冷链药品要求药品生产企业、经营企业、物流企业和使用单位都要采用专用设施，使药品从生产企业成品库到使用单位药品库的温度始终控制在规定范围内。冷库使用区域的划分按照企业经营需要，应当划分出冷库收货验收、储存、包装材料预冷、装箱发货、待处理药品存放等区域，并有明显标示。冷链药品验收、储存、拆零、冷藏包装、发货等作业活动必须在冷库内完成。

2.冷藏车　应当具有自动调控温度的功能，冷藏车厢应防水、密闭、耐腐蚀。冷藏车厢内部留有保证气流充分循环的空间。

冷藏车应配置温湿度自动监测系统，可实时采集、显示、记录、传送运输过程中的温度数据，并具有远程及就地实时报警功能，可通过计算机读取和存储所记录的监测数据。

3.冷藏箱和保温箱　车载冷链包装箱是冷链药品运输的另一种方式，其制冷形式分为主动制冷和被动制冷。冷藏箱因具备制冷功能，属于主动制冷包装箱。保温箱属于被动制冷包装箱。

（1）冷藏箱　配备有压缩机，压缩机通过运输车辆上的供电系统制冷，又称车载冰箱。

（2）保温箱　不具备制冷功能，只有保温性能。保温箱是通过箱内配置的定量蓄冷剂吸收外部传进箱体内的热量的形式，在有限的时间内保持所需的温度。

（3）冷藏箱和保温箱的要求　冷藏箱应具有自动调控温度的功能，保温箱应配备蓄冷剂以及与药品隔离的装置。冷藏箱、保温箱应配置温湿度自动监测系统，可实时采集、显示、记录、传送运输过程中的温度数据，并具有远程及就地实时报警功能，可通过计算机读取和存储所记录的监测数据。每台冷藏箱或保温箱应至少配置一个测点终端。

（二）冷链药品出库

冷链药品在出库环节除应当按照GSP规定检查复核外，还要重点控制冷链药品的装箱、装车作业。

1.冷链药品拣货复核　冷链药品拣选单上要注明储存条件。移交复核前，要检查复核区的温湿度是否符合要求；如不符合要求，应先行调整至温湿度符合冷链药品的储存要求，再将待复核的冷链药品放置在复核区内移交复核。

2.冷链药品拼箱发货　冷链药品的装箱、封箱和发货等作业活动必须在冷库内完成。

（1）保温箱选取　保温箱在使用前应经过验证，选择在冷库已经预冷、箱体温度已经达到运输药品包装标示温度范围的保温箱；检查保温箱的密闭性及温控监测设备是否完好，电池电量是否充足。蓄冷剂（冰排）应在冰柜中充分冻结，冷冻时间为24小时以上。其他物品如隔离纸板、无污染泡沫等均应事先放置于冷库内，使表面温度降至规定的范围内。

（2）拼装复核　复核员应将蓄冷剂合理摆放于保温箱内，避免冷量释放不均匀而影响药品质量。采用隔离装置将药品与冰袋、冰排等蓄冷剂进行隔离，防止对药品质量造成影响。

1）拼装要求　将不同种类的药品、同种药品不同批号分开摆放。

2）安全包装　将不同种类的药品、同种药品不同批号分别用塑料袋装好，并用胶带封闭。防止药品在保温箱内受潮变质。

3）装箱　将使用安全包装的药品放入保温箱，并将保温箱中的温度记录仪探头直接放在药品的安全包装上。

4）冰排放置　根据保温箱放置冰排要求，选择相应的冰排种类、数量，按要求合理放置冷藏或冷冻冰排。冰排使用前，应根据验证结论在规定的时间和温度环境下进行预冷或冷冻，冷冻的冰排应经过释冷后方可使用。放置冰排时，为防止药品与冰排直接接触，放置冰排的同时应放置隔离装置。

5）封箱并贴签　复核员核对药品的品名、规格、数量、厂家等信息，核对完毕后，将保温箱箱盖封闭，在箱外贴冷藏医药商品货物标签，并用胶带将装箱清单封在箱体的正上方。同时在箱体右上方贴拼箱、易碎标签等。

6）将药品放置于待发区　药品封箱、贴签完成后，将药品放置在冷库指定的待发货区域。

即学即练

任务4-4　退换货药品处理

🏛 **任务情境**

B医药有限公司近期收到客户的药品退货申请，该批药品被退回的原因是外包装破损（整箱普通药品）、发错货（零货普通药品）。公司销售部门经核查确认是本企业出售的药品，现将销后退回药品申请单、销后退回药品验收记录等凭证送交仓库保管员，完成退货处理。

任务要求：

1.根据GSP及企业制度文件，作为B医药有限公司的仓库保管员完成退货处理。

2.根据GSP及企业制度文件，作为B医药有限公司的仓库保管员完成退货记录的填制。

一、任务实施

（一）工作准备

1.物品准备（以一个工位为例）

序号	物品名称	单位	数量	备注
1	整箱普通药品	箱	1	真实药箱（盒）并含有药品说明书，说明书内容完整，药箱外包装破损，药盒无破损

续表

序号	物品名称	单位	数量	备注
2	零货普通药品	盒	10	真实药盒并含有药品说明书，说明书内容完整，药盒无破损
3	单据	张	2	销后退回药品申请单、销后退回药品验收记录
4	区域标识牌	套	1	按照GSP要求制定（退货区、合格品区、不合格品区）
5	托盘	只	1	标准尺寸托盘

退货单据

2.环境和人员准备

序号	环境和人员	备注
1	真实仓库环境	以真实仓库环境为模拟场景，设置退货区、合格品区、不合格品区等
2	仓库保管员	应符合仓库工作人员的服装要求

（二）操作过程

微课

序号	步骤	操作方法及说明	质量标准
1	接收单据	查收销售部门销后退回药品申请单，确认退回药品为本企业销售的药品	检查内容全面、无遗漏
2	核对信息	根据销后退回药品申请单上的药品信息，核对退回药品的名称、生产企业、规格、数量、批号等	药品信息一致
3	放置于退货区域	收货并放置于符合药品储存条件的退货区	放置区域正确
4	退回药品验收	对销后退回的药品进行逐批检查验收，并开箱抽样检查： （1）整件包装完好的，按药品抽样原则加倍抽样检查 （2）无完好外包装的，每件须抽样检查至最小包装，必要时送药品检验机构检验	依据GSP及附录细则，抽样数量正确，检查内容全面
5	记录信息	填写销后退回药品验收记录	记录并确保药品信息准确、完整
6	入库上架	销后退回药品经验收合格后，方可入库销售 验收不合格的不得入库，交由质量管理部门处理	验收后的药品区域放置正确

（三）注意事项

1. 在退换货过程中，药品仓库应严格执行相关法律法规和标准，确保退换货工作的合法合规性。

2. 在退换货过程中，药品仓库应特别注意药品的安全和质量，避免药品在退换货过程中受到损坏或污染。

3. 在退换货过程中，药品仓库应提供优质的客户服务，及时响应客户的需求和投诉，确保客户的满意度。

（四）学习评价

退换货药品处理评价表

序号	评价内容	评价标准	分值（总分100）
1	接收单据	能查收单据，确保单据的完整性和准确性	10
2	核对信息	能依据单据仔细核对药品信息，确保准确无误	20
3	放置于退货区域	能将药品正确放置在符合药品储存条件的专用待验场所	10
4	退回药品验收	能正确验收退回药品	30
5	记录信息	能准确填制专门记录	20
6	入库上架	能将药品放置在正确区域	10

二、相关知识

（一）药品退换货概述

药品仓库的退换货管理是一项关键性的工作，旨在确保药品的质量安全，维护客户的利益，促进药品仓库运营的高效性。退货一般分为采购退货和销后退回两种。换货则根据实际情况，与供应商通过双方约定或沟通达成共识来进行换货。

采购退货药品是指因近效期、滞销、价格问题、库存量较大、破损及包装、标签、标识有问题等原因需要退货的药品。对采购退货的药品，要由采购人员与供应商联系退换货事宜，采购人员开具采购退货通知单，审批后，仓库保管人员根据采购退货的出库单据将相应药品移至退货区。

销后退回是指药品销售之后，由于供货商、客户或者药品本身问题，引起退货。针对销后退回药品，企业应当加强对退货药品的收货、验收管理，保证退货环节药品的质量和安全，防止混入假药、劣药。

（二）药品退换货规定

1. 销后退回申请单：销后退回的药品，其生产企业、药品名称、批号、规格、生产日期、有效期必须与所销售出库的药品和原销售凭证的内容相一致。销售部门接到购货单位退货要求时，由销售人员填写销后退回申请单。

2. 收货人员要依据销售部门确认的退货凭证或通知对销后退回药品进行核对，确认为本企业销售的药品后，将销后退回的药品放置于符合药品储存条件的专用待验场所。

3. 对销后退回的冷藏、冷冻药品，根据退货方提供的温度控制说明文件和售出期间温度控制的相关数据，确认符合规定条件的，方可收货；对于不能提供文件、数据，或温度控制不符合规定的，给予拒收，做好记录并报质量管理部门处理。

4. 验收人员对销后退回的药品进行逐批检查验收，并开箱抽样检查。整件包装完好的，按照普通药品的抽样原则加倍抽样检查；无完好外包装的，每件须抽样检查至最小包装，必要时送药品检验机构检验。

5. 销后退回药品经验收合格后，方可入库销售；不合格药品应放置在不合格区，按GSP有关规定处理。

6. 药品验收人员应当按规定建立专门的销后退回药品验收记录表，记录包括退货单位、退货日期、名称、规格、批号、生产企业、有效期、数量、验收日期、退货原因、验收结论、验收人员等内容。

即学即练